Stuttgart
Neckar
Heubach
7
3
Aalen
1
Nördlingen
Bopfingen/Lauchheim
Göppingen/Schwäb. Gmünd
10
8
Lauterstein
4
Königsbronn/Oberkochen
2
Neresheim/Härtsfeld
9
Donzdorf/Süßen/Gingen
5
Heidenheim
Nürtingen
22
18
Kirchheim
6
Herbrechtingen/Giengen
11
Geislingen
Neuffen/Beuren
19
Weilheim/Neidlingen
23
20
Lenninger Tal
12
Bad Überkingen/Bad Ditzenbach
24
Metzingen
21
13
Wiesensteig/Westerheim
Reutlingen
25
Rund um den Römerstein
14
30
Urach
Donau
31
Echaztal
Merklingen/Laichingen
32
Gönningen/Mössingen
26
16
15
Ulm
Münsingen/Mehrstetten
Blaubeuren
33
Sonnenbühl
17
27
Schelklingen
35
Das Tal der Großen Lauter
Trochtelfingen/Mägerkingen
28
Zwiefalten/Obermarchtal
36
Gammertingen
29
37
Riedlingen
Veringenstadt/Veringendorf
38
Sigmaringen
Biberach
N
Ravensburg

BLV Kombi-Bücher

Eckert	Das Schleswig-Holstein-Wanderbuch
Fleischmann	Das Eifel-Wanderbuch
Fleischmann	Das Franken-Wanderbuch
Fleischmann	Das neue Alpen-Wanderbuch
Fleischmann	Wanderbuch Bayerischer Wald – Oberpfälzer Wald
Fleischmann	Wanderbuch Salzburger Land – Salzkammergut
Heilmannseder	Das Alm-Wanderbuch
Heilmannseder	Das Oberbayern-Wanderbuch
Klein	Wanderbuch für Spessart, Odenwald, Taunus und Vogelsberg
Klein	Wanderbuch Pfälzerwald – Hunsrück
Kulmus/Heck	Das Allgäu-Wanderbuch
Schnürer	Bergsteigen in Südtirol Band 1: Zwischen Bozen und Sexten Band 2: Zwischen Bozen und Reschen
Schnürer	Klettersteige Dolomiten – Brenta
Steidle	Wildwassertouren in den Alpen

Rudolf Walz

Wanderbuch Schwäbische Alb

BLV Verlagsgesellschaft
München Wien Zürich

CIP-Kurztitelaufnahme der Deutschen Bibliothek

Walz, Rudolf:
Wanderbuch Schwäbische Alb / Rudolf Walz. [Zeichn.: Hellmut Hoffmann]. – München; Wien; Zürich: BLV Verlagsgesellschaft, 1982.
(BLV Kombi-Wanderbuch)
ISBN 3-405-12590-1

Zeichnungen: Hellmut Hoffmann

Satz und Druck: Georg Appl, Wemding
Bindung: Grimm & Bleicher, München

Printed in Germany · ISBN 3-405-12590-1

Bildnachweis

Titel: Donaudurchbruch – Blick vom Eichfelsen auf den Kapuzinerfelsen und Schloß Werenwag (Holder, R., Urach)

Seite 2/3: Schäfer am Hang des Münsinger Beckens (Foto Löbl-Schreyer, Bad Tölz-Ellbach)

Seite 7: Urach – Rathaus mit Marktbrunnen (Kinkelin, J., Worms)

Bahnmüller, W., Gelting: Seite 29, 35, 36, 45, 49, 50, 74/75, 76/77, 79, 95, 103, 131
Bavaria-Verlag, Gauting
Grathwohl, D.: Seite 114
Bürgermeisteramt Bad Ditzenbach: Seite 43
Bürgermeisteramt Pfullingen: Seite 100
Bürgermeisteramt Königsbronn: Seite 19
Czech, J., Hamburg: Seite 117 (m)
Foto Löbl-Schreyer, Bad Tölz-Ellbach: Seite 15, 30, 39, 40/41, 55, 63, 92/93, 107, 116/117, 118/119, 120
Foto Wöhrstein: Seite 155
Holder, R., Urach: Seite 32/33, 47, 48, 57, 58/59, 60, 62, 65, 66, 69, 70, 72, 81, 84, 86/87, 89, 99, 102, 104/105, 108, 110/111, 112
Kinkelin, J., Worms: Seite 16/17, 22/23, 53, 82, 148/149
Mehlig, M.: Seite 124/125
Pahlke, F.: Seite 123
Schneiders, M.: Seite 142/143, 146/147
Schneiders, T.: Seite 91
Revellio GmbH, Villingen: Seite 11, 135, 137, 153
Röhm, W., Urach: Seite 18, 21, 26, 31
Schneiders, T., Lindau: Seite 141
Stadtverwaltung Albstadt: Seite 128
Walz, R., Neckartenzlingen: Seite 117 (2), 156, 157, 159

Erläuterung der Kartensymbole

Bei den in den Beschreibungstexten enthaltenen Symbolen ▸ – ◆ – ≺ – ‹ (in natura rot, blau und gelb) handelt es sich um die Wegebezeichnungen des Schwäbischen Alb-Vereins.
Ab Tour 46 sind auch Markierungszeichen des Schwarzwald-Vereins (= verschiedenfarbige Rauten) angegeben.

Inhalt

Einführung

»Wie ist es so herrlich, hier oben
auf ragendem Felsen zu stehn!
Wie fühlt sich die Seele gehoben
auf diesen romantischen Höhn!
Wie ziehen umher sich, wie breiten
die Bogen der Thäler sich aus!
Wie schweift in unendliche Weiten
das Auge bewundernd hinaus!«

Ludwig Neuffer, ein Freund Friedrich Hölderlins, beschrieb mit diesen wenigen Zeilen ein Charakteristikum der Schwäbischen Alb, durch das sich dieses Mittelgebirge gegenüber anderen besonders auszeichnet: Das sind die Felsen und Kanten am nördlichen Steilabfall des Gebirges, die einen freien Blick weit hinaus ins Schwabenland, zum Schwäbischen Wald, zum Schwarzwald hin ermöglichen. Gen Süden erscheinen an klaren Tagen die Alpen von der Zugspitze bis zu den Eisriesen des Berner Oberlandes.

Doch nicht nur die Nordseite mit den hohen Bergen und tiefen Tälern, sondern auch das Albinnere und die Südseite entlang der jungen Donau sind ideale Wandergebiete, die ihresgleichen suchen. Burgen, Schlösser, alte Städtchen, Wälder, Heiden, Höhlen, bizarre Felsnadeln, Flüßchen, Wacholder, Silberdisteln, Orchideen, dies alles sind Merkmale der Schwäbischen Alb.

Die Schwäbische Alb – der weithin unbekannte Fleck auf der deutschen Landkarte! Lange Zeit bestand Baden-Württemberg für die Fremdenverkehrs-Manager des Landes nur aus Neckarland – Schwaben, Bodensee – Oberschwaben und aus dem Schwarzwald. Die Alb wurde in einem der drei Regionalprospekte nur verschämt im Innern genannt. Jetzt allerdings wird in den zuständigen Gremien von »Vermarktung« und dergleichen mehr gesprochen; man kann nur hoffen, daß der Alb Auswüchse der Gigantomanie wie im Harz oder auch im Schwarzwald erspart bleiben. So gesehen mag die Ebbe in den öffentlichen Kassen vielleicht auch ein Segen sein.

Die Schönheit der Alb wurde schon von vielen gepriesen: Schiller, Uhland, Mörike, Hölderlin, Kerner, Hauff und andere haben sich durch die Schwäbische Alb inspirieren lassen. Wer kennt nicht Hauffs »Lichtenstein« oder das »Stuttgarter Hutzelmännlein« von Eduard Mörike? Und David Friedrich Weinland führte unzählige Jungen und Mädchen mit »Rulaman« und »Kuning Hartfest« zu den vorzeitlichen Bewohnern der Alb, zu den »Tulkaleuten«, zu den »Aimats«, zur »Alten Parre«.

Richtig »entdeckt« wurde die Alb von Gustav Schwab, dem wir die beiden ersten Alb-Wanderbücher sowie einige Reisebeschreibungen verdanken. Diese heute zu lesen, ist ein vortreffliches Vergnügen, doch hat sich die Zeit geändert, wenn auch die Alb gottlob kaum.

Albrand und Albhochfläche sind noch weitgehend ursprünglich, auch wenn da und dort Steinbrüche arge Wunden geschlagen haben, Sendetürme und Radaranlagen der technisierten Gegenwart Tribut zollen. In den Tälern, insbesondere in jenen am Nordrand, hat die Industrie schon seit Anbeginn Fuß gefaßt, denn die Flüßchen lieferten Antrieb und Energie für Maschinen. Nach dem Zweiten Weltkrieg setzte hier eine stürmische Weiterentwicklung ein. Auf der Suche nach Arbeitskräften einerseits und nach Arbeitsplätzen andererseits entstanden in vielen Albdörfern Zweigbetriebe und neue Industrien, doch hielt sich die Beeinträchtigung im Rahmen, von einzelnen »Ausrutschern« einmal abgesehen. Eher wurde auf dem Wohnbausektor gesündigt, und man muß leider sagen, daß diese Entwicklung auch heute noch anhält; doch gewinnt man den Eindruck, daß es vorbei ist mit der Sucht, jedem Dörfchen sein Hochhäusle auf dem höchsten Punkt Etters zu verschaffen, um die Tüchtigkeit des Schultes weithin zu dokumentieren.

Trotz allem »Fortschritt« hat die Alb auch heute noch sehr viel unverfälschte Natur zu bieten. Die Luft ist rein, die Bäche sind vielfach wieder klarer. Dünne Besiedelung auf der Hochfläche sorgt dafür, daß man manchmal stundenlang wandern kann, ohne einem Menschen zu begegnen. Hin und wieder ist es wie im Traum: Geht man am Albtrauf so ganz alleine einher, dann kann man das wuselige Treiben drunten im Tal beobachten; aber nur sehr leise dringt der Lärm herauf als Summen, das sich mit dem der Bienen und Käfer, dem Zirpen der Grillen und dem Schrei des Bussards vermischt.

Die Schwäbische Alb zieht von Nordosten nach Südwesten, von der Frankenalb, von der Wörnitz und vom Nördlinger Ries bis zur Baar, dem Randen und dem Hegau. Im Nordwesten fällt sie steil zum Neckar und seinen Zuflüssen ab. Im Südosten flacht sie sich sanft ab zur Donau hin, von dieser nur zwischen Tuttlingen und Sigmaringen schroff durchbrochen.

Die Alb ist etwa 200 Kilometer lang und 35 bis 40 Kilometer breit. Sie steigt von 500 Meter bei Harburg und Nördlingen im Nordosten bis auf 1000 Meter bei Rottweil im Südwesten stetig an. Die Schwäbische Alb ist ein Tafelgebirge, dessen Schichten von Nordwest nach Südost geneigt sind und so den teilweise fast unmerklichen Übergang zum Schwäbischen Oberland hin ergeben. Das Gebirge ist aus harten Kalkschichten aufgebaut, zwischen denen sich weichere Schichten befinden, die der Erosion und Abtragung stärker ausgesetzt sind. Dies bewirkt das an vielen Stellen des Nordrands ausgeprägte Landschaftsbild, das durch Tafelberge unterschiedlicher Höhe bestimmt wird.

Eine große Zahl von Flüßchen hat tiefe Täler in den Nordabhang eingefressen. Dies ist eine Folge des Einbruchs des Rheingrabens, denn der Neckar, der diesem zufließt, nimmt alle nördlichen Abflüsse auf. Es sind nur wenige Bäche, die gemächlich nach Süden hin zur Donau fließen; meist sind die Hochtäler trokken, eine Folge der Verkarstung des Gebirges.

Dem Steilabfall vorgelagert sind durch Erosion oder Vulkanismus entstandene, einzelnstehende Berge. Diese »Vorposten« nennt man Zeugenberge, weil sie bezeugen, daß der Nordabfall der Alb in grauer Vorzeit viel weiter nordwestlich verlief. Die Schwäbische Alb um Urach und Neuffen ist – so erstaunlich das klingen mag – die vulkanreichste Gegend

der Erde. Dies ist auch der Grund für die vielen Thermalbäder, deren Zahl in den letzten Jahren zugenommen hat.
Ein Kennzeichen der Alb sind die unzähligen Höhlen. Einige kleine und größere sind seit Jahrhunderten, ja Jahrtausenden bekannt, was durch viele Funde bewiesen ist. Andere Höhlen harren der Entdeckung oder der Erforschung, und manche machen hin und wieder von sich reden, wenn leichtsinnige Leute in riskanten Einsätzen herausgeholt werden müssen, weil sie zum Beispiel von plötzlichen Hochwassern eingeschlossen wurden.
Ein weiteres Merkmal sind die Wacholderheiden, in denen Silberdisteln – die Symbolpflanze der Schwäbischen Alb – und Orchideen blühen. Überhaupt ist die Alb ein Dorado für Pflanzenfreunde, aber es sei – auch an anderen Stellen immer wieder – darauf hingewiesen, daß sehr viele Pflanzen unter absolutem Schutz stehen.
Wer sich für Versteinerungen interessiert und die Augen offen hält, der wird zuweilen im Vorbeigehen einen Ammoniten, einen Belemiten, eine Muschel oder einen zu Stein gewordenen Schwamm finden können.
Kunstfreunde kommen auf ihre Kosten in vielen Kirchen, Klöstern, Schlössern und Museen, die an unseren Wanderwegen liegen. Genannt seien hier nur das Münster in Zwiefalten, der Hochaltar in Blaubeuren, der Goldene Saal im Uracher, die Sammlungen im Sigmaringer Schloß, das Urweltmuseum in Holzmaden, das Meteoritenkrater-Museum in Steinheim.
Vor- und Frühgeschichtler sind beispielsweise auf dem Runden Berg bei Urach, auf der Heuneburg bei Hundersingen, beim Römerbad in Heidenheim, in der Bärenhöhle bei Erpfingen am richtigen Platz.
Alle diese Orte und noch viele andere mehr werden wir auf unseren Wanderungen besuchen können, sei es, daß sie direkt am Wege liegen, sei es, daß sie einen kleinen Umweg oder Abstecher erfordern. Vielleicht macht uns das Wetter einmal einen Strich durch die Rechnung, und wir sind froh, wenn wir ein Museum, eine Kirche, ein Schloß besuchen können. Es heißt ja oft, daß Wandern keine Frage des Wetters, sondern eine Frage der Kleidung sei. Aber bei schönem Wetter ist Wandern angenehmer, und wir gehen ja nicht los, um unter allen Umständen Routen abhacken zu können, sondern um die Natur zu schauen und zu genießen.
Trotzdem sei ein Wort zur Wanderbekleidung gesagt: Das A und O einer genußvollen Tour sind zweckmäßige Wanderstiefel; diese sollten ein griffiges Profil aufweisen und die Knöchel bedecken. Auch wenn die Alb »nur« ein Mittelgebirge ist, so führen uns die Wege oft durch Schutthalden, über steinige und wurzelige Steige, nach Regenfällen durch manch lehmschlüpfrige Senke. Der Verfasser ist öfter mit Wandergruppen auf der Alb unterwegs und weiß, wie schwer sich Leute tun, die mit Halbschuhen wandern wollen; da ist es nur ein schwacher Trost, wenn diese Profilsohlen haben, denn man hat in solchen Schuhen einfach nicht den richtigen Halt. Im zeitigen Frühjahr, wenn der Boden von der Schneeschmelze oder von den Aprilschauern aufgeweicht ist, sind Gummistiefel empfehlenswert – es ist ja dann noch nicht so heiß –, aber auch diese sollten ein gutes Profil aufweisen.
So schnell wie im Gebirge schlägt das Wetter auf der Alb selten um, und oft bieten auch Schutzhüttchen, Schafställe und Feldscheunen Unterschlupf. Trotzdem sollte man bei unsicherem Wetter einen guten Regenschutz dabeihaben; ein Schirm ist für einen Wanderer beileibe keine Schande, nur geht am Albtrauf hin und wieder ein scharfes Lüftchen, das den Schirm zuweilen umdreht. Wenn man nicht gerade einen der beiden Albrandwege absolviert, die jeweils mehr als eine Woche beanspruchen, dann genügt ein kleiner Tagesrucksack für Regenzeug, Vesper, Fotoapparat und (wichtig!) Landkarte. Es wird dringend empfohlen, zur Vorbereitung und Durchführung der Wanderungen die bei den einzelnen Touren angegebenen topographischen Karten 1:50000 mit eingezeichneten Wanderwegen des Landesvermessungsamtes Baden-Württemberg anzuschaffen, da aus diesen unzählige Informationen nicht nur über den jeweiligen Wegverlauf, sondern auch über Erweiterungs- und Abkürzungsmöglichkeiten – letztere beispielsweise für plötzlich einsetzendes Schlechtwetter – entnommen werden können.
Das vorliegende Wanderbuch ist so aufgebaut, daß um 50 Orte der Schwäbischen Alb 2 bis 4 Wandervorschläge beschrieben werden. Dabei machen wir auch hin und wieder einen kleinen Seitensprung über die Alb hinaus, ins Nekkarland, ins Hohenlohische oder ins Oberland und in die nahe Schweiz, denn die Grenzen des Gebirges sind da und dort nicht klar umrissen. Auch sei die eine oder andere Wanderung im Vorland deshalb empfohlen, weil man von dort die prächtige Gebirgskette in ihrer ganzen Schönheit sehen kann.
Es sei darauf hingewiesen, daß es sich bei den angegebenen Zeiten um die reinen Gehzeiten eines »normalen« Wanderers handelt. Wie ein roter Faden zieht sich das rote Dreieck der beiden Albrandwege durch das Buch. Beide Wege beginnen in Donauwörth und enden in Tuttlingen; der eine zieht über den Nordrand, der andere über den Südrand hin. Diese beiden Wege berühren viele der schönsten Punkte der Schwäbischen Alb. Von den Rändern machen wir zudem Wanderungen ins Albinnere und auf die Albhochfläche.
Wer alle Touren dieses Buches gemacht hat, darf sicher sein, daß er dieses herrliche Mittelgebirge als ideales Wandergebiet schätzen gelernt hat; dessen ist sich der Verfasser ganz sicher. Zu oft schon hat er bei Fremden Vorbehalte gegen die angeblich rauhe Alb ausräumen müssen.
Nur ein einziger Wandertag durch das Tal der Großen Lauter, über das Kalte Feld, über die Felsklippen des Donaudurchbruchs genügt, den Überschwang von Gustav Schwab zu verstehen, der da schrieb:

»Das ist die teure Schwabenalb,
die allenthalb
blau nach der Ebne winket;
wo man auf Heiden hoch und kühl,
fern vom Gewühl,
die reinen Lüfte trinket;
wo Blütenduft
zu Tale ruft;
man wandert schnell,
bis man am Quell
in Waldesschatten sinket.«

Rudolf Walz

1 Bopfingen/ Lauchheim

Am Rande des Rieses

Früher hat man in der Schule gelernt, daß der östlichste Berg der Schwäbischen Alb der Ipf bei Bopfingen sei: »Die Alb geht vom Ipf bis zum Fürstenberg«, so hieß es. Dies ist richtig oder auch nicht. Die Alb ist das Mittelstück des Juragebirges, das vom Main bis zur Rhône reicht. Am Nordrand der Schwäbischen Alb sorgte der Einschlag eines Riesenmeteoriten dafür, daß um Nördlingen herum der charakteristische Steilabfall unterbrochen wurde: Das Ries entstand, eine nahezu kreisrunde Ebene mit 25 Kilometern Durchmesser und etwa 200 Meter tiefer gelegen als das übrige Umland.
Bei Bopfingen beginnt der »Nordrand« der Schwäbischen Alb, so wie der Nordrand der Frankenalb östlich der Wörnitz endet. Das vorliegende Wanderbuch beginnt in Bopfingen, obwohl der Verfasser weiß, daß er damit die Gegend zwischen der Wörnitz und dem Härtsfeld vernachlässigt, die reizvolle Landschaften und interessante Städte- und Ortsbilder bietet; es sei hier nur auf das mächtige Schloß Harburg der Fürsten Oettingen-Wallerstein verwiesen.
Bopfingen, ehemals freie Reichsstadt, kam 1810 an Württemberg. Es ist die am weitesten östlich gelegene Stadt Baden-Württembergs. Noch heute sind Zeugen der stolzen Vergangenheit zu sehen, wie beispielsweise das Rathaus, die Stadtkirche und ein Turm der ehemaligen Stadtbefestigung.
Das Wahrzeichen Bopfingens aber ist der Ipf im Norden der Stadt, der einen fast abweisenden Eindruck macht. Östlich von Bopfingen erhebt sich die Ruine der Burg Flochberg, einmal zum Besitz der Staufer gehörend, die 1648 von den Schweden zerstört wurde.
8 Kilometer westlich von Bopfingen liegt das Deutschordensstädtchen Lauchheim, dessen Stadtrechte vom Jahr 1431 datieren und das 1645 von den Franzosen fast völlig niedergebrannt wurde. Überragt wird der Ort vom mächtigen Deutschordensschloß Kapfenburg.

Kahl, beinahe abweisend erhebt sich der »erste« Berg der Schwäbischen Alb, der Ipf bei Bopfingen, über die Ebene des Nördlinger Rieses.

1 Blick auf 100 Dörfer

Bopfingen – Ipf – Oberdorf – Schloß Baldern – Lauchheim / 4½ Std. / 200 m Auf- und Abstieg, viel Sonne

Von Bopfingen aus steigen wir ziemlich rasch auf den Ipf, dessen Gipfel von mehreren Ringwällen umrundet wird, Zeugen der Besiedelung in der jüngeren Steinzeit, in der Bronze- und insbesondere der Hallstattzeit. Ein umfassender Rundblick soll bei klarem Wetter 100 Dörfer und Städtchen umfassen, die in der Mehrzahl im flachen Rieskessel liegen.
Oberdorf am Fuß des Ipf war in der Römerzeit ein bedeutender Knotenpunkt mehrerer Straßen. Nach dem Ort liegt

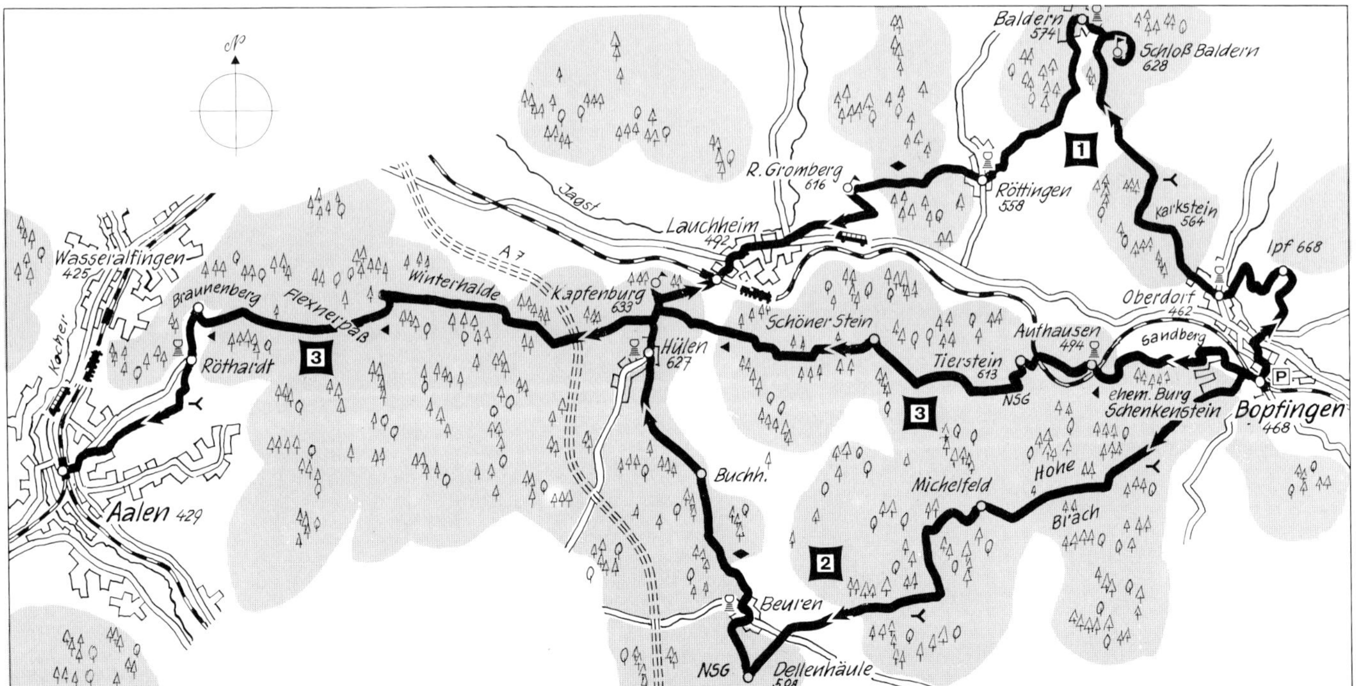

rechts der Karkstein, ein Weißjurafelsen, der mit einiger Sicherheit beim Einschlag des Ries-Meteoriten hierher geschleudert wurde. Sieht man zurück zum Ipf, so könnte die Vermutung aufkommen, er sei vulkanischen Ursprungs. Dies ist jedoch nicht der Fall, denn er ist ein sogenannter Zeugenberg, der durch Erosion entstanden ist.
Schloß Baldern steht ebenfalls auf einem Weißjurafelsen, den der Ries-Meteorit hierher befördert hat. Das Schloß gehört den Fürsten Oettingen-Wallerstein, denen wir auf der Ostalb noch öfter begegnen werden, wenn auch wohl nicht im wörtlichen Sinne. Der 40 Meter hohe Turm des Schlosses bietet eine umfassende Sicht auf die Umgebung.
Durch die Dörfer Baldern und Röttingen wandern wir zur Ruine Gromberg, der Stammburg der ersten Herren von Lauchheim, wo wir unsere Tour beenden.

2 Zum Naturschutzgebiet Dellenhäule

Bopfingen – Hohe Brach – Dellenhäule – Beuren – Hülen – Kapfenburg – Lauchheim/6½ Std., viel Schatten

Von Bopfingen wandern wir am Südosthang des Sandberges entlang hinauf zur Rennbahn der Speedwayfahrer und zum Skilift, zur waldigen Hohen Brach und über Felder beim Hof Michelfeld. Im Asangwald stoßen wir auf viele ehemalige Bohnerzgruben, die mit Wasser gefüllt sind. Über Nonnenbühl und Hundsbühl erreichen wir die große Lichtung, auf der uns im Ebnater Tal das Naturschutzgebiet Dellenhäule erwartet. Es besteht aus einer sehr schönen Wacholderheide und überraschenderweise aus einem Eichenhain. Das Dellenhäule steht zum Teil auf Dolomitgestein, das zu Sand verwittert und in allenthalben angelegten kleinen Gruben gewonnen wurde. Am Südrand des Naturschutzgebietes finden wir eine ungewöhnlich große Ameisensiedlung.
Über den Wanderparkplatz gehen wir hinüber nach Beuren, einem verträumten Flecken. Beinahe 1 Stunde lang wandern wir dann wieder durch Wald, an der Busch-Hütte vorbei, dann durch das Straßendorf Hülen und hinüber zur Kapfenburg, die majestätisch am Abhang des Jagsttales steht. Die Bauten stammen aus verschiedenen Perioden: der »Alte Bau« entstand im Mittelalter, das Hochschloß und die Torbastei sind aus der Renaissancezeit. Das Schloß, das heute dem Staat gehört, beherbergt ein Forstamt, die Domäne eine Jugendstrafanstalt. In einer knappen ½ Stunde sind wir drunten am Bahnhof Lauchheim, von wo wir an unseren Ausgangspunkt zurückfahren können.

3 Über den Nordrandweg nach Aalen

Bopfingen – Aufhausen – Hülen – Braunenberg – Aalen / 6 Std. / 300 m Abstieg, meist schattig / besonders empfehlenswert im April (Blüte der Leberblümchen)

Die meisten Wanderer, die den Weg über den Nordrand der Schwäbischen Alb zurücklegen wollen, beginnen die Tour in Bopfingen, obwohl er seinen Ausgangspunkt an sich in Donauwörth hat. Das mag an zwei Dingen liegen: Zum einen braucht man von Bopfingen nach Tuttlingen etwa 13 bis 14 Tage, eine Spanne, die mit der Urlaubsplanung besser in Einklang zu bringen ist, wie wenn man noch eine dritte Woche anbrechen muß; zum anderen beginnt in Bopfingen das, was man sich gemeinhin unter Alb-Nordrand vorstellt.
Wir wandern von Bopfingen auf den Sandberg hinauf, von dem aus nur noch vereinzelte Durchblicke zum Ipf im Norden und auf das Härtsfeld im Süden möglich sind. Rasch steigen wir dann hinab zur Ruine des Schenkenstein, die auf einem Bergsporn steht. Vorbei am 400 Jahre alten Judenfriedhof geht es hinunter nach Aufhausen am kleinen Flüßchen Eger, zu dessen Quelle wir bald kommen. Diese liegt am Fuße des Naturschutzgebietes Tierstein, durch das wir zu einem Aussichtspunkt emporsteigen, von dem aus man den Ipf und das Schloß Baldern erblickt.
Ohne Höhenunterschiede wandern wir am Schönen Stein, einem dreieckigen Grenzstein, vorbei hinüber zur Kapfenburg und nach Hülen. Bald umfängt uns wieder schattiger Wald, und wir gehen an der Winterhalde entlang hoch über dem Jagsttal dem Braunenberg zu. Auf ihm befindet sich ein hoher Sendeturm, den man besteigen kann, um Aalen und den Albrand, aber auch weit über das Härtsfeld, den Albuch, über das Welland und in die Ellwanger Berge zu sehen. Wer den Betonturm nicht erklimmen will, der kann die – allerdings weit beschränktere – Aussicht auch bequemer haben, nämlich vom oberen Rand des Steinbruchs, zu dem ein kurzer Abstecher am Westrand des Braunenbergs hinüberführt. Nun geht es hinunter durch das schön am Berg gelegene Röthardt und durch das Hirschbach-Tälchen nach Aalen.

Sehenswertes

Bopfingen Historischer Marktplatz ■ Stadtkirche mit Herlin-Altar von 1472 ■ Wallfahrtskirche Flochberg ■ Heimatmuseum

Baldern Schloß Baldern, im 12. Jh. Stammsitz der Edlen von Baldern, ab 1215 im Besitz des Klosters Ellwangen, ab 1250 bei den Grafen von Oettingen, nach deren Aussterben 1798 an die Fürsten von Oettingen-Wallerstein; 1720 von Gabrielis im Barockstil umgebaut; Kunst- und Waffensammlung

Lauchheim 1248 im Besitz der Herren von Gromberg, im 14. Jh. gehörte es dem Deutschherrenorden ■ Teile der Stadtmauer noch vorhanden ■ Torturm von 1621 ■ Barbarakapelle mit Renaissanceportal, Barockbildern und bedeutenden Fresken aus dem 15. Jh. ■ Kerkerkapelle von 1753 mit Rokokobildwerk eines Kerkerheilands ■ Schloß Kapfenburg, erste Nennung 1311; Kapelle mit Fresken; »Alter Bau« aus dem Mittelalter; Hochschloß und Torbastei im Renaissancestil

Freizeitangebot

Bopfingen Freibad ■ Hallenbad ■ Tennis ■ Segelfliegen ■ Drachenfliegen ■ Speedwayrennen ■ Skilifte ■ Langlaufloipen

Lauchheim Tennis ■ Skilift

Veranstaltungen

Lauchheim Burgfest an Christi Himmelfahrt ■ Fronleichnamsfest mit Bürgerwehr und Stadtkapelle

Verkehrsmittel

Bopfingen Bahn: Nördlingen – Aalen ■ Bus: Aalen – Nördlingen, Neresheim – Ellwangen, Bopfingen – Kirchheim

Lauchheim Bahn: Nördlingen – Aalen ■ Bus: Aalen – Nördlingen

Karten

L 7126 Aalen, L 7128 Nördlingen

2 Neresheim/ Härtsfeld

Im Banne Balthasar Neumanns

Neresheim liegt im Zentrum des Härtsfelds, des »harten Felds«. Es wird weithin sichtbar überragt von der Benediktinerabtei auf dem Ulrichsberg. Der wechselvollen Geschichte des schon 1350 zur Stadt erhobenen Ortes fielen die meisten historischen Gebäude, die Stadtmauer, Türme und Tore zum Opfer. Sehenswert ist das 1767 erbaute Rathaus, das früher als Fruchtkasten diente. Dahinter finden wir die 1465 begonnene Pfarrkirche in spätgotischem Stil mit einer Stuckdecke und interessanten Fresken.
Der Ulrichsberg über der Stadt war sehr früh besiedelt. Schon 1095 soll hier ein Kloster gestanden haben. Die heutige Klosterkirche wurde 1745 von Balthasar Neumann begonnen und bis 1792 von verschiedenen Baumeistern vollendet, nachdem dieser 1753 verstarb. Eine umfassende Renovierung, die 1975 abgeschlossen wurde, läßt das Meisterwerk Neumanns in prachtvollem Glanz erstrahlen. Nicht von ungefähr wird diese Abteikirche als Glanzleistung der Barockzeit angesehen. Ein zweiter Meister seines Faches, Martin Knoller, schuf die Kuppelfresken. Die Stukkatur ist von Theodor Scheithauf.

1 Stolze Burgen und Schlösser

Neresheim – Burg Katzenstein – Schloß Taxis – Dischingen – Zwing – Neresheim / 5 Std. / viel Schatten, aber auch viel Aussicht

Wir steigen hinauf auf den Ulrichsberg zum Kloster und Schloß Neresheim, das wir aber heute nicht besichtigen wollen. Hierzu sollte man sich mehr Zeit nehmen, als jetzt zur Verfügung steht, wenn wir die anderen Sehenswürdigkeiten am Wege genießen und an besonders schönen Stellen der Route länger verweilen wollen.
Durch ein herrliches Waldgebiet gelangen wir in das Tiefental, ein Landschaftsschutzgebiet, in dem Orchideen, Türkenbund und Akelei wachsen. Weiter geht es zum Hexenberg mit schönem Ausblick auf den künstlich angelegten Härtsfeldsee. Unser nächstes Ziel ist Burg Katzenstein über dem gleichnamigen Dorf, die am besten erhaltene romanische Burg aus der Stauferzeit weit und breit. Über Schrezheim und durch einen Wald mit vielen Grabhügeln, in dem wir auch auf das rote Dreieck des Alb-Südrandweges stoßen, kommen wir zum über 60 Hektar großen Englischen Wald, der das Schloß Taxis umgibt, das bis 1819 Schloß Trugenhofen hieß. Burg Trugenhofen wurde erstmals 1233 genannt. 1734 erwarb sie Reichsfürst Anselm Franz von Thurn und Taxis, der Erbgeneraloberpostmeister. Im 18. und 19. Jahrhundert wurde das heutige Schloß erbaut, das verschiedene Stile vom Spätbarock bis zur englischen Neugotik, dem sogenannten Tudorstil, aufweist. Mittelpunkt der etwa 20 Gebäude umfassenden Anlage ist das Hohe Schloß, das Renaissanceformen zeigt. Eine Besichtigung ist nicht möglich, da das Schloß als Sommersitz der in Regensburg residierenden Fürstenfamilie dient.
Wir wandern hinunter nach Dischingen im Egautal, dessen Rokokokirche, 1769 von Dossenberger erbaut, man unbedingt sehen sollte. Von Dischingen aus

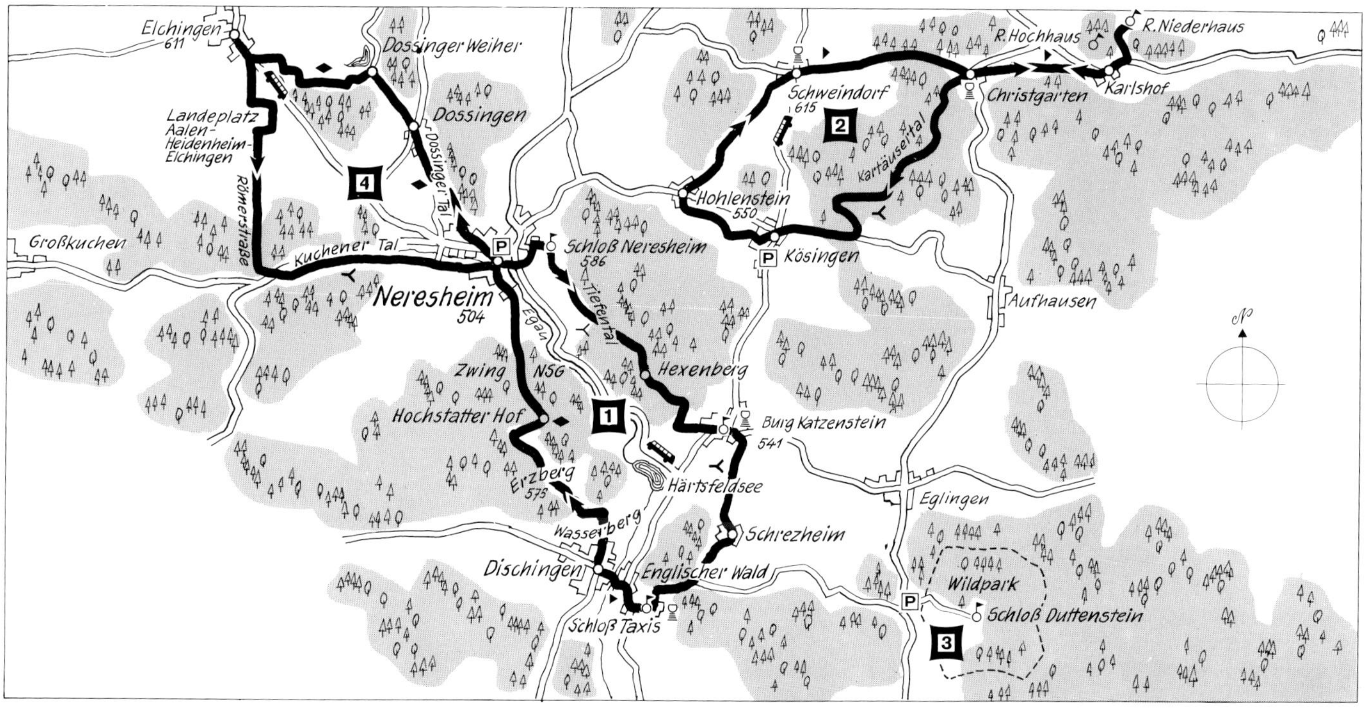

geht es dann über Wasserberg und Erzberg in knapp 1½ Stunden zum Landschaftsschutzgebiet Zwing, einer schönen Wacholderheide, von der man einen hübschen Blick auf die Abteikirche Neresheim hat. Nun ist es nicht mehr weit zu unserem Ausgangspunkt.

2 Ins stille Kartäusertal

Kösingen – Hohlenstein – Schweindorf – Christgarten – Kösingen / 4½ Std. / mit Abstecher zu den Ruinen Hochhaus und Niederhaus 6 Std.

Das beherrschende Bauwerk unseres Ausgangsorts Kösingen ist die in ihren Ursprüngen auf das 12. Jahrhundert zurückgehende Dorfkirche mit einem Altar von Dominikus Zimmermann und einer Pieta aus dem 16. Jahrhundert. Wer sich für geologische Dinge interessiert, der sei auf die »Bunten Breccien« oder »Bunten Breschen« hingewiesen, die sich verstreut im Ort und nördlich davon finden. Dies sind geschmolzene, glasig gewordene Gesteine, die beim Einschlag des Ries-Meteoriten hierher – und an viele andere Stellen – geschleudert worden sind.

Von Kösingen wandern wir in westlicher Richtung hinüber nach Hohlenstein, das unweit der großen Römerstraße zwischen den Kastellen Faimingen an der Donau und Oberdorf am Ipf liegt, die hier heute noch schnurgerade von Südost nach Nordwest zieht. Von Hohlenstein geht es dann in nordöstlicher Richtung nach Schweindorf, in dessen Kirche zwei Figuren – Maria und Johannes – aus der Riemenschneider-Schule stammen sollen. Hier in Schweindorf treffen wir auf den Alb-Nordrandweg, den wir jetzt »gegen den Strich« gehen.

Auf unserem Weiterweg nach Christgarten im Kartäusertal durchqueren wir den Wildpark der Fürsten Oettingen-Wallerstein, wo wir Damhirsche und Wildschweine sehen können. Das ehemalige Kartäuserkloster Christgarten wurde 1338 von den Fürsten Oettingen-Wallerstein gegründet. Es wurde zweimal zerstört, 1648 aufgehoben und verfiel von da an. Heute steht nur noch der Mönchschor, der aber sehr sehenswert ist.

Von hier aus kann man einen Abstecher zu den Ruinen Hochhaus und Niederhaus machen, der sich lohnt, aber doch 1½ Stunden in Anspruch nimmt. Von den Burgen kehrt man dann wieder nach Christgarten zurück, um durch das stille Kartäusertal nach Kösingen retour zu wandern.

3 Im Wildpark von Schloß Duttenstein

Wer es vorzieht, einmal einen gemütlichen Spaziergang zu machen, dem sei der Wildpark um Schloß Duttenstein empfohlen. Diesen Park kann man ohne weiteres betreten, wenn man sich an gewisse Regeln hält, die zum Schutz der Damhirsche und des Muffelwildes erlassen wurden. Im Zentrum liegt auf einem hohen Kalkfelsen Schloß Duttenstein, das den Fürsten von Thurn und Taxis gehört und 1564 erbaut wurde.

4 Im Herz des Härtsfeldes

Neresheim – Dossinger Tal – Dossinger Weiher – Elchingen – Kuchener Tal – Neresheim / 5 Std. / viel Sonne

Von Neresheim, das wir durch die Neubauviertel verlassen, gehen wir hinunter ins Dossinger Tal, ein unter Landschaftsschutz stehendes typisches Trockental der Schwäbischen Alb, durch das an sich die Kleine Egau fließen würde, hätte man sie nicht im Dossinger Weiher aufgestaut. Man müßte eigentlich sagen, daß die Egau hier versickern würde, wäre sie nicht gestaut worden. Durch dieses Tal fuhr früher auch die »Schättere«, die Härtsfeldbahn, von Aalen über Neresheim nach Dillingen an der Donau. Die letzte Dampflokomotive des Schmalspurbähnchens steht am ehemaligen Neresheimer Bahnhof.

Am Meisterhölzle vorbei geht es zum stillen Dossinger Weiher, ½ Stunde vom nächsten Ziel, Elchingen, entfernt. Dort wenden wir uns nach Süden, folgen einer alten Römerstraße, müssen aber dem Flugplatz ausweichen, kommen wieder zur Römerstraße zurück und wandern auf ihr bis zur Bundesstraße im Kuchener Tal, wo wir eine sehr schöne Wacholderheide vorfinden. Parallel zur Straße geht es dann zurück nach Neresheim.

Sehenswertes

Neresheim Benediktinerkloster, von Balthasar Neumann erbaute Klosterkirche; im Klosterhof Barockbrunnen ■ Heimatmuseum ■ In der Nähe Wallfahrtskapelle Maria Buch

Christgarten Mönchschor des ehemaligen Kartäuserklosters mit Chorgestühl von 1400 sowie Kruzifix und Altargemälde um 1500 ■ Ruine Hochhaus, 1236 erstmals genannt, 1749 abgebrannt ■ Ruine Niederhaus, im 12. Jh. erbaut, ehemals Sitz der Herren von Hürnheim, von denen einer zusammen mit dem Stauferherzog Konradin in Neapel enthauptet wurde; 1379 zerstört

Dischingen Rokokokirche von Dossenberger mit Stukkaturen von Scheithauf und Fresken von Lucello ■ Schloß Taxis mit Englischem Wald ■ Im Ortsteil Katzenstein Burg aus dem 13. Jh. mit romanischem Kamin und Laurentiuskapelle ■ Beim Ortsteil Demmingen Schloß Duttenstein von 1564

Kösingen Dorfkirche mit Hochaltar von Dominikus Zimmermann

Schweindorf Bildwerke aus der Riemenschneider-Schule in der Dorfkirche

Freizeitangebot

Neresheim Hallenbad ■ Tennis ■ Minigolf ■ Segelfliegen

Dischingen Angeln ■ Bootfahren ■ Drachenfliegen ■ Windsurfen ■ Tennis

Elchingen Segel- und Motorflug

Kösingen Freibad

Verkehrsmittel

Neresheim Bus: Aalen, Heidenheim, Dillingen, Bopfingen, Nördlingen

Dischingen Bus: Heidenheim, Dillingen

Kösingen, Schweindorf Bus: Neresheim, Heidenheim, Aalen

Karten

L 7128 Nördlingen, L 7326 Heidenheim, L 7328 Höchstädt

Aus mächtigen staufischen Buckelquadern ist der Bergfried der aus dem 13. Jahrhundert stammenden Burg Katzenstein aufgetürmt.

3 Aalen

Knotenpunkt seit Römerzeiten

Die Lage Aalens vor dem Nordrand der Alb und der bequeme Übergang über das Gebirge durch das Kocher- und Brenztal veranlaßten die Römer, hier ein umfangreiches Kastell anzulegen, das doppelt so groß war wie die bekannte Saalburg im Taunus. Unweit der Stadt verlief der sogenannte Rätische Limes, der im Volksmund mit »Teufelsmauer« bezeichnete Grenzwall, der teilweise heute noch zu sehen ist. Mehrere erhaltene Teilstücke weisen darauf hin, daß sich hier eine ganze Reihe von Römerstraßen schnitten. Doch lange vor den Römern siedelten schon Kelten in der näheren Umgebung, wie eine ausgedehnte Fliehburg bei Unterkochen beweist. Dieser Vergangenheit trägt Aalen mit dem Limes- und mit dem Römischen Park-Museum Rechnung.

1328 wurde Aalen zur Stadt erhoben und 1360 von Kaiser Karl IV. zur Reichsstadt erklärt. 1634 brannte fast der ganze Ort ab, da nach der Schlacht von Nördlingen hier einige schwedische Pulverwagen explodierten. 1805 stieg Napoleon I. im heutigen Rathaus ab, um zu vespern. Durch Lärm auf der Straße gestört, wollte er schnell nachsehen, was draußen vor sich ging. Seine Neugierde war so stark, daß er in der Eile mit dem Kopf durch das geschlossene Fenster stieß. Dieses Fenster ist noch heute mit dem napoleonischen N geschmückt.

Mittelalterliche Gassen und prachtvolle Fachwerkhäuser, eine im Barockstil erbaute Stadtkirche, das 400 Jahre alte Kirchlein St. Johannis bezeugen die Vergangenheit der Stadt, deren schöne Mädchen ein prominenter Gast in seinem Tagebuch unter dem 3. November 1797 besonders erwähnte. – Wer anders als Goethe konnte dies gewesen sein!

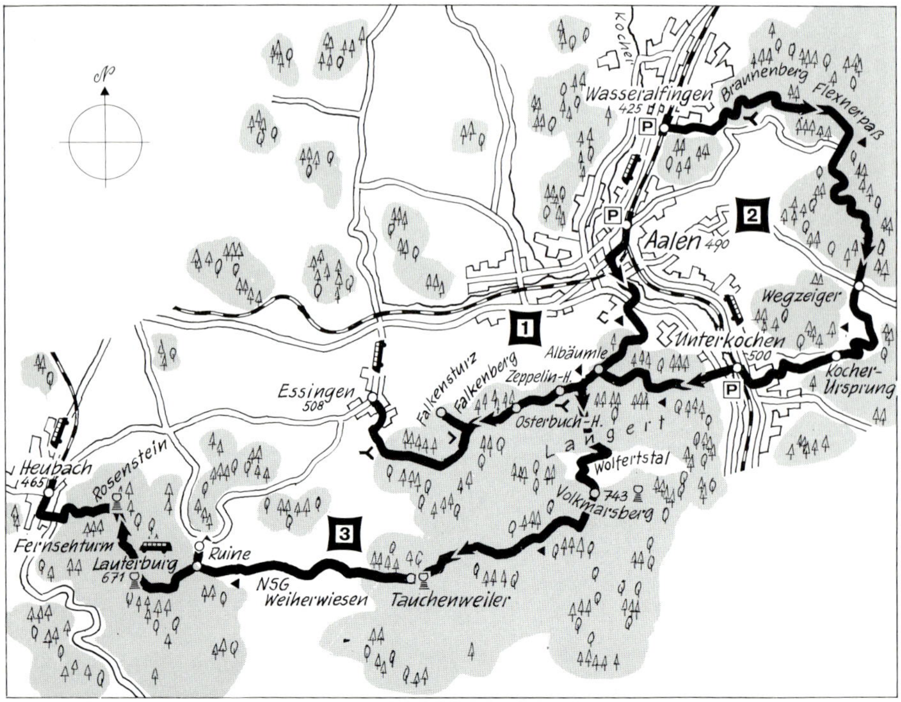

Vom Turm des Rathauses schaut der Aalener Spion, das Wahrzeichen der Stadt, auf das geschäftige Treiben des Wochenmarktes herab.

Im nahen, heute einen Stadtteil von Aalen bildenden Wasseralfingen befinden sich die Schwäbischen Hüttenwerke, in denen früher Eisenerze vom Braunenberg verarbeitet wurden. Ein »Wasseralfinger« ist in der Umgangssprache ein gußeiserner Ofen, auf deren Herstellung die Hüttenwerke spezialisiert waren und die heute bei Sammlern Spitzen-

preise erzielen. Wenn ein Junggeselle vor lauter »Schleckigkeit« keine Frau findet, dann sagt man, ihm müsse in Wasseralfingen eine gegossen werden.

1 Über den Langert vom Kocher zur Rems

Aalen – Albäumle – Zeppelin-Hütte – Falkenberg – Essingen / 3½ Std. / 250 m Auf- und 150 m Abstieg, meist schattig

Diese Wanderung wird besonders für geologisch Interessierte empfohlen, da sie zunächst über den geologischen Lehrpfad aufs Albäumle hinaufführt, wobei anhand von Schautafeln und Lehrbeispielen der Aufbau des Albgebirges erläutert wird. Vom hölzernen Aussichtsturm auf dem Albäumle hat man dann einen schönen Blick über das Welland, die Ellwanger Berge, den Albuch, zum Volkmarsberg im Süden und auf die Berge östlich von Aalen.
Nun wandern wir über den Langert nach Westen, hinunter zur Zeppelin-Hütte, dann zur Osterbucher Hütte und weiter zum Falkenberg, wo sich ein Abstecher zum Falkensturz unbedingt lohnt, hat man doch von dort einen schönen Blick auf unser Ziel Essingen, das junge Remstal und den Albrand.
Dann steigen wir am Teußenberg vorbei hinunter nach Essingen mit zwei Schlößchen im Renaissancestil, die den Herren von Degenfeld bzw. von Woellwart gehören.

2 Über den Braunenberg zum Kocher-Ursprung

Wasseralfingen – Braunenberg – Flexnerpaß – Wegzeiger – Kocher-Ursprung – Unterkochen / 4 Std. / 300 m Auf- und 120 m Abstieg, meist schattig

Für den Aufstieg zum Braunenberg wählen wir einen anderen Weg, als wir bei der Wanderung 3 heruntergekommen sind, nämlich von Wasseralfingen am Erzhäusle vorbei aufwärts. Hier im Westhang des Braunenberges wurde bis 1948 Eisenerz abgebaut, das bis 1925 in Wasseralfingen verhüttet wurde. Am Fernsehturm vorbei kommen wir zum Flexnerpaß, wo wir auf den Alb-Nordrandweg treffen, dem wir bis zum Ende unserer Wanderung folgen. Zuerst erreichen wir nach etwa 1 Stunde die Vier Wegzeiger, dann kommen wir bald auf einen schmalen Grat, von dem aus man ins Kochertal hinuntersieht und den die inzwischen stillgelegte und abgebaute Härtsfeldbahn, die sogenannte »Schättere«, in einem Tunnel durchfuhr.
Wir steigen rasch hinunter zum Ursprung des Weißen Kocher, der sich in Unterkochen mit dem Schwarzen Kocher vereinigt. Nach dem Läuterhäusle gehen wir nochmals kurz aufwärts zur Rochuskapelle und wandern über den Bergrücken hinüber zur gotischen Barbarakapelle und zur Dorfkirche, in der sich eine schöne Madonna auf der Mondsichel (von 1500) befindet. Am Weg ins Dorf hinunter sind zwei römische Steine aufgestellt, die man bei Bauarbeiten nahe der Kirche gefunden hat.

3 Auf dem Albrandweg zum Rosenstein

Unterkochen – Volkmarsberg – Tauchenweiler – Lauterburg – Rosenstein – Heubach / zwei Aufstiege mit 180 bzw. 200 m und zwei Abstiege mit 160 bzw. 270 m, meist schattig

Ein sehr abwechslungsreiches Stück des Albrandweges führt vom Kochertal zum Rosenstein, vom höchsten Berg der Ostalb zum wohl sagenumwobensten Berg der ganzen Schwäbischen Alb. Von Unterkochen steigen wir ziemlich steil auf zum Langert und zum Albäumle, dessen Aussicht wir ja schon bei der Wanderung 1 kennengelernt haben. Bald geht es wieder hinab ins Wolfertstal, wo wir vom Waldrand aus den Volkmarsberg sehen. Im Wolfertstal fällt eine große Erdaufschüttung auf. Diese stammt vom Bau zweier Stollen, durch welche die Leitungen der Landeswasserversorgung

Eine Besonderheit, ja eine Seltenheit auf der trockenen Schwäbischen Alb sind die »Weiherwiesen« am Wanderweg von Aalen nach Heubach.

geführt werden, mit denen der Stuttgarter Raum mit (Donau-)Wasser versorgt wird, das man bei Niederstotzingen faßt. Der verhältnismäßig steile Anstieg zum Volkmarsberg wird im oberen Teil versüßt durch sehr alte Bäume im Naturschutzgebiet, das den gesamten Berggipfel umfaßt. Der Aussichtsturm bietet einen großartigen Rundblick nicht nur über die gesamte Ostalb, sondern an klaren Tagen bis zu den Alpen.
Vom Turm aus wandern wir durch die in den letzten Jahren vom überwuchernden Wald wieder freigeschlagene Wacholderheide, vorbei an der stattlichen »Mutterbuche« und dann 1 Stunde lang durch schönen Wald zum Hof Tauchenweiler, der einsam auf einer kleinen Lichtung liegt. Durch einen Wald mit vielen Bohnerzgruben gelangen wir auf eine zweite Lichtung, auf der wir links drüben das Naturschutzgebiet Weiherwiesen sehen: ein 20 Hektar großes Feuchtgebiet, eine Seltenheit auf der sonst so wasserarmen Alb. Wieder ein Stück durch Wald, vorbei an Grabhügeln, dann über ein weites Feld erreichen wir das Dorf Lauterburg mit der am nordöstlichen Ortsrand gelegenen gleichnamigen Burgruine aus dem 12. Jahrhundert.
In einer knappen Stunde kommen wir über Feld und durch Wald, in dem links drüben ein hoher Sendeturm steht, auf den Rosenstein, den wir ein anderes Mal ausgiebig besuchen wollen (Tour 7/1), lohnt es sich doch, diesem interessanten Berg mehr Zeit zu widmen, als uns heute noch zur Verfügung steht. Wir steigen an der Ruine Rosenstein und an der Kleinen Scheuer vorbei nach Heubach ab und fahren nach Aalen bzw. Unterkochen zurück.

Sehenswertes

Aalen Altes Rathaus mit Heimat- und Schubart-Museum ▪ Stadtkirche von 1766 ▪ Johanniskirche, etwa um 800 erbaut, mit Fresken von 1200 ▪ Limesmuseum

Essingen Zwei Renaissanceschlößchen ▪ Friedhofkapelle

Heubach Pfarrkirche St. Ulrich ▪ Miedermuseum und Ausstellung frühzeitlicher Funde vom Rosenstein

Unterkochen Marienwallfahrtskirche

Wasseralfingen St.-Stephanus-Kapelle mit bedeutendem Schaffner-Altar ▪ Ofenplattensammlung der Schwäbischen Hüttenwerke

Freizeitangebot

Aalen Freibäder ▪ Hallenbad

Essingen Campingplatz mit Kleinschwimmbad ▪ Wintersportanlage »Hirtenteich«

Heubach Freibad ▪ Hallenbad ▪ Reiten ▪ Tennis ▪ Flugschule

Verkehrsmittel

Aalen Knotenpunkt der Bahnlinien Stuttgart – Nürnberg und Würzburg – Ulm ▪ Busverbindung in alle Richtungen ▪ Flugplatz Elchingen

Essingen Bus: Aalen, Schwäbisch Gmünd

Heubach Bus: Schwäbisch Gmünd, Aalen ▪ Flugplatz

Unterkochen Bahn: Aalen – Heidenheim ▪ Stadtbusverkehr Aalen

Wasseralfingen Bahn: Aalen – Nördlingen bzw. Würzburg ▪ Stadtbusverkehr Aalen

Karten

L 7126 Aalen, L 7324 Geislingen, L 7326 Heidenheim

4 Königsbronn/ Oberkochen

Eisen und Glas

Der Platz war schon in der Alt- und Mittelsteinzeit besiedelt, und auch die Kelten ließen sich hier nieder. Am westlichen Talhang findet man noch Reste der ehemaligen Burg Herwartstein, die von Rudolf von Habsburg zerstört wurde. Dessen Sohn Albrecht ließ 1302 aus den Trümmern der Burg das Zisterzienserkloster bauen, dem er den Namen Königsbronn gab. Zum Kloster gehörte das schon 1365 existierende Hüttenwerk, in dem Bohnerze aus der Umgebung und Brauneisenerze aus der Aalener Gegend verhüttet wurden. Während das Kloster 1634 vollkommen zerstört wurde, existiert das Hüttenwerk noch.
Sehenswert sind heute das Rathaus mit seiner Rokokofassade, der Fürstensaal, der Vierröhrenbrunnen im ehemaligen Klosterhof und das Naturdenkmal Brenztopf, in dem das Wasser zutage tritt, das in der Gegend um das Wental (s. Wanderung 3) versickert ist.
In Oberkochen waren früher Spezialbetriebe zur Herstellung von Holzbearbeitungsmaschinen und -werkzeugen vorherrschend. Als nach Kriegsende die Amerikaner gemäß dem Abkommen von Jalta Sachsen und Thüringen wieder verließen, nahmen sie die führenden Leute der Zeiss-Werke in Jena mit und setzten sie – eher zufällig – in Oberkochen ab. Dies war die Voraussetzung zur Gründung der Zeiss-Werke auf der Alb, was einen kometenhaften Aufstieg der 1968 zur Stadt erhobenen Gemeinde zur Folge hatte.

1 Zu einem grausigen Loch: dem Wollenloch

Oberkochen – Wollenloch – Königsbronn / 2½ Std. / 100m Auf- und Abstieg, Sonne und Schatten

Von Oberkochen wandern wir hinaus zum Ursprung des Schwarzen Kocher und um den Sporn der Borzelhalde herum ins Tiefe Tal, in das wir knapp ½ Stunde hineingehen, um dann steil zum Wollenloch emporzusteigen. Hierbei handelt es sich um eine als Naturdenkmal geschützte Doline.
Wie noch an anderer Stelle (Tour 37) gezeigt wird, weist die Schwäbische Alb unzählige Höhlen auf, von denen – kleinere oder größere – etwa 2000 bekannt sind. Mit großer Wahrscheinlichkeit ist aber die Zahl der unbekannten, unentdeckten, weil äußerlich nicht erkennbaren Höhlen sehr viel höher. Hin und wieder geschieht es dann, daß infolge des Kalkstein-Abbaus durch das einsickernde Regenwasser eine Höhlendecke einbricht (s. auch Tour 20/1) und dadurch mehr oder weniger große Erdfälle oder Dolinen entstehen. Das Wollenloch ist die größte Doline der Alb, erkundet bis auf eine Tiefe von über 60 Metern. Das Wasser, das in der Doline verschwindet, kommt übrigens an der Ziegelhütte wieder zum Vorschein, die etwa auf der Wasserscheide Kocher/Brenz, also Rhein/Donau, liegt.
Über den Wollenberg wandern wir weiter, hinunter ins Große Brenztal beim Brenzelhof, der am Ortsrand von Königsbronn liegt.

Das Königsbronner Rathaus am Brenztopf mit seinem prächtigen Volutengiebel von 1775.

2 Zu den Köhlern der Ostalb

Königsbronn – Zahnberg – Ochsenberg – Nietheim – Kohlplatte – Itzelberg – Königsbronn / 5½ Std. / 100 m Auf- und Abstieg, viel Schatten

Wir steigen hinauf zur Lichtung, auf der der Weiler Zahnberg liegt, und wandern hinüber nach Ochsenberg, einem Ortsteil von Königsbronn. Dort wenden wir uns nach Norden, gelangen zum »Judenbusch« und dem Waldrand entlang zur Eckbuche, 1 Stunde Waldwanderung entfernt von Nietheim, einer kleinen Ansiedlung inmitten einer Lichtung, bestehend aus dem Fürstlich Thurn und Taxisschen Jagdschloß und wenigen Waldarbeiterhäusern. Von Nietheim geht es südlich wieder in den Wald hinein zur Kohlplatte, wo heute noch Kohlenmeiler rauchen.

Dabei werden auf etwa 10 Meter großen runden Grundflächen ungefähr 25 Raummeter Holzprügel senkrecht stehend aneinandergeschichtet und mit einer luftabschließenden, feuerfesten Schicht aus Laub, Moos, Gras und Rückständen bereits abgeräumter Meiler abgedeckt. Der Meiler wird dann oben in der Mitte entzündet und brennt bzw. glostet kegelförmig von der Mitte nach außen und unten. Zunächst verdunstet das im Holz enthaltene Wasser, was durch weißen Rauch bzw. Wasserdampf angezeigt wird; dann bekommt der Rauch eine gelbliche und schließlich eine blaue Farbe. Der Köhler muß darauf achten, daß entstehende Löcher in der Abdeckung wieder verschlossen werden, damit kein offenes Feuer entsteht; andererseits muß aber durch angemessene Luftzufuhr ein gleichmäßiger Abbrand gewährleistet werden. Nach etwa sechs Tagen ist der Brand beendet, und der Meiler wird zur Abkühlung auseinandergezogen. Je nach dem eingesetzten Holz, dem Sachverstand des Köhlers und nicht zuletzt nach dem während des Brennvorganges herrschenden Wind erhält man etwa 25 Prozent des Gewichts des eingesetzten Holzes in Form von Holzkohle, die in der Stahlveredlung und beim beliebten Grillen Verwendung findet.

Wir wandern hinüber zum kleinen Egelsee und durchs »Fuchsloch« hinaus ins Brenztal, am Rand des Heidenheimer Hau entlang hinüber nach Itzelberg am gleichnamigen See. Dort befindet sich eine Insel, auf der man bis zu 60 verschiedene Vogelarten gezählt hat. Von Itzelberg kann man direkt nach Königsbronn zurückkehren. Der empfehlenswertere Weg führt aber über den Stürzelhof und die Ruine Herwartstein, von der man einen schönen Blick auf Königsbronn, das Brenztal und den Itzelberger See hat. Nach Königsbronn sind es von hier aus nur noch wenige Minuten.

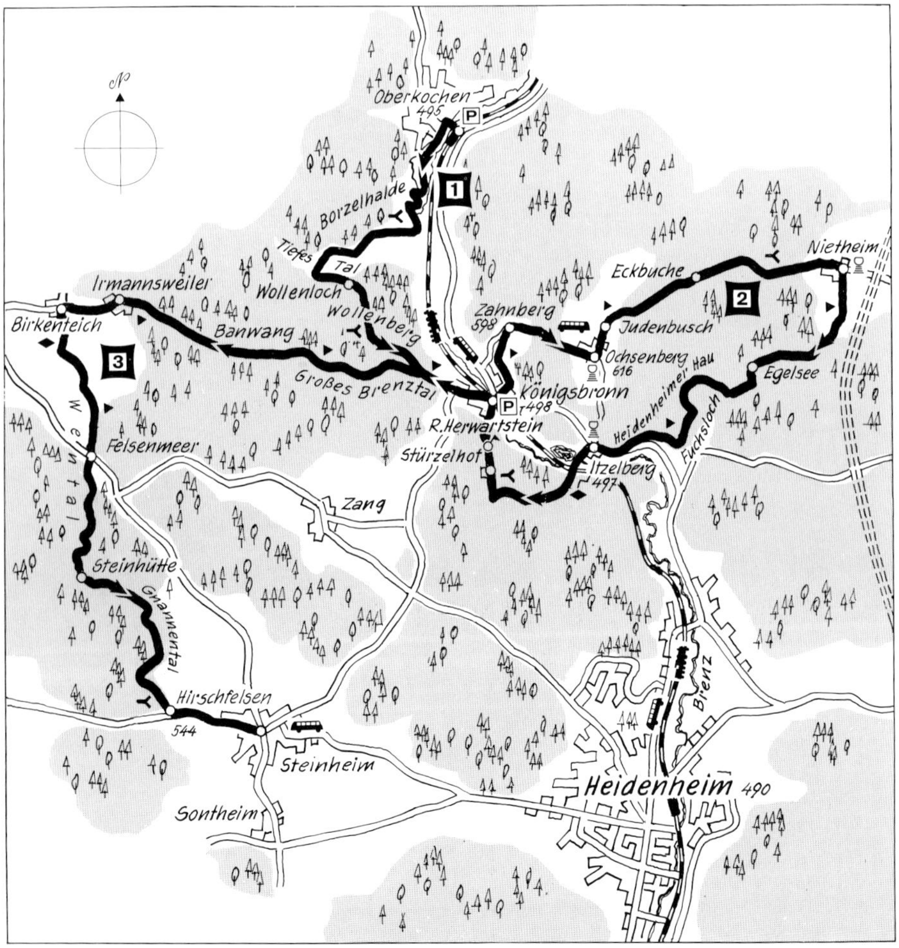

3 Ins Felsenlabyrinth des Wentales

Königsbronn – Irmannsweiler – Birkenteich – Wental – Gnannental – Steinheim / 5½ Std., 150 m Aufstieg, viel Schatten / Achtung: wer nur durch das Wental selbst wandern möchte, kann das Auto auf dem Wanderparkplatz am oberen oder unteren Ende des Tales abstellen

Von Königsbronn aus wandern wir am Brenzelhof vorbei ins Große Brenztal, verlassen dieses bei der Abzweigung in den »Hundsteich« und steigen hinauf in den Banwangwald, um nach etwa 1 Stunde den kleinen Ort Irmannsweiler zu erreichen. Nach einer weiteren ¼ Stunde sind wir im Weiler Birkenteich, wo wir nach Süden abbiegen, um bald am Wald entlang zum Naturdenkmal Felsenmeer zu gelangen. Nach den Wanderparkplätzen um die Wental-Gaststätte treten wir in ein Waldtal ein, wo wir eigenartige Gebilde aus Dolomitgestein finden: Bischofshut, Sphinx, Hexenloch, Nilpferd, Spitzbubenstadel, Wentalweible. Wenn man an letzteres das Ohr ganz fest anpreßt, hört man, wie die hier der Legende nach versteinerte Bäuerin, die vom Markt in Bartholomä heimkehrte, jammert: »Drei Vierling isch koi Pfond, drei Schoppe isch koi Maß, o hätt i doch des Deng net do, no müßt i net im Wental sto.« So ging es früher den Leuten, die mit falschen Gewichten betrogen hatten!

Am Stein-Hüttle vorbei gehen wir das Wental weiter abwärts, das sich bald weitet und von da an Gnannental heißt, an dessen unterem Ende sich ein Staudamm befindet, mit dem einst der Wedel gestoppt wurde. Dies war ein beinahe alljährlich während der Schneeschmelze entstandener reißender Bach, der durch das sonst trockene Tal, durch Steinheim, das Stubental und Heidenheim strömte und oft genug große Schäden anrichtete.

Eigenartige Dolomitfelsen säumen das romantische Wental.

Die weitere Fortsetzung des Gnannentales ist das engere Hirschtal mit dem Naturdenkmal des Hirschfelsens. Vom Wanderparkplatz bis nach Steinheim ist es dann nicht mehr weit.
Steinheim liegt in dem unter Landschaftsschutz stehenden Steinheimer Becken, dem verkleinerten Ebenbild des Nördlinger Rieses. Dieses Becken ist ebenfalls von einem Meteoriten-Einschlag gebildet worden. Im nahen Sontheim befindet sich das Meteoritenkrater-Museum, dessen Besuch sehr empfohlen werden kann.

Sehenswertes

Königsbronn Rokoko-Rathaus ■ Ehem. Klosterkirche, heute ev. Kirche von 1565 mit Brunnen ■ Wacht- und Straßenhäuschen ■ Torbogengebäude mit Fürstensaal (Museum) ■ Langes Haus mit Sonnenuhr ■ Brenztopf mit alter Turbine

Itzelberg Friedhofkapelle ■ Itzelberger See mit Vogelschutzinsel

Ochsenberg Dolinenfeld

Oberkochen Optisches Museum ■ Römisches Gutshaus

Steinheim Steinheimer Becken, durch Meteoriten-Einschlag vor 15 Millionen Jahren entstanden ■ Heimatstube im Klosterhof

Sontheim Meteoritenkrater-Museum

Freizeitangebot

Königsbronn Fahrradverleih ■ Schwimmen ■ Tennis (auch Halle) ■ Camping ■ Bootfahren ■ Kegeln ■ Skilift ■ Langlaufloipen ■ Sprungschanzen

Itzelberg Rudern ■ Segeln ■ Minigolf

Ochsenberg Langlaufloipe ■ Natureisbahn

Oberkochen Hallenbad ■ Minigolf ■ Tennis ■ Skilift ■ Langlaufloipen

Steinheim Kleinschwimmbad ■ Tennis ■ Reiten ■ Segelfliegen

Verkehrsmittel

Königsbronn Bahn: Heidenheim – Aalen ■ Bus: Heidenheim, Aalen, Ochsenberg

Itzelberg Bahn: Heidenheim – Aalen ■ Bus: Heidenheim, Aalen

Ochsenberg Bus: Königsbronn

Oberkochen Bahn und Bus: Aalen – Ulm

Steinheim Bus: Heidenheim – Göppingen

Karte

L 7326 Heidenheim

5 Heidenheim

Unter dem Hellenstein

In der Felswand unterhalb des Schlosses Hellenstein fand man in einer kleinen Höhle Steinwerkzeuge aus der Zeit des Neandertalers. Diese heute als Naturdenkmal geschützte »Heidenschmiede« zeigt, wie früh die Heidenheimer Gegend besiedelt war. Eine große Rolle spielte der Ort während der römischen Besetzung. Gerade in letzter Zeit hat man wieder einen sensationellen Fund gemacht: Beim Ausheben der Baugrube für das neue Fernmeldeamt stieß man auf ein außerordentlich großes Römerbad, über dem ein Neubau auf Stelzen errichtet wird. Heidenheim, um 800 erstmals genannt, hat sich offenbar aus einer alemannischen Siedlung entwickelt. 1434 zur Stadt erhoben, 1450 bayrisch, 1503 württembergisch, von frühester Zeit an industrialisiert, so zeigt sich Heidenheim als sehr regsames Gemeinwesen, das heute aus allen Nähten platzt. Firmenbezeichnungen wie Voith und Hartmann tragen auf Turbinen und Papiermaschinen einerseits, Heftpflaster und Mullbinden andererseits, den Namen der Stadt in alle Welt.
Über der Stadt thront auf mächtigem Fels das Schloß Hellenstein, dessen Anfänge bis ins Mittelalter reichen. Die heutige Ruine ist die 1530 total abgebrannte und 1544 unter Herzog Ulrich wieder aufgebaute Burg. Das jetzige Schloß wurde 1593 bis 1608 unter Herzog Friedrich I. errichtet. Mit zum Sehenswertesten, was Heidenheim zu bieten hat, ist der Blick vom Zwetschgengärtle, einer Bastei des Schlosses, von der man auf die verwinkelten Altstadtgassen, die spitzigen Giebeldächer und hinaus ins Brenztal sieht.

1 In großem Bogen zum Schloß Hellenstein

Heidenheim – Küpfendorf – Ugental – Schloß Hellenstein – Heidenheim / 4½ Std. / 200 m Aufstieg, kurzer Abstieg vom Schloß zur Stadt, meist schattig

Wir gehen den Wedelgraben entlang bis zur Einmündung des Ugentales in das Stubental und wandern an dessen südlichem Hang empor zum Hochberg. Bald erreichen wir die große Lichtung, auf der der kleine Ort Küpfendorf liegt. Wir gehen in südlicher Richtung durch das Dorf, biegen kurz darauf nach Osten ab, um in den Wald hinein und ins Ugental hinunterzusteigen. Unterhalb der Stelle, wo wir das Tal queren, wurde ein Staudamm errichtet, um den Zufluß des Schmelzwassers im Frühjahr zu regulieren. Das Ugental mündet – wie wir beim Verlassen Heidenheims gesehen haben – in den Wedel, der vom Wental (s. Tour 4/3) her kommt und auch dort schon gezügelt werden mußte.
Durch eine kurze, steile Talrinne verlassen wir das Ugental, steigen in den Wald »Scheiterhau« hinauf und überqueren die Lichtung Reutenen. Nach einem weiteren Waldstück kommen wir zu Stadion, Krankenhaus, Naturtheater und schließlich zum Schloß Hellenstein, in dem sich ein sehenswertes Heimatmuseum befindet. Neben der Indischen Sammlung ist dort eine Käferschau zu sehen, die etwa 45000 Exemplare umfaßt, die großenteils auf der Ostalb gesammelt wurden. Wieviele Arten davon mögen heute ausgerottet sein?
Nachdem wir den Blick über die Stadt genossen haben, steigen wir am Hirschpark und der Michaelskirche vorbei hinunter in die Stadt.

2 Zu den Bohnerzgruben im Heidenheimer Forst

Heidenheim – Nattheim – Oggenhausen – Heidenheim / 5½ Std., sehr viel Schatten

Am Totenberg entlang, der früher einmal ein Umlaufberg der Brenz war und auf dem neben dem Friedhof das älteste Heidenheimer Bauwerk, die auf einer romanischen Kirche aufgebaute Peterskirche, steht, wandern wir hinauf zum Osterholz und haben einen schönen Rückblick auf die Stadt und das Schloß Hellenstein. Bald tauchen wir in den

Wald ein, in dem sich viele ehemalige Bohnerzgruben befinden, u.a. die mit Wasser gefüllte und als Naturdenkmal geschützte Wagnersgrube, auf der weiße Seerosen blühen; die nahe Fischgrube dagegen schmückt sich mit gelben Seerosen. Bonerz besteht aus kugeligen Zu-

sammenballungen von Brauneisen, das früher meist im Tagebau, in offenen Gruben, gewonnen wurde; heute lohnt sich dies nicht mehr.
Leider zerreißt die neue Autobahn Ulm – Würzburg die Ruhe, die früher hier herrschte.

Bald verlassen wir den Wald und kommen hinüber nach Nattheim, das insbesondere durch die Korallenkalke bekannt geworden ist. Weiter geht es auf den Kirchberg, wo wir im Wald eine große Viereckschanze aus der Keltenzeit vorfinden. Wir wenden uns nach Süden

Ein Charakteristikum der Schwäbischen Alb sind die mächtigen, vielstämmigen Buchen, die einzeln über die Weiden verstreut kühlen Schatten spenden.

und wandern die Lichtung entlang, auf der der Hof Wahlberg liegt. Immer wieder sehen wir links und rechts vom Weg Bohnerzgruben, die bis kurz vor der Jahrhundertwende angelegt und ausgebeutet wurden. Bald stoßen wir auf den Alb-Südrandweg, dem wir nach Westen bis Oggenhausen folgen. Dieser Ort liegt wie Kösingen (s. Tour 2/2) auf »Bunter Bresche«, das ist glasig geschmolzenes Gestein, welches bei der Ries-Katastrophe, das heißt beim Einschlag des Riesenmeteoriten, hierher geschleudert worden ist.

Das Schloßgut von Oggenhausen, das in seiner früheren Form nicht mehr besteht, gehörte 1727 bis 1732 der Gräfin Würben, geborene von Grävenitz, besser bekannt unter dem Beinamen »Landverderberin«. Sie war die Mätresse von Herzog Eberhard Ludwig von Württemberg. Ihr verdankt man letztlich den Bau des größten Barockschlosses auf deutschem Boden – Schloß Ludwigsburg –, das vom ausgebeuteten Volk »Lumpenburg« genannt wurde. Gräfin Würben bewohnte später noch ein anderes Schloß, das wir auch besuchen werden, nämlich den Hohenurach (s. Tour 25/2), jedoch lebte sie dort als Gefangene.

Von Oggenhausen wandern wir nach Westen, kreuzen die neue Autobahn und haben einen weiten Blick nach Süden über die Donauebene hinaus, an klaren Tagen bis zu den Allgäuer Alpen. Bald queren wir im Wald das Heintal, dann das Flönstäle und kommen am Waldrand zu einem schönen Aussichtspunkt am Erbisberg. Über den Siechenberg kehren wir nach Heidenheim zurück.

3 An die Felsküste des Tertiärmeeres

Heidenheim – Schloß Hellenstein – Heldenfingen / 3 Std. / kurzer Aufstieg, dann weitgehend eben, meist im Schatten

Wir steigen zum Schloß Hellenstein hinauf und wandern durch den »Scheiterhau«, in dem sich eine große Zahl hallstattzeitlicher Grabhügel befindet. Hier sei darauf hingewiesen, daß der oft anzutreffende Flurname »Hau« Wald bedeutet; ein kleiner Wald ist auf Schwäbisch ein Häule. Durch den Stockhau gelangt man zur Lichtung Kohlhau und weiter durch die Wälder Brunnenhau und Rothau in den Mönchhau, wo wir einen Gedenkstein für einen Briefträger finden, der dort ermordet wurde. Nun treten wir aus dem Wald heraus und gehen ein kurzes Stück durch Felder hinüber zum Naturdenkmal Heldenfinger Kliff am Ortsrand des gleichnamigen Dorfes. Die Dörfler nennen diese Einmaligkeit ganz einfach »Schneckenberg«.

Dieser Weißjurafelsen, der von Muscheln angebohrt wurde und in den auch Austernschalen eingeschlossen sind, bildete im Untermiozän, also vor etwa 25 Millionen Jahren, die Felsküste eines 100 Kilometer breiten Meeresarms, der vom Rhônetal bis zum Wiener Becken reichte. Nach Abzug des Meeres im Obermiozän wurde die süddeutsche Hochebene von einem großen Süßwassersee bedeckt, in dem auch Teile der südlichen Alb untergingen. Am Ende des Obermiozäns wurde der See aufgefüllt und zurückgedrängt; der letzte Überrest hiervon ist das Schwarze Meer. Vom Heldenfinger Kliff hat man einen schönen Blick auf die von der oberen Meeresmolasse bedeckte Hochfläche, auf der die südöstlich und östlich gelegenen Orte Heuchlingen und Dettingen zu sehen sind.

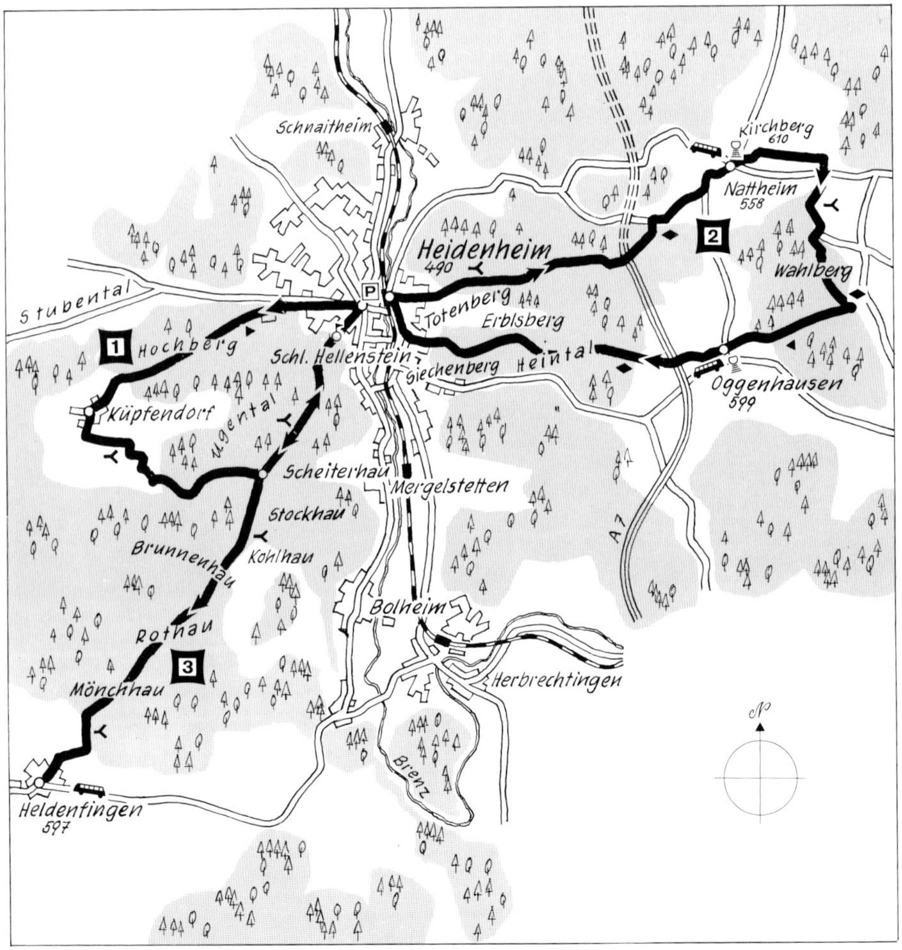

Sehenswertes

Heidenheim Michaelskirche aus dem 14. bzw. 17. Jh. ■ Totenbergkapelle ■ Schloß Hellenstein mit Schloßkirche und Heimatmuseum

Nattheim-Auernheim Barockkirche von 1729 mit Denkmalsorgel von 1823

Freizeitangebot

Heidenheim Hallenbad ■ Freibad ■ Reiten ■ Tennis ■ Minigolf

Nattheim Hallenbad ■ Tennis ■ Langlaufloipen ■ Skilift mit Flutlicht

Verkehrsmittel

Heidenheim Bahn: Würzburg – Ulm ■ Bus: Aalen – Ulm, Göppingen, Nördlingen und die nähere Umgebung

Nattheim Bus: Heidenheim, Dischingen, Neresheim

Oggenhausen Bus: Heidenheim

Karte

L 7326 Heidenheim

6 Herbrechtingen/ Giengen

Wo Barbarossa Hof hielt

Abt Fulrad, Erzkaplan von König Pipin, gründete in »Aribertingas« ein kleines Kloster, das er der Abtei von St. Denis bei Paris schenkte, deren Abt er war. Im Jahre 779 vermachte Karl der Große sein Königsgut Herbrechtingen dem Kloster. Barbarossa, der 1190 das nahe Städtchen Giengen gründete, brachte dann 1171 Augustinermönche hierher. 1450 wurde das Kloster zerstört, das Dorf fiel 1634 nach der Schlacht bei Nördlingen den Kaiserlichen zum Opfer. Nach der württembergischen Reformation wurde das Kloster von evangelischen Pröbsten verwaltet.

Das nahe Giengen kam durch seine erste Heirat an Kaiser Barbarossa. Auf der ehemaligen Burg hielten er und König Philip Hof. Giengen war ab 1307 Freie Reichstadt, die 1634 von spanischen Truppen bis auf vier Häuser abgebrannt wurde. Von der ehemaligen Stadtbefestigung sind noch Mauern und ein Turm vorhanden.

In der Neuzeit wurde eine Giengener Spezialität in aller Welt bekannt, die allerdings die wenigsten mit dem Albstädtchen in Verbindung bringen. Es sind dies die Plüschtiere mit dem Knopf im Ohr, die Geschöpfe der Margarete Steiff.

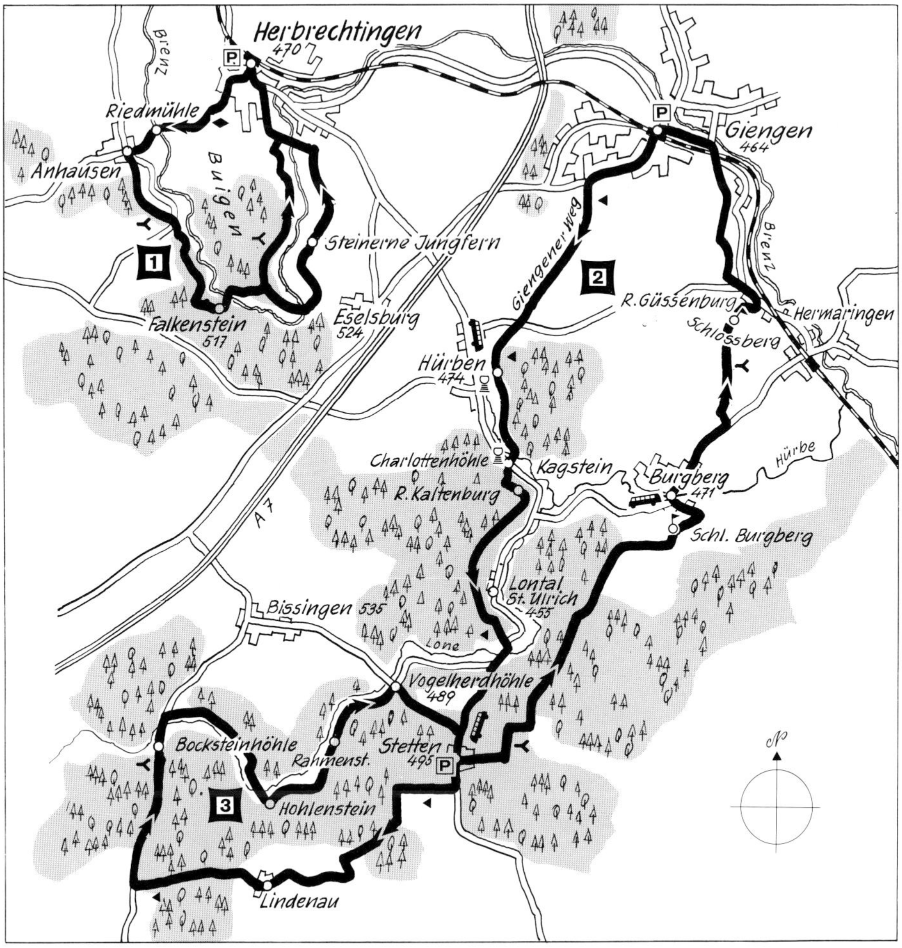

1 Die Steinernen Jungfrauen

Herbrechtingen – Anhausen – Falkenstein – Buigen – Eselsburger Tal – Herbrechtingen / 2½ Std. / geringe Höhenunterschiede, viel Schatten

Von Herbrechtingen an der Brenz bis zu der ebenfalls an der Brenz liegenden Riedmühle ist es nur knapp 1 Kilometer. Von der Riedmühle bis nach Herbrechtingen muß die Brenz aber über 7 Kilometer zurücklegen. Sie umfließt in einer großen Schleife ein auf dem Umlaufberg gelegenes Naturschutzgebiet, das wir ebenso besuchen wollen wie die Steinernen Jungfrauen im Eselsburger Tal.

Von der Riedmühle wandern wir hinüber zum ehemaligen Benediktinerkloster Anhausen, das mit einer Ringmauer umgeben ist. Renaissance und Spätgotik bestimmen das im übrigen etwas traurige Bild, denn ein Teil der einstigen Gebäude, insbesondere die ehemals große Kirche, wurde abgerissen und der Rest ist zum Teil verkommen oder zweckentfremdet worden.

Über den Kapellenweg geht es hinüber zum Wald und hinauf zur Talkante, von wo man immer wieder hübsche Ausblicke hat: auf die Brenzschleife mit dem Fischerfelsen, der Bindsteinmühle und dem Buigen. Bald kommen wir zur ehemaligen Vorburg des Falkensteins, heute eine Domäne. Die Burg selbst wurde 1818 abgebrochen, so daß der Burgfelsen nur noch als Aussichtspunkt lockt.

Nun wandern wir hinunter auf die Talsohle, über den Steg auf die andere Flußseite und hinauf auf den bewaldeten Rücken des Buigen mit dem mächtigen Ringwall, der in der Bronzezeit angelegt wurde. Vom Buigen aus gibt es zwei Möglichkeiten für den Weiterweg: entweder an der Bergkante entlang mit Blick von oben herab auf die Steinernen oder Spitzigen Jungfrauen oder aber hinab ins Tal, über die Brenz und auf dem Sträßchen zu Füßen der versteinerten Damen flußabwärts nach Herbrechtingen.

2 Geologie im Lonetal

Giengen – Hürben – Charlottenhöhle – Stetten – Burgberg – Giengen / 5½ Std. / geringe Höhenunterschiede, halb Sonne, halb Schatten

Wir verlassen Giengen in südwestlicher Richtung über den Giengener Weg, der uns in knapp 1 Stunde über freies Feld nach Hürben führt. Dort entspringt die Hürbe, ein nur etwa 6 Kilometer langes Flüßchen, das zwischen Giengen und Brenz in die Brenz mündet. Talabwärts kommen wir nach kurzer Zeit zur Charlottenhöhle, der mit 530 Metern längsten Schauhöhle der Alb, die für Touristen erschlossen wurde. Von der Höhle steigen wir hinauf zur Ruine Kaltenburg, die über dem Zusammenfluß von Hürbe und Lone steht.

Die Lone ist einer der eigenartigsten Flüsse der Alb. Die Ur-Lone entsprang im Tertiär in der Gegend des heutigen Städtchens Horb am oberen Neckar, floß in etwa entsprechend der Nagold und über die jetzigen Städte Herrenberg, Tübingen und Plochingen, bog dort nach Osten ab und lief weiter über Göppingen und Geislingen nach Südosten in das Tertiärmeer, wobei die Mündung etwa bei Westerstetten erfolgte. Dies war lange bevor der Rheingraben einbrach, was den Neckar als reißenden Fluß entstehen ließ, der die Schwäbische Alb abtrug und ausräumte und der den der Donau zustrebenden Flüssen das Wasser abgrub. Und man muß auch bedenken, daß der Lauf der Ur-Lone zwischen 800 und 850 Meter über dem Niveau des heutigen Neckars lag: Steter Tropfen höhlt den Stein! Heute entspringt die Lone bei Lonsee, fließt etwa 30 Kilometer nach Osten und verschwindet klammheimlich, um bei Langenau als Nau wieder aufzutauchen. Das Lonetal selbst ist bis Lontal meist trocken; dort entspringt sozusagen eine neue Lone, die nach wenigen hundert Metern zwischen Kaltenburg und Kargstein in die Hürbe mündet.

Wir durchqueren das trockene Lonetal und wandern hinauf nach Stetten mit Schloß und Wallfahrtskirche, wenden uns nach Norden und erreichen nach gut 1 Stunde Schloß Burgberg der Fürsten von Oettingen-Wallerstein. Hinunter ins Tal der Hürbe und hinüber ins Dorf Burgberg, wo die Herrschaft einst Landfahrer und Bettler angesiedelt hatten. Über den Schloßberg mit der Ruine der zu Raubrittern verkommenen Güssen kehren wir ins Brenztal und nach Giengen zurück.

Die beiden Jungfrauen haben beim Wasserholen im Eselsburger Tal das Gebot übertreten, nie mit einem Manne zu sprechen; seither sind sie versteinert.

3 Frühgeschichte im Lonetal

Stetten – Bocksteinhöhle – Hohlenstein – Vogelherdhöhle – Stetten / 4 Std. / geringe Höhenunterschiede, mehr Sonne als Schatten

Heute machen wir einen Ausflug in das mittlere Lonetal, das durch seine Höhlen eine vorgeschichtliche Bedeutung erlangte wie kaum ein anderer Platz im süddeutschen Raum.

Von Stetten aus wandern wir auf dem Alb-Südrandweg hinüber zum Hof Lindenau und weiter bis zum Sträßchen Öllingen – Bissingen, dem wir nach Norden bis hinunter ins Lonetal folgen. Am rechten Talhang befinden sich die Bocksteinhöhlen, in denen Feuersteinwerkzeuge aus der Altsteinzeit sowie Scherben aus der Jungsteinzeit und von den Römern gefunden wurden.

Talabwärts erreichen wir nach einer knappen ½ Stunde den Hohlenstein mit zwei Höhleneingängen, von denen der große in den »Stadel«, der kleine in die Bärenhöhle führt. Beide Höhlen sind archäologische Fundstätten ersten Ranges. Es wurden unzählige Bärenskelette und Feuersteingeräte entdeckt. Auch aus der Bronzezeit sowie von Kelten und Römern barg man Scherben. Menschliche Skelette, insbesondere von Kindern, lassen auf Kannibalismus schließen. Die bedeutendsten Funde im »Stadel« waren der »Stadel-Adam«, die älteste bisher bekannte plastische Darstellung eines Menschen, sowie eine Kopfbestattung, bestehend aus den Schädeln eines Mannes, einer Frau und eines Kindes.

Nun geht es weiter talab, am Rahmenstein vorbei bis zum Sträßchen Stetten – Bissingen, wo wir rechts drüben den großen Eingang zur Vogelherdhöhle sehen. Auch hier gab es hochinteressante Funde, und zwar einerseits Skeletteile von Bären, Mammuts und Nashörnern, andererseits aber Elfenbeinschnitzereien von unschätzbarem Wert – 25 000 Jahre alt!

Den Abschluß der Wanderung durch dieses interessante Landschaftsschutzgebiet bildet der Rückweg nach Stetten.

Sehenswertes

Giengen Ev. Stadtkirche, Ursprung aus staufischer Zeit ■ Fachwerk- und Bürgerhäuser ■ Reste der Stadtbefestigung

Herbrechtingen Reste der mittelalterlichen Klosteranlage (freistehender Glockenturm, ehemaliges Kameralamt, Probstei u. a.)

Lontal St.-Ulrichs-Kirche

Stetten Spätbarocke Marienwallfahrtskirche

Burgberg Grabstätte der Grafen von Linden, den späteren Begründern des Linden-Museums in Stuttgart

Hürben Heimatmuseum mit Funden aus der Vor- und Frühzeit

Freizeitangebot

Giengen Hallenbad ■ Freibad ■ Tennis ■ Minigolf ■ Langlaufloipen

Herbrechtingen Hallenbad ■ Minigolf

Verkehrsmittel

Giengen Bahn: Ulm – Aalen ■ Bus: Heidenheim, Ulm, Dillingen

Herbrechtingen Bahn: Ulm – Aalen ■ Bus: Heidenheim, Ulm

Stetten Bus: Heidenheim, Ulm

Karte

L 7326 Heidenheim, L 7526 Günzburg

7 Heubach

Sagenumwobener Rosenstein

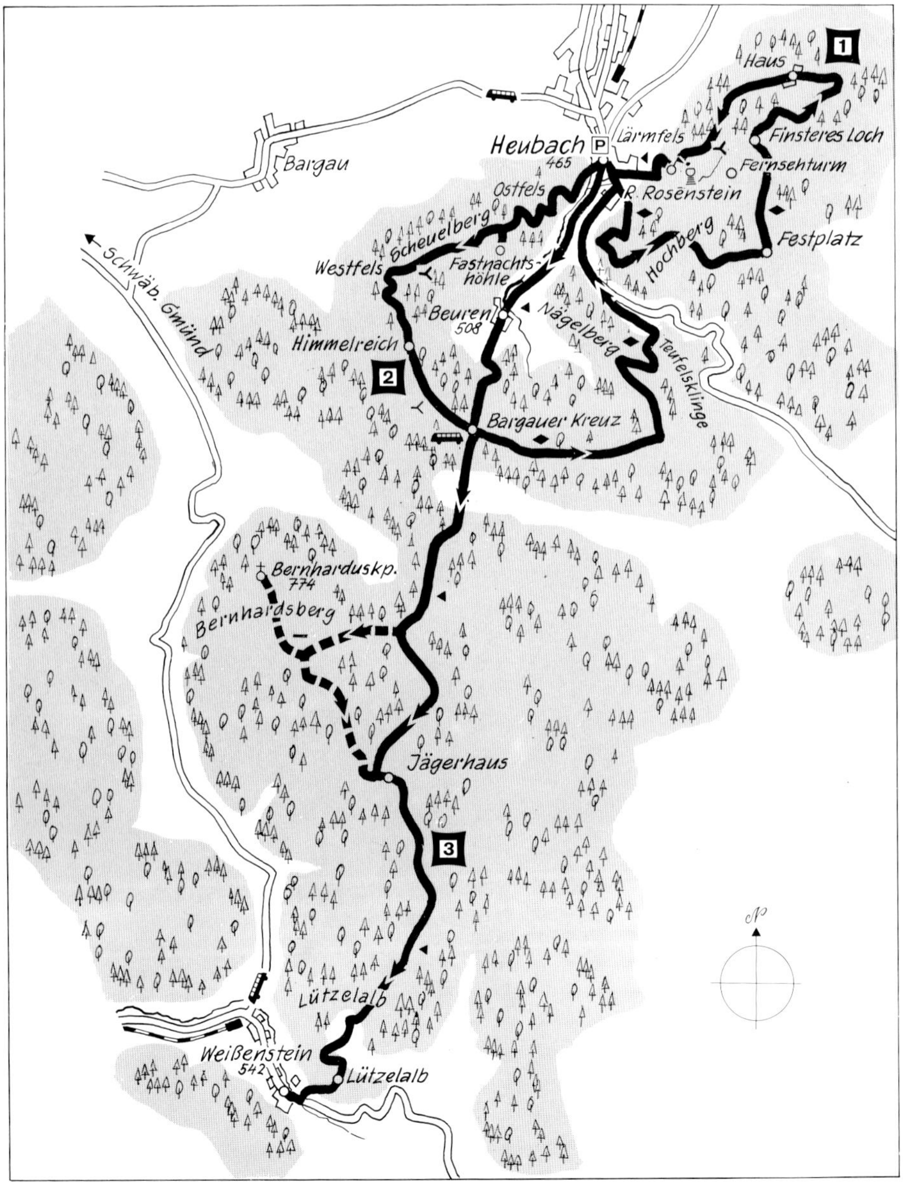

Heubach soll schon Stadt gewesen sein, als Ulm noch ein Dorf, Stuttgart ein Stutenstall und Schwäbisch Gmünd ein Zollhaus waren. So wird es wohl in Wirklichkeit nicht gewesen sein, aber um den Rosenstein herum geht die Phantasie mit manchem durch. Viele Sagen ranken sich um den über dem Städtchen hoch aufragenden, ruinengekrönten Felsklotz. Sie haben den Heiland und den Satan zum Inhalt, andere erzählen von den Raubrittern und deren Ende.
Heubach selbst macht eine gute Figur, denn es ist Sitz bekannter Miederhersteller und kann sogar mit einem Miedermuseum aufwarten. Vielleicht ermöglicht ein Regentag eine Wanderung durch die Geschichte einer Industrie, die die Schönheit des menschlichen Körpers auf vielfältige Art stützt.

1 Ruinen und Höhlen

Heubach – Hochberg – Festplatz – Rosenstein – Heubach / 3½ Std. / je 300 m Auf- und Abstieg, viel Schatten / für Höhlenbesuch ggf. Taschenlampe mitnehmen

Wir steigen von Heubach aus wieder einmal ziemlich rasch auf den Hochberg auf, der in der Hallstattzeit mit Wällen und Gräben gegen die Hochfläche abgeschirmt wurde. Weiter geht es über den Heidenburren zum Festplatz und am Fernsehturm (den man besteigen kann) vorbei zum Wanderparkplatz. Auch hier queren wir Wälle und Gräben, mit denen die Berghalbinsel des Rosensteins geschützt wurde.
Beim Rundgang um den Rosenstein, zu dem wir nach rechts abbiegen, kommen wir zunächst zum Finsterloch, einer etwa 130 m langen Höhle, die am Abhang zum Lappertal liegt. Man kann durch die ganze Höhle hindurchgehen, am Berghang wieder zum Eingang zurückkehren und anschließend zur Hochfläche emporsteigen.
Die nächste Attraktion ist der Hohe Stein, ein prachtvoller Aussichtspunkt hinunter auf Lautern und hinüber auf die Aalener Berge. Bald steigt man drahtseilgesichert die Stufen abwärts zum mächtigen Tor der »Großen Scheuer« und – noch etwas tiefer – zur »Haus« genannten Höhle. Anschließend geht es den gleichen Weg zurück zum Trauf und rechts hinüber zur »Schönen Aussicht«. Nach Queren eines hallstattzeitlichen Walles erreichen wir die »Waldschenke« und machen einen kurzen Abstecher zur Dreieingangshöhle, kehren dann aber wieder zur Hochfläche zurück, um nochmals über

Schön ist der Blick vom Beurener Kreuz auf Heubach und den Rosenstein.

Wall und Graben zum Lärmfelsen hinüberzugehen, der die wohl schönste, an klaren Tagen bis zum Schwarzwald reichende Aussicht bietet.
Ein eiserner Steg überwindet eine tiefe Felsspalte und leitet hinüber zur Ruine Rosenstein, deren Anfänge aus dem 12. Jahrhundert stammen. Sie wurde von den Grafen von Lauterburg gegründet, fiel 1350 zusammen mit Heubach an Württemberg und wurde im Bauernkrieg zerstört.
Von der Ruine steigen wir hinunter ins Tal und kommen dabei an der »Kleinen Scheuer« vorbei, die in den Burgfelsen hineinführt. Auf aussichtsreichem Steig erreichen wir den Ausgangspunkt Heubach.

2 Übers Himmelreich in die Teufelsklinge

Heubach – Scheuelberg – Himmelreich – Bargauer Kreuz – Teufelsklinge – Heubach / 3 Std. / 250 m Auf- und Abstieg, viel Schatten

Es ist rein zufällig, daß wir zuerst ins Himmelreich gehen und anschließend in die Teufelsklinge absteigen; wer sich vor den Rosensteiner Geistern fürchtet, der mache die Wanderung andersherum!
Beim Aufstieg zum Scheuelberg kann man ein erstes Mal den Rosenstein mit der Ruine und den Felsen in seiner ganzen Größe bewundern; immer wieder während der heutigen Wanderung sehen wir den Berg, jedesmal aus veränderten Blickwinkeln, so beispielsweise vom Ostfelsen, auf den wir kommen, sobald wir die Höhe erklommen haben.
Wer eine Taschenlampe dabei hat, mag nach kurzem Wegstück links hinuntersteigen zu drei Höhlen: der Fastnachtshöhle, dem Engelsloch und der Jakobshöhle. Wer nicht an Höhlen interessiert ist, der wandere lieber auf der Hochfläche weiter, denn es ist ein steiler, schlechter Weg hinunter!
Nach kurzer Zeit erwartet uns auf dem Westfelsen beinahe ein Rundumblick, bei dem nur der Ausschnitt fehlt, den wir vom Ostfelsen sehen konnten. Abwärts geht es in den Sattel und durch die Wachholderheide hinauf aufs Himmelreich mit dem Gmünder Haus. Hinunter

zum Beurener Kreuz und hinauf zum Bargauer Kreuz am Gmünder Weg, wo der Alb-Nordrandweg kreuzt. Nun wandert man ziemlich eben weiter, bis von rechts der Weg vom Inneren Kitzinghof herüberkommt. Dort biegen wir links ab auf den Grat des Nägelsberges, den wir bald verlassen, um in die Teufelsklinge hinabzusteigen. Aus einer hohen Felswand stürzt nach längeren Regenfällen oder bei der Schneeschmelze ein Wasserfall herab, dessen Quelle mit einer Hülbe oben auf der Hochfläche in Verbindung steht. Durchs Tumbachtal kehren wir schließlich nach Heubach zurück.

3 Auf dem Nordrandweg nach Weißenstein

Heubach – Beuren – Bargauer Kreuz – Jägerhaus – Lützelalb – Weißenstein / 3½ Std. / 250 m Auf- und Abstieg, überwiegend schattig

Heute folgen wir dem Nordrandweg von Heubach bis Weißenstein. Etwas umständlich ist dabei allerdings die Rückkehr zum Ausgangspunkt, denn man muß mit dem Bus zuerst nach Schwäbisch Gmünd fahren, um dort den Heubacher Bus zu erwischen. Da es sich dabei aber um eine schöne, interessante Fahrt handelt, sollte man sich der Mühe ruhig unterziehen.
Von Heubach geht es entlang der Straße bis Beuren. Dann machen wir uns daran, den etwas ruppigen Aufstieg zum Bargauer Kreuz hinter uns zu bringen. Oben angelangt, haben wir eine bequeme Waldwanderung vor uns, die nur durch die Felder der Kitzinger Ebene und der Lützelalb unterbrochen wird.
Wer Lust hat, kann der westlichen Wegteilung des Albrandweges folgen und noch einen Abstecher auf den Bernhardus (s. Tour 8/1) machen, was eine zusätzliche ½ Stunde in Anspruch nimmt, dafür aber eine schöne Aussicht bietet, die man auf dieser Strecke sonst nicht hat.
Nach dem Jägerhaus durchqueren wir den Gemeinen Wald, gehen kurz an einer weiten Lichtung entlang und steigen zur Lützelalb ein wenig aufwärts. Der Gedenkstein an den Tod eines Wanderers möge daran erinnern, daß man die Lust des Wanderns genießen sollte, so lange einem dies vergönnt ist.
Von der Lützelalb hat man einen weiten Blick über die Albhochfläche. Durch den gleichnamigen Bauernhof steigen wir ziemlich schnell ab nach Weißenstein, über dem im Schluchtwinkel das Rechbergsche Schloß steht.

Sehenswertes

Heubach Siehe Tour 3

Weißenstein Spätbarocke Kirche von 1725 mit Rechbergschen Grabmälern ■ Schloß Weißenstein (nicht zu besichtigen)

Freizeitangebot

Heubach Siehe Tour 3

Weißenstein Freibad ■ Wintersportmöglichkeiten ■ Skilift

Verkehrsmittel

Heubach Siehe Tour 3

Weißenstein Bus: Schwäbisch Gmünd, Heidenheim, Göppingen

Karte

L 7324 Geislingen

Zu den ersten Frühlingsboten auf der Schwäbischen Alb gehört neben der echten Schlüsselblume (Primula veris) auch die Stinkende Nieswurz (Helleborus viridis), eine Verwandte der Christrose.

8 Lauterstein

Heimat einer berühmten Holzplastik

Das Kleinod in der Nenninger Friedhofskapelle: Ignaz Günthers »Marienklage« von 1774.

Viele werden Lauterstein vergeblich auf ihren Landkarten suchen, denn dieser Name ist ein Kind der Gemeindereform, die aus Weißenstein und Nenningen eine neue Stadt gemacht hat aufgrund alter Rechte aus dem 14. Jahrhundert.
Weißenstein wird überragt vom Rechbergschen Schloß mit seinen vier Flügeln, das zwischen dem 15. und 17. Jahrhundert erbaut wurde. Früher zogen vom Schloß Mauern ins Tal, die den ganzen Ort umspannten. Heute ist nur noch eine Mauer vorhanden, die zudem ausgehöhlt wurde, damit die Grafen in einem gedeckten Treppengang trockenen Fußes in die im Tal liegende Pfarrkirche Mariae Himmelfahrt gelangen konnten.
In Nenningen erwartet uns ein Kunstwerk von internationalem Rang: die Pieta von Ignaz Günther in der Friedhofskapelle. Doch kann es sein, daß Maria und Jesus gerade auf Reisen sind, denn sie sind häufig Gast bei großen Kunstausstellungen in ganz Europa, im Pariser Louvre, in Londons National Gallery of Art oder – wie im Jahre 1958 – im Vatikanischen Pavillon auf der Brüsseler Weltausstellung.

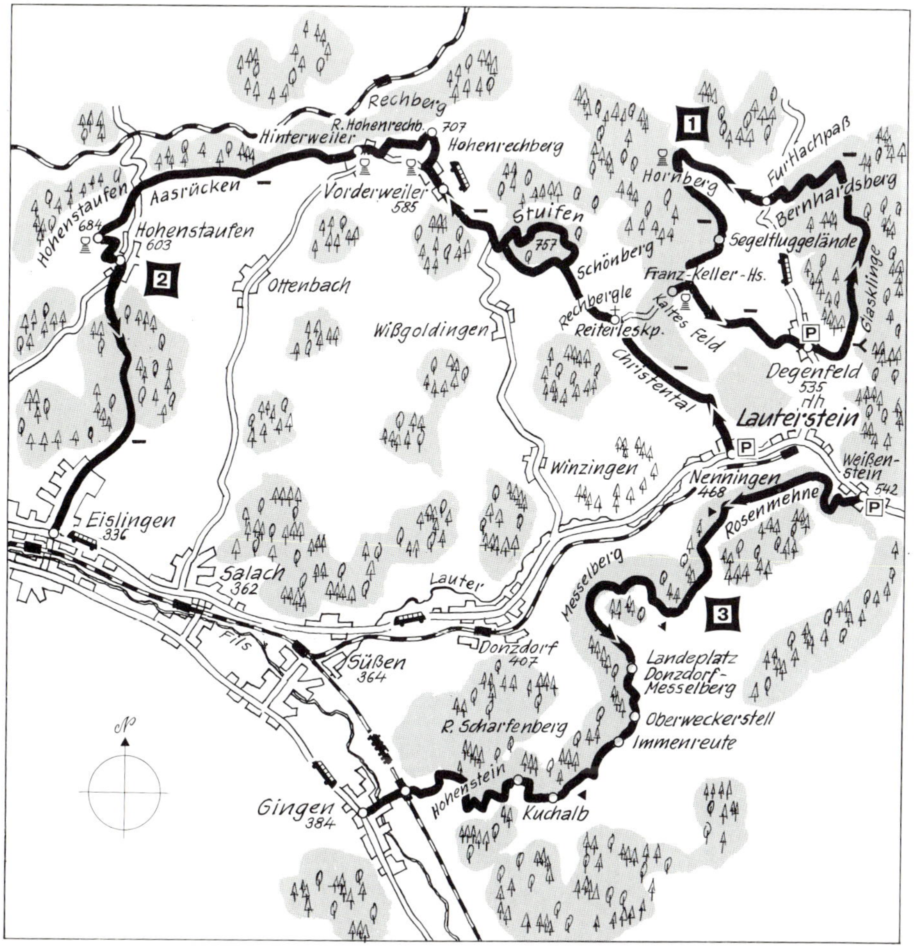

1 Wo Wolf Hirth fliegen lehrte

Degenfeld – Glasklinge – Bernhardus – Furtlachpass – Hornberg – Kaltes Feld – Degenfeld / 4 Std. / 230 bzw. 120 m Aufstieg und 150 bzw. 250 m Abstieg, Sonne und Schatten

Jede Landschaft hat ihre Höhepunkte, ihre Postkartenmotive. Die Alb wird präsentiert mit der Burg Hohenzollern, dem Schloß Lichtenstein, dem Donaudurchbruch, den Kaiserbergen. Den »Postkartenblick« auf die letzteren werden wir heute kennenlernen.
Von Degenfeld, dem ehemaligen Stammsitz der heute in Eybach (s. Tour 11/2) lebenden Grafen gleichen Namens, steigen wir steil auf durch die Glasklinge und erreichen in etwa 1 Stunde den Bernhardus. Die 1880 vom Grafen Rechberg gestiftete Kapelle steht an der Stelle einer vielbesuchten Wallfahrtskapelle von 1728. Nahebei finden wir eine Statue des heiligen Nepomuk aus dem Jahre 1739 und gleich dahinter einen schönen Aussichtspunkt.
Wir wandern weiter, hinunter zum Furtlachpaß, der Lauter- und Remstal scheidet, und wieder hinauf auf den Hornberg, von dessen äußerster Spitze man den berühmten Blick auf die Kaiserber-

ge Stuifen, Rechberg und Staufen genießen kann: Mit Recht heißt diese Stelle »Luginsland«.
Der Weiterweg entlang der Westkante des Hornberges führt zur Segelflugschule Hornberg, der ehemaligen Wirkungsstätte von Wolf Hirth und anderen berühmten Segelfliegern. Beim folgenden Anstieg zum Kalten Feld kann man den Betrieb auf dem Flugfeld sehr schön beobachten. Auf der Hochfläche des Kalten Feldes finden wir das Franz-Keller-Haus sowie mehrere Vereins- und Privathäuser. Vom Kalten Feld steigen wir dann hinunter nach Degenfeld.

2 Klassische Wanderung über die Kaiserberge

Nenningen – Reiterleskapelle – Stuifen – Rechberg – Hohenstaufen – Eislingen / 6 Std. / größtenteils sonnig

Von Nenningen wandern wir das Christental hinauf zur Reiterleskapelle, Stiftung der Bauernfamilie Reiter aus dem Jahre 1717. Die Kapelle steht malerisch unter einer großen, alten Linde – ein Motiv, das von unzähligen Künstlern auf der Leinwand und auf dem Film festgehalten worden ist.
Nördlich am Rechbergle oder Schwarzhorn und südlich am kahlen Schönberg vorbei gehen wir auf den Stuifen zu und steigen ziemlich steil zu dessen Gipfel auf. An der Südwestecke des Berges gibt es einen schönen Ausblick, und beschwingt steigen wir wieder ab. Wer nicht »der Vollständigkeit halber« auf dem Stuifen gewesen sein muß, kann ihn auch am Fuße umgehen und direkt nach Vorderweiler hinüberwandern. Von dort geht es dann hinauf auf den Hohenrechberg-Kirchberg mit der barocken Wallfahrtskirche, die 1686 von Valerian Brenner erbaut wurde und ein gotisches Mariengnadenbild birgt. Wir genießen die Aussicht und gehen dann den Stationenweg bergab zur Burgruine Hohenrechberg, die imposant vor uns liegt. Die Stammburg der Grafen Rechberg, die 1355 erstmals genannt wurde, hat Teile, die der Romanik und der Stauferzeit zuzuordnen sind. Die Anlage kam mehr oder weniger unversehrt über alle Kriegswirren, sie wurde von den Württembergern und am Ende des 30jährigen Krieges von den Franzosen besetzt, doch zerstört hat sie im Winter 1865 ein Blitzschlag.
Unser Weiterweg ist schon vorgezeichnet: Durch Hinterweiler geht es hinaus über den Asrücken – der Name scheint von den germanischen Göttern, den Asen, herzurühren – hinüber zu den Gerichtslinden und zur Ziegelhütte, von wo man im Zickzack auf den Hohenstaufen steigt.
Hier also stehen wir nun auf dem Platz, von dem ein Geschlecht stammt, das halb Europa beherrschte. So enttäuschend es ist, hier nur spärliche, im großen Ganzen rekonstruierte Grundmauern einer Burg zu finden, so scheint dies doch insofern symbolisch zu sein, als sich die Staufer praktisch nicht um ihren Stammsitz gekümmert haben. Nur ein einziges Mal kam ein Kaiser auf den Berg, und zwar Barbarossa im Jahre 1181. Die vor 1079 erbaute Burg wurde im Bauernkrieg zerstört und hernach als Steinbruch benützt. Großartig ist die Aussicht vom – nach Ludwig Uhland – »aller schwäb'schen Berge schönster«.
Beim Abstieg durch die Gemeinde Hohenstaufen sollten wir die interessante spätgotische Barbarossakirche besuchen, um dann nach Eislingen hinunterzueilen.

Trutzig erheben sich die Mauern der Ruine Hohenrechberg, die nicht dem Krieg, sondern einem Blitz zum Opfer fiel; im Hintergrund der Hohenstaufen.

3 Hoch über dem Lautertal und ins Filstal

Weißenstein – Messelstein – Hohenstein – Gingen / 5 Std. / 150m Auf- und 320m Abstieg, viel Sonne

Auch die heutige Wanderung verläuft von Anfang bis Ende über den Nordrandweg, das heißt wir schaffen einen direkten Anschluß an Tour 7/3.
Vom Städtchen Weißenstein steigen wir hinauf zum Schloß, hinter dem sich das »Forellenloch« befindet, eine mit einem Gitter verschlossene Wasserhöhle, die man auf eine Länge von etwa 250 Metern erforscht hat. Wer die Wanderung im Juli macht, wird beim folgenden Aufstieg zur Hochfläche und auch beim Weiterweg über die Rosenmehne überraschend viele Türkenbundlilien (Lilium mártagon) finden, die unter strengem Schutz stehen.
Einen Höhepunkt an Aussicht bietet der Messelstein über Donzdorf, wobei sich die Kaiserberge besonders schön präsentieren. Hinunter geht es zum Fliegerheim an der Straße Donzdorf – Schnittlingen; links drüben sehen wir die Wetterwarte Stötten. Vor uns liegt das Fluggelände, an dessen Westrand die Drachenflieger starten, um ins Lautertal hinabzuschweben.
Oberweckerstell, Immenreute und Kuchalb mit dem Gasthaus der legendären Mutter Franzl sind die nächsten Stationen einer Bergwanderung, die jetzt noch gekrönt wird mit den Aussichtspunkten Meierhalde und Hohenstein. Erstere – hoch über der Ruine Scharfenberg – zählt mit Recht zu den schönsten Aussichtspunkten der ganzen Alb. Vom Hohenstein geht es ziemlich flott ins Filstal hinab nach Gingen.

Sehenswertes

Weißenstein Siehe Tour 7

Nenningen Pieta von Ignaz Günther in der Friedhofskapelle

Gingen Pfarrkirche mit der ältesten kirchlichen Bauinschrift Deutschlands von 984

Rechberg Ruine Hohenrechberg und Wallfahrtskirche auf dem Kirchberg

Hohenstaufen Ruine Hohenstaufen ■ Im Dorf Barbarossakirche ■ Kleines Staufermuseum

Freizeitangebot

Weißenstein Siehe Tour 7

Verkehrsmittel

Weißenstein Siehe Tour 7

Nenningen Bus: Heidenheim, Göppingen

Gingen Bahn: Stuttgart – Ulm ■ Bus: Göppingen, Geislingen

Hohenstaufen Bus: Göppingen

Eislingen Bahn: Stuttgart – Ulm ■ Bus: Göppingen, Geislingen, Heidenheim

Karte

L 7324 Geislingen

9 Donzdorf/ Süßen/ Gingen

Zwischen Albrand und Kaiserbergen

Einst beherrschten sie halb Europa, aber sie sind untergegangen: die Staufer. Die im Vergleich zu den Staufern recht bescheidenen Nachbarn auf dem Hohenrechberg gibt es dagegen heute noch. Sie leben in ihrem Schloß in Donzdorf, einem Renaissancebau mit Erkertürmen, der in einem hübschen kleinen Park liegt. Die Grablegen des Grafengeschlechts befinden sich in der Weißensteiner Pfarrkirche und in der mit dem Donzdorfer Schloß zusammengebauten Kirche St. Martin.
Süßen hat nicht nur viel Industrie aufzuweisen, sondern an der Nordseite des Turmes der evangelischen Kirche einen spätgotischen Ölberg, der dem Ulmer Künstler Michael Erhart zugeschrieben wird. Die Gemeinde liegt an der Einmündung der Lauter in die Fils, die von Wiesensteig und Geislingen herunterkommt und bis zur Vereinigung mit dem Neckar beinahe mehr Wohnhäuser und Fabriken sieht als grüne Wiesen und Wälder.
Wer mit dem Schnellzug von Stuttgart nach München fährt, kommt durch »Süßen Kuchen«, wenn er bei der Fahrt durch den Bahnhof Gingen die Augen zumacht. Vor Gingen sollte man aber die Augen nicht verschließen, steht es doch auf geschichtsträchtigem Boden. Hier wurden vor und nach dem Ersten Weltkrieg vier berühmte römische Altäre bzw. Merkur-Reliefs gefunden, und an der Kirche ist mit der aus dem Jahre 984 stammenden Stiftungstafel die älteste kirchliche Bauinschrift Deutschlands eingemauert.

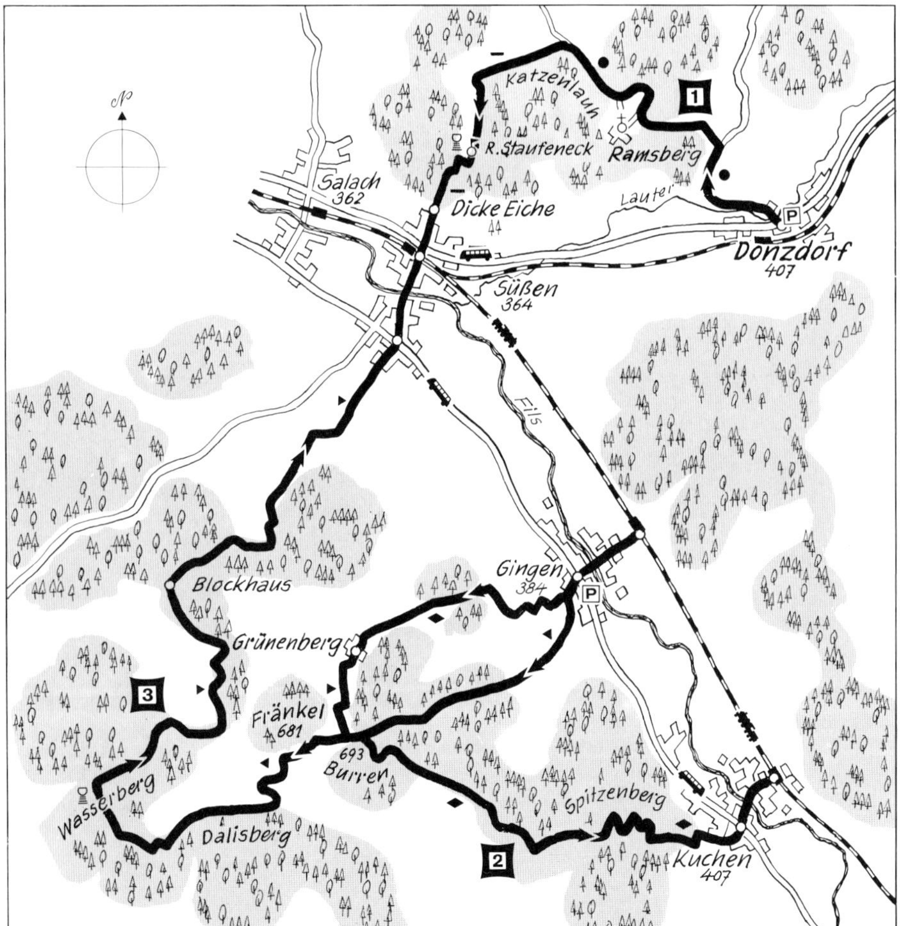

1 In den Ausläufern des Rehgebirges

Donzdorf – Schloß Ramsberg – Ruine Staufeneck – Süßen / 2 Std. / viel Sonne

Viele Schwaben kämen in Verlegenheit, würde man sie fragen, wo das Rehgebirge liegt. Diese Bezeichnung ist in der Tat nicht sehr geläufig. Reh(-gebirge) und Rech(-berg) bedeuten das gleiche. Das Rehgebirge liegt zwischen dem Rechberg und dem Filstal. Hier finden wir eine für das Herz Württembergs völlig atypische Siedlungsform: Neben den Dörfern gibt es eine Vielzahl weit verstreuter Einzelgehöfte, wie das sonst nur im mittleren Schwarzwald der Fall ist. Die Höfe tragen Namen wie Peterlingshof, Bärenhöfle, Cyriakushof, Böppeleshof, Krempelhaus, Feuerleshof. Sie standen einst unter dem besonderen Schutz des staufischen Kaiserhauses. Die Bauern waren frei; sie wurden zwar zum Kriegsdienst herangezogen, was aber ein besonderes Vorrecht der Freien war (wie sich die Zeiten ändern!).
Von Donzdorf steigen wir hinauf zum Schloß Ramsberg, das seit 1328 den Grafen von Rechberg gehört. Vor dem Schloß steht eine Kapelle im Renaissancestil, die mit einem Rokokoaltar ausgestattet ist. Nun geht es – immer aussichtsreich – am Rand des Talkessels Katzenlauh entlang über eine Eisensandstein-Hochfläche zur Burg Staufeneck, die 1080 durch Ludwig von Staufen als Vorwerk für die Burg Hohenstaufen erbaut wurde. Um 1260 war sie im Besitz der Grafen von Staufeneck, dann der Rechberger und bis 1980 der Herren von Degenfeld. Vom mächtigen Turm aus Buckelquadern hat man eine schöne

Seit dem 14. Jahrhundert gehört Schloß Ramsberg den Grafen von Rechberg, die heute im nahen Donzdorf leben.

Hoch über dem Fils- und Lautertal steht der Bergfried der Ruine Staufeneck.

Rundsicht über das Filstal, auf die Kaiserberge und auf die Bergkette des Albrandes. Ein kurzer Abstieg führt uns an der Dicken Eiche vorbei hinunter nach Süßen.

2 Zum Aussichtspunkt Burren

Gingen – Grünenberg – Burren – Spitzenberg – Kuchen / 2½ Std. / 300 m Auf- und Abstieg, halb Sonne, halb Schatten

Von Gingen aus gibt es zwei Wege zum Burren: entweder über den Alb-Nordrandweg oder aber über den Grünenberg. Bei letzterem hat man den schöneren Blick auf Gingen, den Hohenstein, das Scharfenschloß, Schloß Ramsberg und Burg Staufeneck, muß dann allerdings die – verhältnismäßig schwach befahrene – Straße nach Unterböhringen etwa 1 Kilometer lang benutzen. So gelangen wir zum Sattel und steigen von dort rasch zum Burren auf, der ob seiner Form auch »Glufenkissen« (Nadelkissen) genannt wird. Ein herrliches Panorama erwartet uns: Filstal, Kaiserberge, die Berge ums Donzdorfer Lautertal, ein Seitental des »Geißentäles« mit Unterböhringen, Weigoldsberg, Dalisberg, Wasserberg und Fuchseck.

Weiter geht es am Hang des Tennenberges und Kuchberges entlang zum Spitzenberg, auf dem die 1083 erstmals erwähnte Stammburg der Grafen von Helfenstein stand. Graf Gottfried war unter Barbarossa Reichsmarschall und später Bischof von Würzburg. Nach der Zerstörung der Burg durch König Rudolf von Habsburg 1275 starb die Spitzenberger Linie der Helfensteiner aus.
Durch Wald und Obstgärten wandern wir hinunter nach Kuchen, von wo wir mit der Bahn oder dem Bus nach Gingen zurückfahren.

3 Auf den Wasserberg

Gingen – Fränkel – Wasserberg – Süßen / 4 Std. / 350 m Auf- und Abstieg, halb Sonne, halb Schatten

Von Gingen aus folgen wir wieder einmal dem roten Dreieck des Alb-Nordrandweges, wandern ins Tälchen des Barblenbaches hinein und am Hang des Burren aufwärts zum Sattel zwischen diesem und dem Fränkel. Schön sehen wir Scharfenschloß, Hohenstein, Messelstein, Kaltes Feld, die Kaiserberge; dies macht den Aufstieg zum Genuß.

Vom Sattel aus marschieren wir durch eine prächtige Heidelandschaft um den Fränkel herum und hinüber in den Hangwald des Dalisberges, wo uns ein satter, aber schattiger Aufstieg zum Wasserberg erwartet. Durch eine Wacholderheide erreichen wir dann in kurzer Zeit das Wasserberg-Haus. Auch hier wieder eine herrliche Aussicht bis hin zum Schwarzwald – wenn uns das Wetter hold ist! Den Abstieg legen wir zum größten Teil im schattigen Wald zurück. Er ist bis zu einem Blockhaus identisch mit dem Weg nach Eislingen, biegt aber dann nach rechts ab und führt durch Wald und über Feld hinüber nach Süssen am Fuße der Ruine Staufeneck.

Sehenswertes

Donzdorf Rechbergsches Schloß mit Gemäldesammlung ■ Pfarrkirche St. Martin

Süßen Spätgotische St.-Ulrichs-Kirche mit Ölberg, Holzkruzifix und Barockkanzel ■ In der kath. Kirche eine Pieta aus Holz (um 1500)

Gingen Siehe Tour 8

Kuchen Gotische Kirche von 1430

Freizeitangebot

Donzdorf Freibad ■ Reiten ■ Segelfliegen ■ Drachenfliegen

Süßen Hallenbad ■ Tennis (auch Halle) ■ Minigolf

Gingen Tennis ■ Ponyreiten

Kuchen Freibad ■ Tennis

Verkehrsmittel

Donzdorf Bus: Göppingen, Heidenheim, Schwäbisch Gmünd

Süßen Bahn: Stuttgart – Ulm ■ Bus: Göppingen, Geislingen, Heidenheim, Schwäbisch Gmünd

Gingen Bahn: Stuttgart – Ulm ■ Bus: Göppingen, Geislingen

Kuchen Bahn: Stuttgart – Ulm ■ Bus: Göppingen, Geislingen

Karte

L 7324 Geislingen

10 Göppingen/ Schwäbisch Gmünd

Zwei bedeutende Stauferstädte

In Sichtweite des Hohenstaufen liegen zwei Städte, die im 12. Jahrhundert von den Staufern die Stadtrechte erhielten: Schwäbisch Gmünd im Tal der Rems und Göppingen im Tal der Fils.
Schwäbisch Gmünd wurde 777 erstmals erwähnt und war 1162 die erste schwäbische Stauferstadt. Etwa 1230 wurde sie Freie Reichsstadt und kam 1802 an Württemberg. Freunde der Sakralbaukunst kommen hier voll auf ihre Kosten. Die älteste Kirche der Stadt ist die Johanniskirche, eine dreischiffige romanische Basilika, die überschüttet ist mit rätselhaften Bildwerken heidnischen und christlichen Ursprungs. Nachgewiesen ist, daß an dieser Stelle schon eine frühere Kirche stand, die von der Stammutter der Staufer, der Herzogin Agnes, gestiftet worden sein soll. Die älteste und wohl bedeutendste Hallenkirche Süddeutschlands ist das Münster zum Heiligen Kreuz, das von der berühmtesten deutschen Baumeisterfamilie der Gotik, den aus Köln stammenden Parlern zwar nicht begonnen, jedoch bis etwa 1400 fertiggestellt wurde und wesentliche Bauteile dieser Familie verdankt. Bemerkenswert sind im Inneren das Heilige Grab, der Sippenaltar von 1512, der Sebaldusaltar von 1507 aus der Werkstatt Dürers, das Renaissance-Chorgestühl und die Barockorgel. In der Franziskanerkirche aus dem 13. Jahrhundert befindet sich ein prachtvoller Hochaltar von Dominikus Zimmermann aus dem 18. Jahrhundert. Ganz besonders sei noch darauf hingewiesen, daß sich Schwäbisch Gmünd einen weltweiten Ruf als Silberstadt erworben hat.
In Göppingen ist aus der Stauferzeit nichts mehr vorhanden, denn Kriege und große Brände haben vieles, was vor 1782 erbaut wurde, in Schutt und Asche gelegt. Trotzdem gibt es hier noch manch Sehenswertes. Da ist einmal die Oberhofenkirche mit der ersten authentischen Darstellung des Hohenstaufen sowie mit Kostbarkeiten früher Handwerkskunst. Im Schloß findet sich mit der Rebenstiege ein Meisterwerk der Renaissance. Im Stadtteil Faurndau steht eines der Hauptwerke der deutschen Spätromanik: die Stiftskirche der Chorherren. Und schließlich beherbergt der Stadtteil Hohenstaufen die Jakobskirche, im Volksmund Barbarossakirche genannt, die aber mit dem Kaiser nicht das geringste zu tun hat. Göppingen ist eine bedeutende Industriestadt und Heimat der Spielzeugeisenbahn-Firma Märklin, ein Begriff für Kinder und Erwachsene in allen Kontinenten.
Noch kurz zu den »Kaiserbergen«: Nur einer der drei Zeugenberge Staufen, Rechberg und Stuifen war ein »Kaiserberg«, nämlich der Hohenstaufen. Auf dem Rechberg residierte nur ein Grafengeschlecht, und der Stuifen trug überhaupt nie eine Burg. Die drei majestätischen Berge sind lediglich geologisch in einem Atemzug zu nennen.

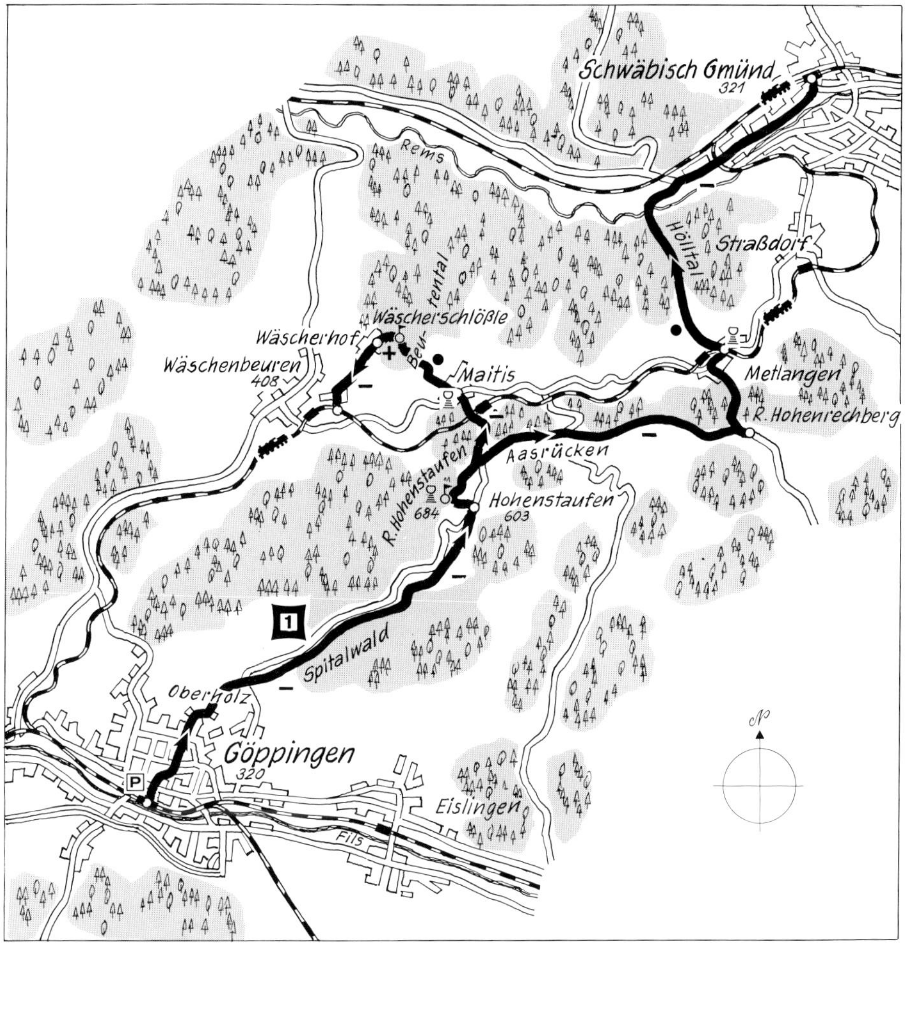

1 Zur Wiege der Staufer

Göppingen – Hohenstaufen – Maitis – Wäscherschlößle – Wäschenbeuren / 4 Std. / 360 m allmählicher Aufstieg, meist im Schatten, sowie 280 m Abstieg, meist sonnig / Variante ab Hohenstaufen: Asrücken – Rechberg – Hölltal – Schwäbisch Gmünd / 5½ Std. (ab Göppingen) / 325 m Abstieg

Im Mittelhochdeutschen hieß ein Becher »stouphen«. Der sich zwischen Göppingen und Schwäbisch Gmünd erhebende Zeugenberg ähnelt einem auf den Kopf gestellten Becher; der Berg hieß also schon sehr früh Staufen. Es war im Besitz der Salier. Nach seinem Gang nach Canossa wollte Heinrich IV. dafür

sorgen, daß seine schwäbischen Feinde, die Welfen und Zähringer, unter Kontrolle gehalten werden konnten. Diese Aufgabe übertrug er seinem getreuen Friedrich von Büren, der aus dem nahen Wäschenbeuren stammte. Heinrich vermählte 1079 seine Tochter Agnes mit Friedrich und machte diesen zum Herzog von Staufen.
Lange Zeit wurde das Wäscherschlößle bei Wäschenbeuren als Wiege der Staufer angesehen. Inzwischen ist klar, daß es erst nach 1200 erbaut worden ist. Zu dieser Zeit aber saß kein Staufer mehr auf dem Hohenstaufen: es regierte Friedrich II., der Enkel Barbarossas. Nun gibt es zwei Deutungen: Entweder stand anstelle des Wäscherschlößchens schon früher eine Burg, oder aber – was wahrscheinlicher ist – die Burg der Büren erhob sich etwas westlich des Weges vom Wäscherschlößchen nach Wäschenbeuren; dort nämlich wurden die Reste einer Burg gefunden.
Wir verlassen Göppingen und wandern durch das Oberholz und den Spitalwald zum Dorf Hohenstaufen und zum gleichnamigen Berg. Über die Ziegelhütte und Maitis mit der spätgotischen Kirche von 1464 erreichen wir nach Durchqueren des oberen Ausläufers des Beutentales das Wäscherschlößchen, dessen Name von Konrad dem Wäscher, einem staufischen Burgvogt, hergeleitet wird. Über einen aussichtsreichen Weg kommen wir hinüber nach Wäschenbeuren, von wo wir zum Ausgangspunkt zurückfahren.
Bei der angegebenen Variante wandern wir vom Hohenstaufen in entgegengesetzter Richtung wie bei Tour 8/2 beschrieben bis zum Hohenrechberg über den Asrücken und steigen dann von der Burg nach Metlangen ab. Auf dem Geologischen Pfad, der durchs Hölltal führt, erreichen wir das Remstal und die alte Stauferstadt Schwäbisch Gmünd.

2 Höhenwanderung über dem Göppinger Vorland

Schlat – Fuchseck – Sielenwang – Kornberg – Bertaburg – Bad Boll / 3½ Std. / 350 m Auf- und Abstieg, teils Sonne, teils Schatten

Da Göppingen verhältnismäßig weit vom eigentlichen Albrand entfernt liegt, benützen wir für die An- und Rückfahrt diesmal den Bus. Von Schlat wandern wir über den Mähdlesberg und den Fuchseckhof steil hinauf zum Fuchseck, wo wir auf den Nordrandweg treffen. Eine großartige Aussicht lohnt unsere Anstrengung nicht nur hier, sondern auch vom nahegelegenen Rottelstein. Ziemlich rasch geht es dann hinunter zur Landstraße Gammelshausen – Auendorf.
Auendorf hieß früher Ganslosen, ein Name, der gerade dazu herausforderte, die Dörfler auf den Arm zu nehmen. Als das Maß voll war, machte der Dorfpfarrer 1849 eine Eingabe an den König von Württemberg, um einen anderen Ortsnamen zu bekommen; Ganslosen sei schließlich »auch ein Dorf« wie alle anderen. Der König beschied dem Petenten, daß sich der Ort fortan – gemäß der schwäbischen Mundart der Antragsbegründung – Auendorf – heißen solle. Bekannt im ganzen Land ist die Auendorfer Spezialität »Hägenmark«, hochdeutsch: Hagebuttenmark.
Kurz und steil geht es nun auf den Sielenwang, später über die Straße Gammelshausen – Grubingen und am Steinbruch vorbei an den Fuß des Kornberges, den man oben am Waldrand umrunden sollte, um die weite Aussicht nach allen Seiten zu genießen.
Der Abstieg führt uns über die Landsöhr genannte Hochfläche zur Bertaburg mit nur spärlichen Resten. Die Burg erhielt ihren Namen von der heiligen Berta, die hier gelebt und 735 die Kirche in Boll gebaut haben soll. Durch Wald steigen wir ins Dorf ab, an dessen westlichem Rand das gleichnamige Schwefelbad liegt, dessen Quelle schon vor 1500 genützt wurde. Um 1600 entstand unter Friedrich I. ein herzogliches Bad, das heute nicht nur durch die Heilquelle, sondern durch die »Evangelische Akademie Bad Boll« weithin bekannt ist.

3 Über die Nordalb ins Geißentäle

Eschenbach – Lotenberg – Sielenwang – Nordalb – Sommerberg – Deggingen / 3½ Std. / 300 m Auf- und 230 m Abstieg

Die größeren Täler, die den Nordrand der Alb zerfurchen, verlaufen immer mehr oder weniger im rechten Winkel zum Albrand; so ist es an sich auch beim Filstal. Der Unterschied besteht hier darin, daß dieses Tal bei Geislingen im rech-

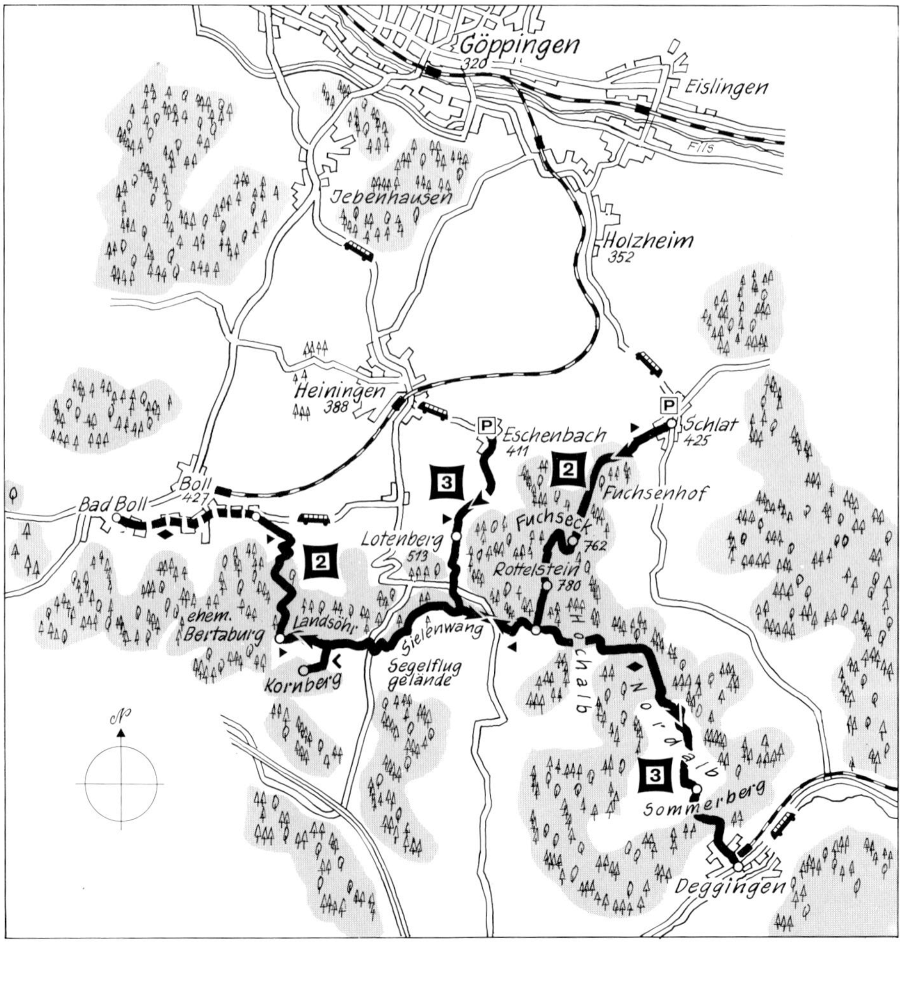

So sieht man die Zeugenberge Rechberg und Stuifen vom Hohenstaufen aus; zusammen werden sie die drei »Kaiserberge« genannt.

ten Winkel nach Südwesten abbiegt und etwa 25 Kilometer parallel zum Albrand hinter der ersten Berggruppe verläuft. Dieses hintere Filstal heißt im Volksmund Geißentäle, weil die Bauern dort früher so arm waren, daß sie sich nur Ziegen, Geißen, leisten konnten. Bei der heutigen Wanderung überqueren wir diese von der Albhochfläche abgetrennte Berggruppe, zu der Wasserberg, Fuchseck, Kornberg und Boßler gehören.
Von Eschenbach, dem Geburtsort des Pfarrers und Geologen Theodor Engel, geht es hinauf in den kleinen Weiler Lotenberg, der sehr hübsch auf einem Bergrücken liegt. Im weiteren Verlauf ist der Weg anfangs mäßig, später ziemlich steil und leitet aufwärts zum Sielenwang mit schönem Blick hinunter ins Albvorland.

Von dort wandern wir dem Nordrandweg »gegen den Strich«, den Treppenweg hinunter zur Landstraße, auf der anderen Seite zur Hochalb empor, queren deren langen Rücken und gehen dann am Jugendheim der Arbeiterwohlfahrt vorbei über die Nordalb hinaus zum Kreuz auf dem Sommerberg, von wo wir über einen schönen Wacholderhang ins Geißentäle nach Deggingen absteigen.

Sehenswertes

Schwäbisch Gmünd Heilig-Kreuz-Münster ■ Johanniskirche ■ St.-Salvator-Kapelle ■ Franziskanerkirche ■ Augustinerkirche ■ Prediger (eh. Dominikanerkloster) ■ Alte Fachwerkhäuser

Göppingen Schloß mit »Rebenstiege« ■ Marstall ■ Oberhofenkirche ■ »Storchen« (Museum) ■ Kornhaus ■ Stiftskirche im Stadtteil Faurndau ■ Barbarossakirche im Stadtteil Hohenstaufen ■ Naturkundemuseum im Stadtteil Jebenhausen ■ Bücker-Flugzeugsammlung und Oldtimer-Segelflugzeugsammlung im Stadtteil Bezgenriet

Wäschenbeuren Wäscherschlößchen

Freizeitangebot

Schwäbisch Gmünd Freibäder ■ Hallenbad ■ Tennis ■ Minigolf ■ Reiten ■ Segelfliegen

Göppingen Freibäder ■ Hallenbäder ■ Eissporthalle ■ Golf ■ Minigolf ■ Tennis ■ Reiten

Boll/Bad Boll Freibad ■ Tennis ■ Minigolf

Verkehrsmittel

Schwäbisch Gmünd Bahn: Stuttgart – Nürnberg, Schwäbisch Gmünd – Göppingen ■ Bus: nach allen Richtungen

Göppingen Bahn: Stuttgart – München, Göppingen – Schwäbisch Gmünd ■ Bus: in alle Richtungen

Boll/Bad Boll Bus: Göppingen, Weilheim, Kirchheim

Schlat und Eschenbach Bus: Göppingen

Karten

L 7124 Schwäbisch Gmünd, L 7322 Göppingen, L 7324 Geislingen, L 7524 Blaubeuren

11 Geislingen

Die Stadt an der Steige

Zu Füßen ihrer Burg, dort wo fünf Täler zusammentreffen, gründeten die Grafen von Helfenstein um das Jahr 1250 den Ort Giselingen, der zusammen mit der ganzen Herrschaft 1382 an Ulm verpfändet wurde. Durch eine frühe Form der »Flurbereinigung« kam das Städtchen zusammen mit Ulm auf Beschluß des Reichsdeputationshauptausschusses an Bayern, wurde aber 1810 im Tausch gegen anderes Land württembergisch.
Obwohl Geislingen Sitz wichtiger Industrien war und ist, blieb es im Zweiten Weltkrieg von Zerstörungen verschont, so daß man im Stadtgebiet glücklicherweise noch einige sehr schöne Bauten aus früherer Zeit sehen kann: das ehemalige Helfensteinsche Stadtschloß aus dem 14. Jahrhundert, das alte Rathaus von 1422, die spätgotische Stadtkirche von 1424, den Alten Zoll und das Schubart-Haus aus dem 15. Jahrhundert; schließlich den Alten Bau aus dem 16. Jahrhundert, ein mächtiges Fachwerkhaus, das früher als Fruchtkasten diente und heute das Heimatmuseum beherbergt.
»Geislinger Waren« waren einst in ganz Europa berühmte Elfenbeinschnitzereien. Heute trägt die Württembergische Metallwarenfabrik (WMF) den Namen der Stadt in alle Welt. Noch vor wenigen Jahren war Geislingen auch Bergbaustadt, denn im Stauferstollen unter dem Michelsberg förderte die Grube »Karl« hochwertiges Eisenerz.
Seinen Beinamen erhielt Geislingen durch die Eisenbahnlinie Stuttgart – München, die auf der das Rohrachtal aufwärts führenden Steige die Höhe der Schwäbischen Alb erklimmt. Auf 5 Kilometer Länge überwindet die Bahn ohne Zahnradantrieb einen Höhenunterschied von über 100 Metern und ist mit 2 Prozent Steigung die steilste Hauptstrecke der Bundesbahn.

1 Um die Steige und zum Helfenstein

Geislingen – Schildwacht – Geiselstein – Ziegelhütte – Hofstetter Stein – Ödenturm – Helfenstein – Geislingen / 4½ Std. / je 200 m Auf- und Abstieg, weitgehend schattig

Die heutige Wanderung verläuft rechts und links um die Geislinger Steige, und zwar von ihrem Beginn beim Geislinger Bahnhof bis zu ihrem Ende beim Bahnhof Amstetten. Wir steigen nun hinauf zur Schildwacht, auf der seit 1950 das 22 Meter hohe Ostlandkreuz der Sudmährer steht. Auch hier – wie bei fast allen Aufstiegen im Bereich der Alb – werden wir für die Mühe mit einer schönen Aussicht belohnt.
Jetz gehen wir der Traufkante des Rohrachtales entlang und können vom Geiselstein, vom Tirolerfelsen und vom Wittinger Felsen hinabschauen auf den Verkehr auf Schiene und Bundesstraße 10. Beim Bahnhof Amstetten überqueren wir auf der B 10 die Bahnlinie und wandern auf der anderen Talseite wieder talaus. Nach den Aussichtspunkten Galgenbergfelsen und Hofstetter Stein erreichen wir den Ödenturm, der zu Beginn des 15. Jahrhunderts von den Ulmern als Wachtturm zum Schutze der Stadt Geislingen erbaut wurde.
Kurz darauf sind wir in Weiler Helfenstein, wo Schlemmer im »Burgstüble«

Immer wieder ragen bizarr geformte Weißjurafelsen aus den Wäldern und Hängen der Schwäbischen Alb hervor; hier im Magentäle bei Eybach.

einkehren mögen. Nur wenige Minuten weiter erreichen wir die Ruine Helfenstein, die aus dem 11. Jahrhundert stammt. Tiefe Gräben sorgten einstmals für den Schutz. Trotzdem wurde die Burg 1552 durch Verrat gestürmt und bei der Rückeroberung durch die Ulmer so stark zerstört, daß diese sie anschließend schleiften.
Haben wir vom ehemaligen Pulverturm aus die Gegend angesehen, dann steigen wir im Zickzack und über Treppen hinunter zum Bahnhof Geislingen.

2 Roggental – Magentäle – Felsental

Eybach – Roggental – Magentäle – Waldhausen – Felsental – Eybach / 4 Std. / viel Sonne

Das Dorf Eybach leitet seinen Namen von den vielen, auf der Alb sonst seltenen Eiben her. Das Schloß in der Ortsmitte ist Sitz der Grafen von Degenfeld, die seit 1457 hier ansässig sind.
Wir verlassen Eybach und gehen das Eybtal, das hier Roggental genannt wird, aufwärts bis zur Unteren Roggenmühle, wo wir halbrechts ins Magentäle einbiegen. Dabei fallen uns die sehr schönen, zum Teil imposanten Felsformationen zu beiden Seiten der Täler auf: u. a. Albanusfels, Gabelfels, Roggenstein, Lochfelsen. Würde man von der Mühle noch etwa 2 Kilometer ins Roggental hineingehen, dann käme man an das »Mordloch«, in dem vor wenigen Jahren ein paar junge Leute, die sich für »erfahrene Höhlenforscher« hielten, durch den schnellen Anstieg des Höhlenbaches eingeschlossen wurden und in einer aufwendigen Rettungsaktion herausgeholt werden mußten.
Das Magentäle ist ein enges, felsiges Tal, durch das ein steiniger Weg mehr schlecht als recht, aber interessant, auf die Hochfläche führt. Oben biegen wir nach Süden ab und wandern über freies Feld und der Straße entlang durch Waldhausen und Christophshof ins Felsental, das seinem Namen alle Ehre macht. Der Pfad windet sich durch die Felsen und führt zum Teil über Leitern hinab ins Eybtal nach Eybach.

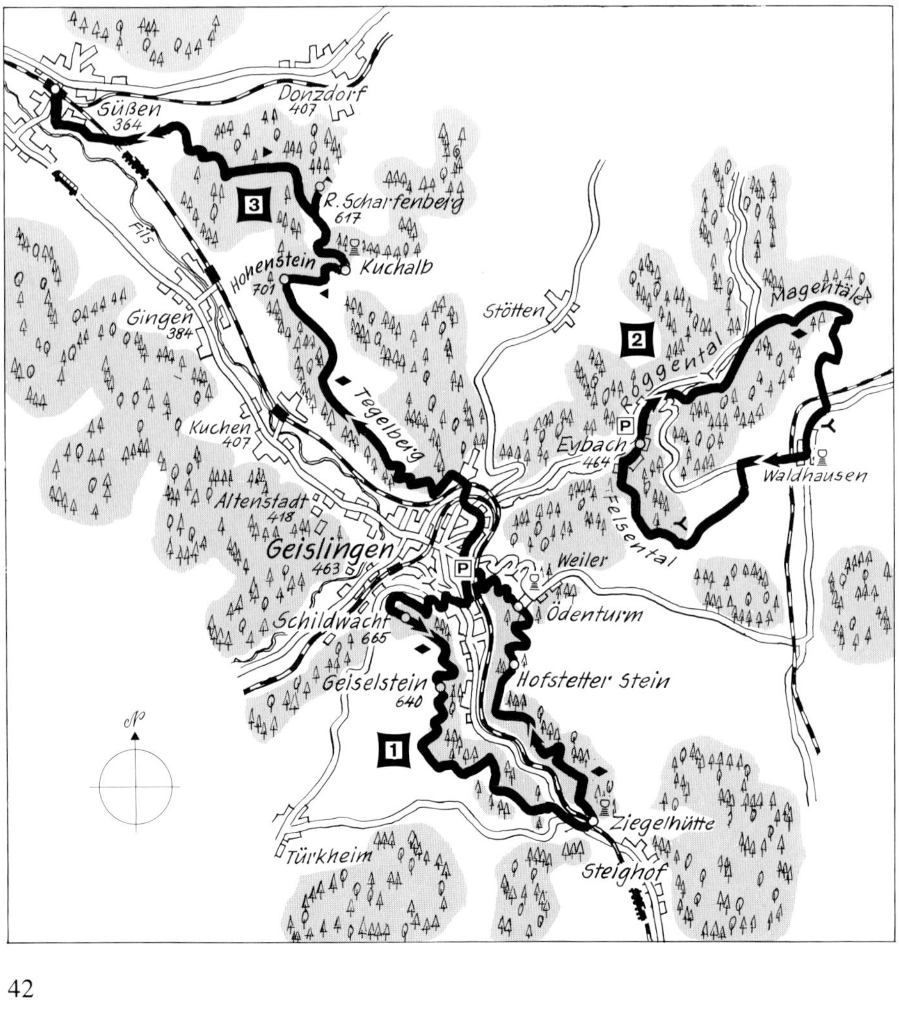

3 Über den Tegelberg

Geislingen – Tegelberg – Hohenstein – Kuchalb – Ruine Scharfenberg – Süßen / 4 Std. / 200 m Auf- und 300 m Abstieg im Schatten

Der Wanderweg führt von der Stadt zunächst sehr steil zum Waldrand, dann im Zickzack hinauf zum Trauf bei der Georgsruhe und dem Pavillon. Eine schöne Aussicht auf die Stadt und die gegenüberliegenden Berge belohnt unsere Mühe. Ohne nennenswerte Höhenunterschiede wandern wir am Trauf des Tegelberges entlang über den Berghof und das Naturdenkmal Kuhfelsen zum Hohenstein, wo wir weit ins Land hinausschauen können. Hier treffen wir auf den Nordrandweg, den wir über den Aussichtspunkt Meierhalde bis zur Kuchalb wieder einmal gegen den Strich begehen. Auf der Kuchalb sehen wir das Gasthaus »Mutter Franzl«, wo schon Generationen von Wanderern verpflegt wurden. Von hier aus laufen wir auf der schmalen, wenig befahrenen Straße hinunter zur Ruine Scharfenberg, zu der wir einen kleinen Abstecher den Hügel hinauf machen. Die Burg war von 1156 bis 1194 im Besitz der Scharfenberger, kam dann aber an die Rechberger und war bis 1850 bewohnt. Von hier aus sind wir in gut 1 Stunde drunten in Süßen.

Sehenswertes

Geislingen Stadtschloß von 1380 ■ Pflegerhaus ■ Rathaus von 1422 mit Umbau in Renaissance 1833 ■ Ev. Stadtkirche von 1428 mit Marienaltar und Chorgestühl ■ »Alter Zoll« ■ »Alter Bau« mit Heimatmuseum ■ Ruine Helfenstein

Eybach Rokokoschloß der Grafen von Degenfeld ■ gotische Pfarrkirche mit der Grablege der Grafen von Degenfeld

Freizeitangebot

Geislingen Hallenbad ■ Freibad ■ Minigolf ■ Tennis ■ Schießen ■ Reiten ■ Fliegen

Eybach Reiten

Verkehrsmittel

Geislingen Bahn: Stuttgart – Ulm, Bus: Wiesensteig, Blaubeuren, Heidenheim, Göppingen

Eybach Bus: Geislingen, Heidenheim

Karten

L 7324 Geislingen, L 7524 Blaubeuren

12 Bad Überkingen/ Bad Ditzenbach

Wohltätiger und wohltuender Vulkanismus

Die Schwäbische Alb ist ein sehr wasserarmes Gebiet, da das Oberflächenwasser infolge der Verkarstung rasch in geheimnisvolle Tiefen entschwindet. Es tritt dann in verschiedenen Quellhorizonten wieder zutage, und zwar meist sehr stürmisch, wie beispielsweise im Blaubeurener Blautopf (s. Tour 16/1), im Brenztopf von Königsbronn (s. Tour 4) oder aber in den vielen Tälern am Nordrand der Alb.

Wie wir noch sehen werden, birgt die Alb auch das vulkanreichste Gebiet der Erde. Zwar gab es hier nie einen feuerspeienden Berg, denn der Lavafluß erstarrte meist, bevor es zur großen Eruption kam. Eine Folge dieses Vulkanismus sind die vielen Thermal- und Mineralquellen, deren man sich zum Teil schon seit sehr langer Zeit bedient. Zu den traditionellen Quellen gehören neben dem Christophsbad in Göppingen sowie denen von Jebenhausen und Boll die beiden »Tälesbäder« Überkingen und Ditzenbach. Sie alle versprechen Linderung oder Heilung bei Herz- und Kreislaufstörungen, Nieren- und Blasenleiden sowie bei Stoffwechselerkrankungen.

1 Vom Filstal ins Filstal: über den Michelsberg

Bad Überkingen – Michelsberg – Oberböhringen – Ramsfels – Kuchen / 3 Std. / 300 m Auf- und Abstieg im Schatten

Es empfiehlt sich, einen ordentlichen Schluck Überkinger Sprudel zu trinken, bevor man den steilen Anstieg hinauf zur Jungfrau an der Kante des Michelsberges antritt. Ohne Fleiß kein Preis, jedoch ist dieser Preis den Fleiß wert: Beim Weiterweg über den Hausener Felsenkranz, Krönung eines der steilsten Abstürze der Schwäbischen Alb, liegt einem nämlich das Geißentäle wie ein aufgeklapptes Bilderbuch zu Füßen. Umsäumt von Bergen, die wir entweder schon kennengelernt haben oder zu denen wir noch kommen werden, schlängelt sich die Fils von der Quelle hinter Wiesensteig herab auf Geislingen zu. Von der Schluchtspitze, wo der Wanderweg von Hausen heraufkommt, kann man entweder direkt nach Oberböhringen gehen, oder aber man macht einen lohnenden Abstecher zum mit 750 Meter höchsten Punkt des Michelsberges, um von dort aus eine umfassende Rundsicht zu genießen.

Wir durchqueren dann Oberböhringen und wandern über Felder zum Nordrand des Berges, wo uns am Ramsfels ein weiterer Höhepunkt erwartet: Drüben erblicken wir den Tegelberg, links im Vorland die Kaiserberge, davor Hohenstein, Messelstein, Kaltes Feld und Bernhardus. Tief unter uns liegt Kuchen, der Endpunkt der heutigen Wanderung, zu dem wir in einer guten ½ Stunde absteigen.

2 Traufwanderung über dem Geißentäle

Bad Überkingen – Türkheim – Aufhausen – Ave Maria – Deggingen / 3 Std. / 200 m Auf- und Abstieg, sonst ohne große Höhenunterschiede

Das mittlere Geißentäle wollen wir uns heute einmal von oben besehen. Von Bad Überkingen aus gehen wir durch Obstbaumwiesen leicht aufwärts bis zum Waldrand und steigen dann von dort auf kurze Distanz nach Türkheim hinauf. Wir sehen hinunter auf unseren Ausgangspunkt und hinüber zum Michelsberg mit der gewaltigen Hausener Wand. Was Wunder, daß dieses Gebirge aufgrund solcher Schründe früher u.a. die »wirtembergischen Alpen« oder – weit davor – »Suevorum Alpes« genannt wurde!

Eines der zahlreichen Thermalbäder befindet sich in Bad Ditzenbach, wo man sommers wie winters von der Halle ins Freie schwimmen kann.

Nur wenig ist noch zu sehen von der einstigen Burg Bühringen, ehemals Witwensitz der Gräfin Maria von Helfenstein, Tochter eines Herzogs aus Bosnien. Bald kommen wir durch Aufhausen und weichen, wenn das Wetter klar ist, vom bezeichneten Wanderweg ein wenig ab, um zur Anhöhe Duchstetten neben dem Polizeifunkturm zu wandern. Von dort kann man bei klarem Wetter die Alpen sehen, von den Bergen um Berchtesgaden bis ins Berner Oberland.
Über die Hangkante geht es hinunter zur Dreifaltigkeitskapelle, die leider – wie so viele andere – auch schon ausgeraubt wurde, und zum Kapuzinerkloster Ave Maria mit der schönen Barockkirche von 1718. Rasch sind wir dann am Endpunkt der Wanderung, in Deggingen, von wo wir mit dem Bus nach Bad Überkingen zurückfahren. Wer einem Muskelkater vorbeugen will, der besuche noch das schöne Thermalbad in Bad Ditzenbach, 2 Kilometer talaufwärts.

3 Auf die Ruine Hiltenburg

Bad Ditzenbach – Ruine Hiltenburg – Schonterhöhe – Oberbergfelsen – Deggingen / 3 Std. / je 250 m Auf- und Abstieg, meist im Schatten.

Das ist das Schöne am Nordrand der Alb: wo immer man an den Trauf tritt, bieten sich unvergeßliche Ausblicke an. So auch bei der folgenden Wanderung, an deren Anfang wir – zur Anregung des Kreislaufes – wieder einen gesunden Aufstieg stellen, der durch den Besuch der Ruine Hiltenburg unterbrochen wird. Diese Burg war einst Hauptsitz der Helfensteiner. Sie wurde 1516 auf Befehl Herzog Ulrichs von Württemberg zerstört, der sich darüber geärgert hatte, daß sein Lager drunten in Gosbach von dort oben beschossen wurde – die Helfensteiner hatten eine einzige Kugel abgefeuert! In Schwaben sagt man in einem solchen Fall: »Den hot d'Muck an dr Wand gstört!« Die Ruine wurde in den letzten Jahren ausgeholzt, und die Mauerreste hat man so konserviert, daß sie vor dem weiteren Verfall geschützt sind.
Von der Hiltenburg geht es hinauf zur Hangkante, hinüber zur Schonterhöhe, wo die Straße von Bad Ditzenbach heraufkommt, und hinaus zum Oberbergfelsen. Sitzen und schauen, das ist das beste, was man hier wieder einmal tun kann! Schließlich steigen wir auf ziemlich kurzem Wege nach Deggingen ab.

4 Vom Geißentäle über den Wasserberg ins Vorland

Hausen – Weigoldsberg – Wasserberg – Schlat / 2½ Std. / 300 m allmählicher Aufstieg und 330 m Abstieg auf kurze Entfernung

Nun wollen wir einmal das Gegenteil von Tour 10/3 unternehmen, nämlich vom Geißentäle über die Randberge ins Vorland hinübermarschieren. Wir wandern von Hausen zum Waldrand am Weigoldsberg hinauf und laufen durch die Wacholderheide nach Nordwesten bis zu dem Sattel, wo ein Sträßchen von Reichenbach heraufkommt. Wenn Sie die Wanderung etwa Mitte Juni machen, können Sie dort oben überraschend viele Orchideen sehen, die – wie hoffentlich allgemein bekannt! – unter strengem Schutz stehen. Ganz großartig ist von hier aus auch der Blick auf die Hausener Wand.
Durch eine wunderbare Wacholderheide gehen wir leicht aufwärts und erreichen ganz bequem den Wasserberg, wo sich eine beeindruckende Aussicht nach Westen und Norden eröffnet.
Vom Wasserberg-Haus geht es über den Nordgrat ziemlich flott hinunter. Schließlich biegen wir nach links ab, um durch Obstbaumwiesen und Weiden nach Schlat zu gelangen, wo man im »Lamm« recht gut einkehren kann.

Tief ins Gebirge eingegraben hat sich die Fils; schön ist der Blick vom Sommerberg auf Deggingen, Bad Ditzenbach und Gosbach im Geißentäle.

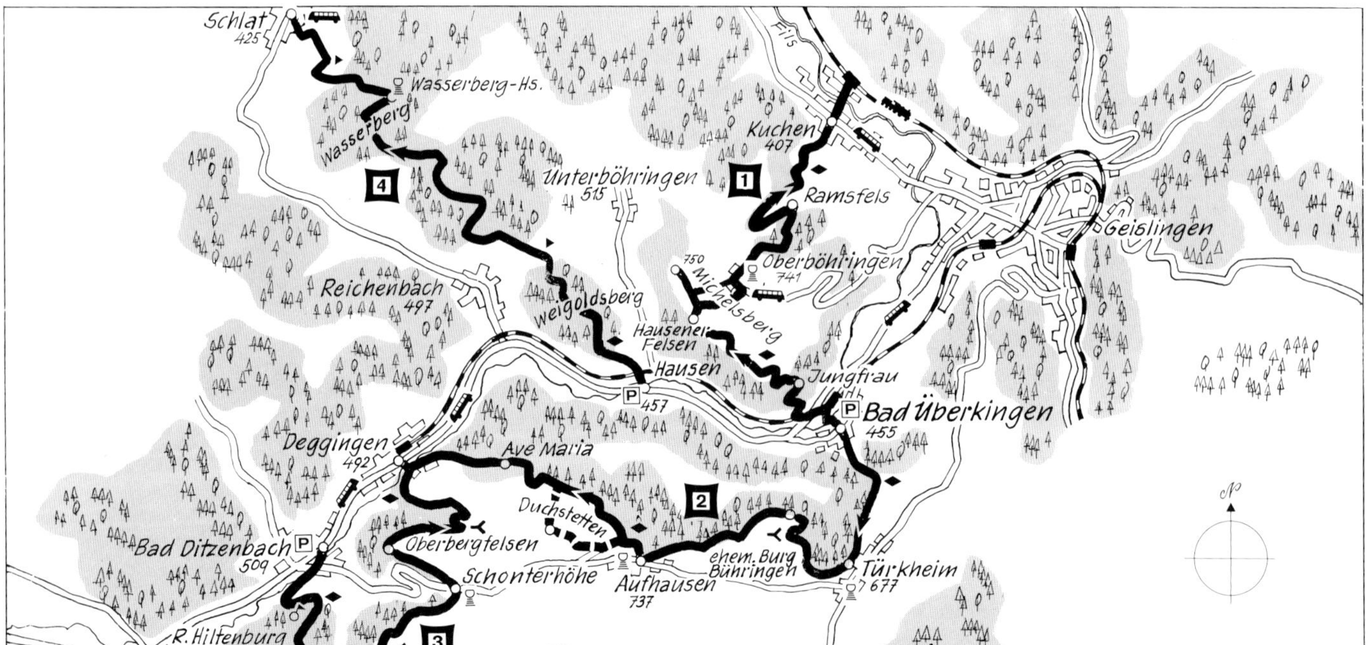

Sehenswertes

Bad Überkingen Spätgotische Kirche mit schöner bemalter Holzdecke ■ Badhotel (Fachwerk), eines der ältesten dieser Art in Deutschland

Deggingen Kloster Ave Maria

Bad Ditzenbach Thermalbad

Türkheim Ev. Kirche von 1771 mit Rokokokanzel

Freizeitangebot

Bad Überkingen Schwimmen ■ Minigolf

Bad Ditzenbach Schwimmen ■ Tennis ■ Reiten

Verkehrsmittel

Bad Überkingen Bus: Geislingen, Wiesensteig

Bad Ditzenbach Bus: Wiesensteig, Geislingen, Göppingen, Stuttgart

Karten

L 7324 Geislingen, L 7524 Blaubeuren

13 Wiesensteig/ Westerheim

Im Zeichen des Elefanten

Sicherlich haben schon viele Autofahrer aufatmend aufs Gaspedal getreten, wenn sie den gefürchteten Albaufstieg am Aichelberg mit oder ohne Stau hinter sich gebracht haben: Nur schnell weiter, die zweite Hürde, den Wiesensteiger Hang genommen! Da bleibt kaum ein Blick übrig für das kleine Städtchen, das drunten im Tal liegt, und dessen beide Kirchtürmchen so heimelig grüßen. Schade, lieber Kilometerfresser, Du würdest besser die Autobahn in Mühlhausen verlassen und ins hintere Geißentäle fahren, wo sich schöne Fachwerkhäuser um die Stiftskirche St. Cyrakus drängen.

Es war die Residenz der Grafen von Helfenstein, die sich hier ein Schloß erbauten, nachdem Herzog Ulrich von Württemberg ihren ehemaligen Sitz, die Hiltenburg (s. Tour 12/3) zerstört hatte. Die Helfensteiner, die den Elefanten im Wappen führten, hatten einen »Hexentick«, denn sie ließen Ende des 16. Jahrhunderts beinahe 100 Weiber auf dem Scheiterhaufen verbrennen. Das Grafengeschlecht ist ausgestorben, vom Schloß steht nur noch ein Flügel. Der Marktbrunnen aus der Renaissancezeit erinnert aber an die Helfensteiner: Dort sitzt der Elefant noch heute.

Droben auf der Albhochfläche hat sich Westerheim, Ende des Zweiten Weltkrieges schwer mitgenommen, ganz dem Fremdenverkehr verschrieben. Ein riesiger Campingplatz lädt diejenigen ein, die ihr Wochenende oder ihren Urlaub gerne fern vom täglichen Getriebe verbringen wollen und dabei nicht auf Menschen verzichten mögen. Hallen- und Freibad, Sauna, Tennisplätze und Skilifte ziehen im Sommer und Winter viele Gäste an.

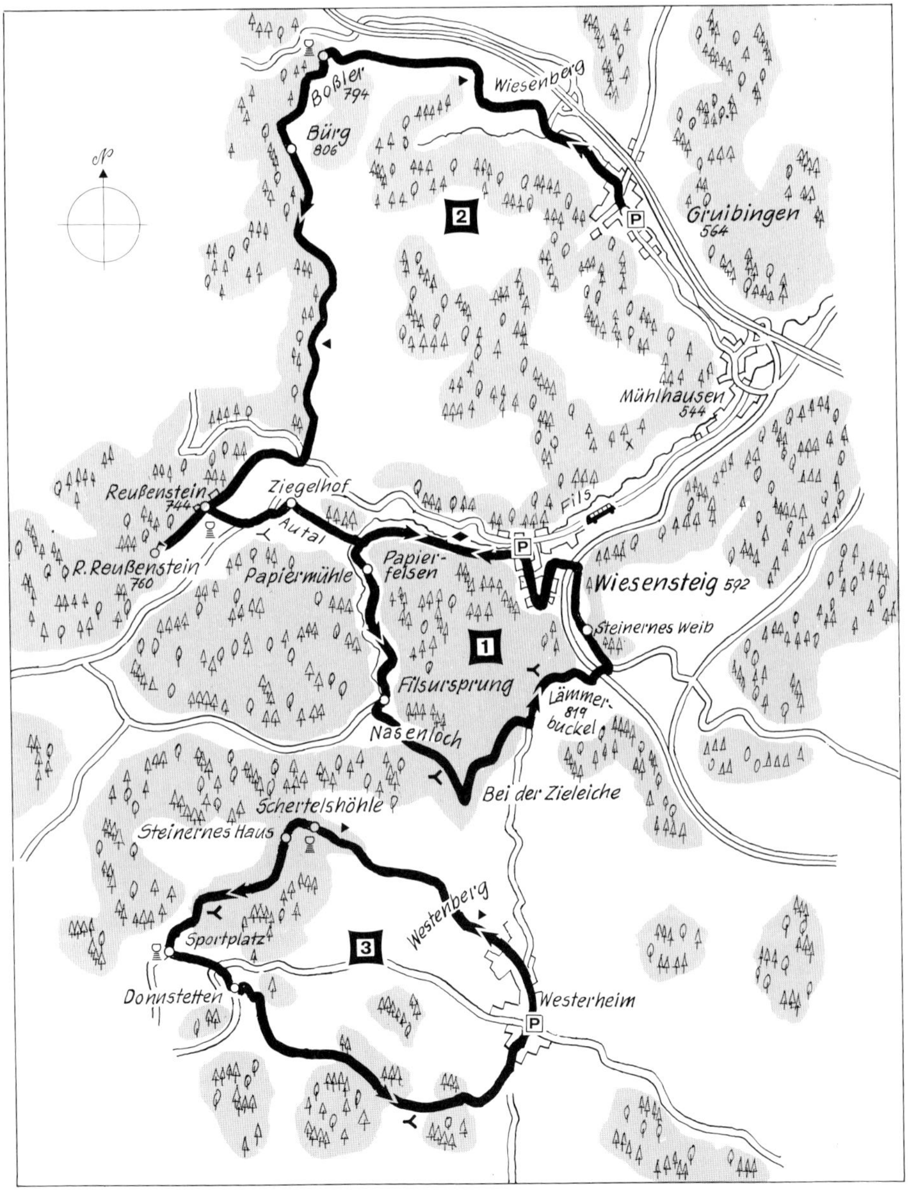

1 Filsursprung und Steinernes Weib

Wiesensteig – Filsursprung – Lämmerbukkel – Steinernes Weib – Wiesensteig / 3 Std. / 200 m Auf- und Abstieg meist im Schatten

Wir verlassen Wiesensteig und wandern an der Fils entlang, vorbei am Freibad und unterhalb des Papierfelsens nach Süden abbiegend, zum Filsursprung. Als trockenes Hasental zieht es weiter hinauf zur Pfulb unterhalb von Schopfloch, wo es von der Lauter »geköpft« wurde (s. Tour 34). Wir folgen aber nun nicht mehr dem Hasental, sondern steigen hinauf durchs »Nasenloch« zur Zieleiche und laufen hinüber zum Lämmerbuckel, den der nach oben führende Ast der Autobahn Stuttgart–München in einem 650 Meter langen Tunnel durchfährt. Über dem Tunnel befindet sich eine Ausbildungsstätte von Daimler-Benz. Gegenüber der Zufahrt zu dieser Einrichtung biegen wir nach links ab und gehen parallel zur Autobahn über einen

Malerische Fachwerkhäuser drängen sich zu Füßen der Kirche St. Cyriakus in Wiesensteig.

Bürgerproteste verhinderten die Sprengung des »Steinernen Weibes« oberhalb der Autobahn Stuttgart – München.

Feldweg und einen kleinen Waldpfad zum Steinernen Weib. So heißt eine markante Felsnadel, die das Autobahnamt vor wenigen Jahren noch sprengen wollte, was von Bürgern aber glücklicherweise verhindert wurde. Natürlich rankt sich um den Felsen eine Sage: Eine böse Frau wurde zur Strafe versteinert, weil sie ihre Kinder über einen Felsen hinunter geworfen hatte, um sie aus dem Weg zu räumen; sie wollte nämlich wieder heiraten. Betrachtet man das Steinerne Weib, dann hat man den Eindruck, daß besagte Frau nicht heiraten wollte, sondern mußte!

Wir wandern den schmalen Weg am Hang weiter, um dann unter der siebenbogigen Malakoff-Brücke hindurch nach Wiesensteig hinunterzugehen.

2 Über den Boßler zur Ruine Reußenstein

Gruibingen – Boßler – Bürg – Ruine Reußenstein – Wiesensteig / 5 Std. / 250 m Auf- und 170 m Abstieg

Von Gruibingen aus müssen wir der Straße nach Weilheim ¼ Stunde lang bis zu der Stelle folgen, wo diese im rechten Winkel nach rechts zur Autobahn hin abbiegt. Nach der Kurve gehen wir leicht links am Hang des Wiesenberges empor und werden für den Rest des Tages für den etwas unschönen Beginn der Wanderung dadurch entschädigt, daß wir Autos eigentlich nur noch aus der Ferne sehen. Bald treffen wir auf den Nordrandweg, auf dem wir bis zur Ruine Reußenstein bleiben. Zunächst kommen wir zum Boßler, einem sehr exponierten Berg mit herrlicher Aussicht.

Ein Denkmal erinnert daran, daß dieser Berg eine ausgesprochene Flugzeugfalle ist, die schon mehreren Piloten zum Verhängnis wurde und nicht nur Fluggästen, sondern auch Waldarbeitern das Leben kostete. Ein Blick hinunter zur Autobahn zeigt die Ursache auf: Bei schlechten Wetterbedingungen lassen sich Piloten manchmal dazu verleiten, auf Sicht zu fliegen und die Autobahn als Anhaltspunkt zu nehmen. Die scharfe S-Kurve zwischen Turmberg und Boßler, bei der eine schon für Autos ungewöhnlich niedrige Geschwindigkeit vorgeschrieben ist, können Flugzeuge aber nicht nachvollziehen. Ist der Pilot froh, daß er – von Stuttgart her kommend – die Rechtskurve geschafft hat, dann ist er auch schon gegen den Boßler geprallt, der ziemlich unvermittelt 400 Meter über der Ebene um Weilheim aufsteigt.

Wir wandern weiter, am Aussichtspunkt Bürg vorbei zum Hof und zur Ruine Reußenstein. Eduard Mörike schrieb über diese: »Das ist noch etwas von großem Anblick! Als ich auf dem ungeheuren, spitzigen Felsen stand, über den Abgründen der sonnenscheuen Wälder in die geöffnete Sommerluft hinausblickte, hie und da eine Weihe mit ruhig ausgelegten Schwingen sich der Willkür des Windes überlassen und so in den reinsten Linien auf- und abbewegen sah, als hätte sie Lust, ihren eigenen Leib in bloße Luft zerrinnen zu lassen – da hatte ich auch so eine Empfindung von ›Was zieht mir das Herz so‹.«

Zurück geht es nun zum Hof Reußenstein, zum Ziegelhof und abwärts durchs Autal und Filstal nach Wiesensteig.

3 In die Schertelshöhle

Westerheim – Schertelshöhle – Steinernes Haus – Donnstetter Maar – Westerheim / 3½ Std. / geringe Höhenunterschiede, viel Sonne

Von Westerheim folgen wir der Zufahrtsstraße zur Schertelshöhle ungefähr 1 Kilometer und gehen dann in etwa parallel weiter über den aussichtsreichen Westenberg hinunter zum Höhleneingang am Hang eines Seitentälchens des Hasentales. Um nicht vor verschlossener Tür zu stehen, ist es zweckmäßig, sich vor Beginn der Wanderung im Rathaus Westerheim zu erkundigen, ob die Höhle geöffnet ist.

Auf der anderen Talseite gelangen wir zum Eingang des Steinernen Hauses, einer knapp 50 Meter langen Halle, zu deren Ende man aber nur mit einer Taschenlampe vordringen kann. Weiter gehen wir ein schattiges Waldtal aufwärts, bis wir beim Donnstetter Sportplatz an den Rand eines Maares kommen, in dessen Grund das kleine Dörfchen liegt. An den Hängen des Kessels sieht man immer wieder Felsbrocken, die aus dem Krater herausgeschleudert worden sind.

Wir wandern am Kraterrand weiter nach Süden, bleiben kurz auf der Straße nach Westerheim und gehen dann links ab auf einem für den Autoverkehr gesperrten Wirtschaftsweg durch eine schöne Landschaft zurück nach Westerheim. Links droben erscheint der Campingplatz, ein Seitentälchen weiter – hinter den großzügigen Sporteinrichtungen – sehen wir eine interessante Sommerhaus-Siedlung. Zu guter Letzt sind wir wieder an unserem Ausgangspunkt.

Sehenswertes

Wiesensteig Schönes Ortsbild mit Fachwerkbauten ■ Kath. Pfarrkirche St. Cyriakus ■ Kreuzkapelle über dem Städtchen

Gruibingen Orchideenwiese

Westerheim Schertelshöhle

Freizeitangebot

Wiesensteig Freibad ■ Tennis ■ Reiten ■ Skilifte ■ Langlaufloipen

Westerheim Hallenbad mit Sauna ■ Freibäder beim Campingplatz ■ Tennis (Halle u. Freiplätze) ■ Minigolf ■ Reiten ■ Sommerbobbahn ■ Skilifte ■ Skischule

Verkehrsmittel

Wiesensteig Bus: Geislingen, Göppingen, Stuttgart

Gruibingen Bus: Göppingen, Wiesensteig

Westerheim Bus: Metzingen, Ulm

Karten

L 7322 Göppingen, L 7522 Urach

14 Merklingen/ Laichingen

Not macht erfinderisch

Die Albhochfläche um Laichingen und Merklingen wurde von der Natur nicht reich gesegnet. Da waren einmal die kargen, steinigen Böden, zum anderen ging der Schnee spät und kehrte früh wieder. Es reichte gerade zum Allernötigsten, um Menschen und Vieh durchzubringen.
Lein oder Flachs, das war eine Pflanze, die hier recht gut gedieh und die man an langen Winterabenden zu Garn und Leinwand verarbeiten konnte. In Laichingen, Merklingen und anderen Orten der mittleren Alb entstand so ein Handwerk und später eine Industrie, deren Erzeugnisse als »Laichinger Wäsche« weithin bekannt wurden. Eine Braut, die eine Laichinger Aussteuer hatte, war schon etwas ganz Besonderes. Die Spinnstuben existieren schon lange nicht mehr, und Leinwand wird auch nicht mehr auf dem Handwebstuhl hergestellt. Im Zuge der Zeit mußten viele kleinere und größere Fabrikationsbetriebe schließen, doch die Laichinger Wäsche gibt es heute noch.
Laichingen ist auch in anderer Hinsicht bekannt geworden. Durch Zufall entdeckte 1892 ein Fegsandhändler – wer weiß noch, zu was Fegsand gut war? – die Laichinger Tiefenhöhle dadurch, daß er sich auf die Lauer legte, um denjenigen zu erwischen, der seinen Sandvorrat heimlich abbaute. Lange wartete der Sand-Mack, wie man ihn hieß, bis der Dieb kam, er wartete vergebens: Der Sand zerrann in einer Erdspalte, die man später erweiterte, damit Besucher die Höhle besichtigen konnten. Über 70 Meter kann man auf Leitern hinuntersteigen; Höhlenforscher sind bis in eine Tiefe von 100 Metern vorgedrungen.

In der spätgotischen Kirche zu Merklingen finden wir einen wertvollen Hochaltar von 1510 aus der berühmten Ulmer Schule.

1 Der Hübsche Stein

Merklingen – Langes Tal – Hübscher Stein – Merklingen / 3 Std. / viel Schatten

Wir wandern von Merklingen nach Osten, biegen nach etwa 2 Kilometern rechts ab und kommen nach einiger Zeit zum Hübschen Stein, der rechts unter Linden steht. Es ist dies ein alter Grenzstein aus dem Jahre 1448, der die Wappen von Württemberg, von Ulm sowie den Elefanten der Helfensteiner trägt.

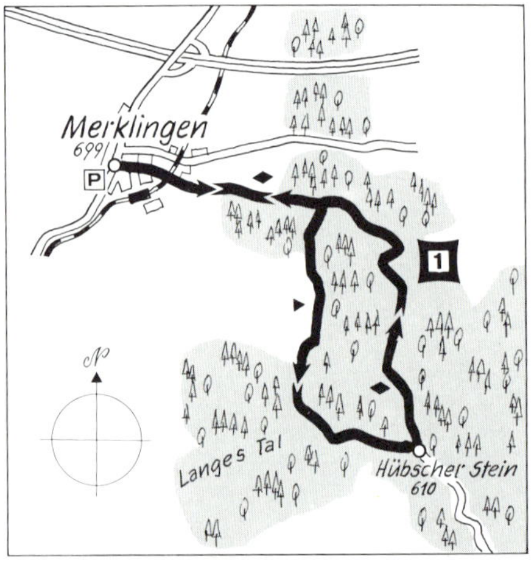

Wir gehen wieder zurück, biegen aber sofort rechts ab und spazieren auf dem breiten Waldweg talaufwärts. Wir bleiben – wenn auch kurze Zeit praktisch weglos – immer auf auf der Talsohle, bis an einer Hütte von rechts der Wanderweg von Scharenstetten herüberkommt. Diesem folgen wir nach Westen und erreichen bald wieder Merklingen.

Neben Zeugnissen der Volkskultur der mittleren Schwäbischen Alb sind im Laichinger Heimatmuseum insbesondere Geräte und Erzeugnisse des Weberhandwerks und der Webereiindustrie zu sehen.

2 Auf den Heuberg zum Alblimes

Laichingen – Westerheim – Heuberg – Menzentäle – Laichingen / 4½ Std. / viel Sonne

Von Laichingen wandern wir durch eine offene Hügellandschaft nach Westerheim. An der dortigen Kirche vorbei geht es hinunter auf der Feldstetter Straße bis zum Ortsausgang. Dann rechts ab, an Hallenbad und Kläranlage vorbei auf dem Sträßchen zum Heuberg. Wo dieses im rechten Winkel nach links abbiegt und am Waldrand nach oben führt, laufen wir geradeaus, biegen weder rechts noch links ab, kommen kurz durch Wald und dann wieder über Feld, an einigen Heuschobern vorbei leicht aufwärts nochmals in den Wald, wo der Wanderweg von Donnstetten herüberkommt. Wir folgen diesem nach links, verlassen den Wald und überqueren das Sträßchen Egelsee-Heuberg in einer Mulde. Hier stifteten die Pfalzgrafen von Tübingen 1080 ein Kloster, das aber schon 1085 nach Blaubeuren verlegt und mit Hirsauer Mönchen besetzt wurde. Nichts mehr deutet an dieser Stelle auf ein Kloster hin.

Von der Bundesstraße 28 zweigt ein kleines Sträßchen ab, das einmal zum Heuberg hinauf, zum anderen aber durch das Menzentäle nach Laichingen führt. Dies ist eine alte Römerstraße, allerdings eine ganz besondere: Es ist der sogenannte Alblimes, der nichts mit einer Grenze zu tun hatte, sondern eine quer über die Alb von Lautlingen über Burladingen, Münsingen, Zainingen und Nellingen nach Faimingen an der Donau führende Straße war. Wir wandern auf dem Alblimes durchs Menzentäle, schauen den Fliegern auf dem Laichinger Flugplatz zu und sind bald wieder am Ausgangspunkt.

3 Laichinger Tiefenhöhle – Sontheimer Höhle

Laichingen – Tiefenhöhle – Albhof – Sontheimer Höhle – Suppingen – Laichingen / 6 Std. / viel Sonne

Gleich außerhalb von Laichingen kommen wir zum Eingang der Tiefenhöhle, bei der sich auch ein recht interessantes Höhlenmuseum befindet. Diese Höhle ist eine Schachthöhle, bei der Sickerwasser Felsspalten so erweitert hat, daß es immer schneller fließen konnte und im Laufe der Zeit hinuntersprudelte auf einen Quellhorizont, der es etwa eineinhalb Tage später wieder ans Tageslicht bringt: im Blautopf von Blaubeuren (s. Tour 16).
Weiter geht es über den Kaltenbuch zum »Albhof«, etwas östlich davon über die Bundesstraße 28 und am Rand des trokkenen Tiefentales hinüber zur Sontheimer Höhle mit drei großen Hallen. Von dort marschieren wir auf Seißen zu, biegen aber etwa 1 Kilometer vorher nach links – Nordwesten – ab und folgen der kleinen Straße bis zum nächsten Wanderparkplatz. Dann laufen wir nördlich weiter durch Wald, unterbrochen von der Lichtung am Sportplatz, auf Suppingen zu. Nach Verlassen des Waldes sollte man unbedingt rechts hinauf einen Abstecher auf den Suppinger Berg machen, von dem man die Hügellandschaft der Hochfläche schön überblickt. Hier verlief übrigens auch die Klifflinie des Tertiärmeeres, der wir schon bei Heldenfingen (s. Tour 5/3) begegnet sind.
Über Suppingen mit seiner schönen Kirche von 1569 kehren wir nach Laichingen zurück.

4 Die Alpensicht vom Nattenbuch

Feldstetten – Hengstlauh – Nattenbuch – Feldstetten / 2 Std. / sonnig

Wenn man das Glück hat, einen ganz klaren Tag zu erwischen, dann sollte man nicht versäumen, einen kurzen Spaziergang auf den Nattenbuch zu machen. Wir verlassen Feldstetten am westlichen Ortsausgang und gehen nur wenige Schritte auf der Straße Richtung Ennabeuren. Dann zweigt links ein befestigter Feldweg ab, der parallel zur Straße nach Süden verläuft. Nach dem Hengstlauh biegen wir links ab, spazieren an einer privaten Skihütte mit Lift vorbei und wandern dann in etwa parallel zum Herweg hinauf in das Landschaftsschutzgebiet des Nattenbuch. Im Süden über dem Dörfchen Ennabeuren erscheint am Horizont die ganze Kette der Alpen.
Fast auf dem höchsten Punkt findet man links des eingezäunten Privathauses einen Brunnen, rechts dahinter unter Bäumen einen Teich – eine sogenannte Hüle (s. auch Tour 21/2) –, der unter Denkmalschutz steht. Vorbei am Heim der Hundezüchter steigen wir wieder hinunter nach Feldstetten.

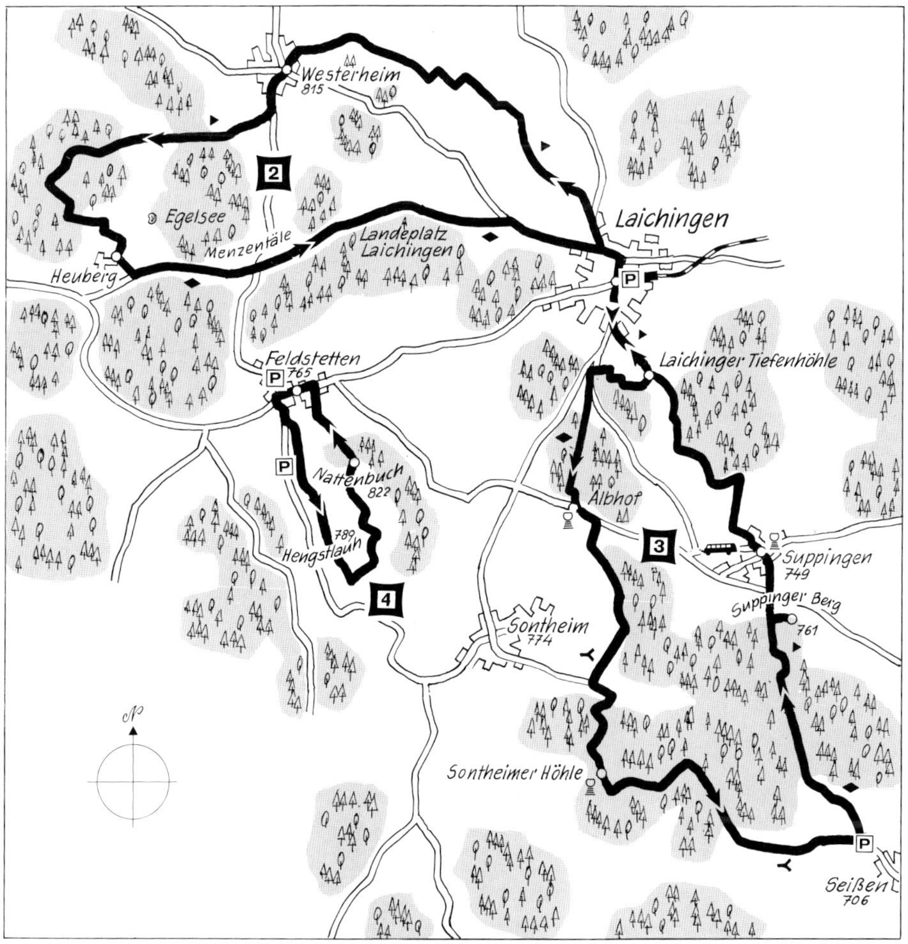

Sehenswertes

Laichingen Heimat- und Webereimuseum ■ Laichinger Tiefenhöhle mit Höhlenkundemuseum ■ im Stadtteil Machtolsheim ev. Kirche mit Stuckdecke

Westerheim Siehe Tour 13

Merklingen Spätgotische Kirche von 1490 mit herrlichem Schnitzaltar von 1510 aus der Ulmer Schule

Sontheim Sontheimer Höhle

Feldstetten Interessante Kirche mit Kreuzgewölbe im Chor, Fresken aus dem 14. Jh. und Kanzel von 1708

Suppingen Kirche von 1569 mit Netzgewölbe im Chor aus dem 15. Jh.

Freizeitangebot

Laichingen Reiten ■ Segelfliegen ■ Tennis ■ Kleinschwimmhalle ■ Camping ■ Wildgehege ■ Skilifte ■ Langlaufloipen

Westerheim Siehe Tour 13

Machtolsheim Campingplatz mit Freibad

Verkehrsmittel

Laichingen Bus: Ulm, Metzingen, Blaubeuren

Feldstetten Bus: Ulm, Metzingen

Merklingen Bus: Geislingen, Blaubeuren, Stuttgart

Karten

L 7522 Urach. L 7524 Blaubeuren

15 Ulm

Höchster Kirchturm der Erde

Die erste schriftliche Erwähnung fand Ulm in einer Urkunde von König Ludwig dem Deutschen, wo es als königliche Pfalz erscheint. Ulm war Gerichtsort deutscher Könige, die Staufer erhoben es 1165 zur Stadt. Mit dem »Schwörbrief« erhielt Ulm schon 1397 eine demokratische Verfassung. Handel und Handwerk blühten auf; »Ulmer Geld regiert die Welt« war ein Sprichwort, in dem die Stadt in einem Atemzug mit Augsburg und Venedig genannt wurde. Prachtvolle Gebäude dokumentierten dies nach außen; die Krönung bildete das Münster, das 1377 begonnen wurde. Es war eine gewaltige Leistung der Ulmer Bürgerschaft, wohl auch ein wenig zu groß geraten: Bei 15000 Einwohnern hat es Platz für 30000 Menschen! Über 500 Jahre lang wurde daran gebaut, die endgültige Fertigstellung gelang erst 1890.

Nicht nur der Ulmer Spatz, der keck auf dem First des Münsterschiffs sitzt, erlangte Berühmtheit. Es muß hier die sogenannte »Ulmer Schule« genannt werden, aus der hervorragende Künstler hervorgingen: Maler und Bildhauer wie die Syrlins, die Erharts, Zeitblom und andere, namentlich nicht bekannte. Sie schufen nicht nur »in Ulm, um Ulm und um Ulm herum«, sondern weit darüber hinaus einmalige Werke, die sich zum Teil in kleinen Albdörfern verbergen, wo man so etwas nicht vermuten würde, wie beispielsweise die Hochaltäre von Scharenstetten oder von Merklingen, (s. Tour 14/1), die spätgotische Muttergottes von Ehrenstein sowie das Chorgestühl in Zwiefaltendorf (s. Tour 19/1). Spitzenwerke der Ulmer Schule befinden sich in der Dorfkirche von Bingen (s. Tour 35/2) und in der Klosterkirche von Blaubeuren (s. Tour 16).

Auch auf anderen Gebieten taten sich Ulmer hervor. So kennt jedermann den Schneider von Ulm, August Berblinger, der 1811 bei seinem spektakulären Flugversuch in die Donau stürzte. 1879 wurde hier Albert Einstein geboren, der wohl genialste Kopf unserer Zeit.

Der Zweite Weltkrieg hat der Stadt ganz übel mitgespielt, war doch die hier ansässige Industrie von erheblicher Bedeutung für die Kriegswirtschaft. Der größte Teil der schönen Altstadt wurde vernichtet, das Münster schwer angeschlagen. Der Münsterplatz, früher zusammen mit der Hirschstraße Musterbeispiel mittelalterlichen Städtebaus, hat heute seinen Charakter völlig verändert. Trotzdem findet man immer noch wertvolle Bausubstanz, malerische Gassen, verträumte Winkel.

1 Kloster Wiblingen, Glanzpunkt jenseits der Donau

Ulm – Wiblingen – Gögglingen – (Donaustetten) – Erbach / 5½ Std. / viel Sonne

Heute machen wir einen Sprung über die Donau, um uns die Alb von außerhalb, von Süden her zu betrachten. Dabei fällt auf, daß man hier kaum von einem Albrand – zumindest nicht im optischen Sinne – sprechen kann. Es sind nur mäßig hohe Hügel, die nördlich der Donau aufsteigen; lediglich das Hochsträß (s. Wanderung 3) zeigt, daß da doch ein Gebirge vorhanden ist.

Wir überqueren die Donau neben der Autobahnbrücke, gehen flußaufwärts bis zur Einmündung der vom Allgäu herabkommenden Iller, der wir etwa 1 Stunde lang zuerst auf dem Ost-, dann auf dem Westufer folgen. Schon geraume Zeit bevor wir sie erreichen, sehen wir die Bauten des Klosters Wiblingen. 1093 als Benediktinerkloster gegründet, stand es im Mittelalter in voller Blüte. 1714 erstanden die früher durch einen Brand zerstörten Abteigebäude in ihrer jetzigen Form neu; die barocke Kirche stammt aus den Jahren um 1780 und wurde nach Plänen von Johann Michael Fischer erbaut. Die Klosterbibliothek ist eines der schönsten Beispiele der Barockbaukunst in Oberschwaben.

Der Weiterweg führt uns wieder zurück zur Donau, und zwar gehen wir den Fluß entlang aufwärts durch das Naturschutzgebiet Gronne, das aus stillgelegten Kiesgruben besteht, ein Paradies für unzählige Vogelarten. Am Ortsrand von Gögglingen überqueren wir wieder die Donau, bleiben aber am nördlichen Ufer bis nach Erbach, das von der Barockkirche und dem Renaissanceschloß der Freiherrn von Ulm-Erbach malerisch überragt wird.

2 König eines tausendjährigen Reiches

Herrlingen – Weidach – Lautern – Oberherrlingen – Herrlingen / 4 Std. / zweimal je 100 m Auf- und Abstieg / viel Schatten

Wir verlassen Herrlingen mit seiner klassizistischen Kirche, um auf den durch große Steinbrüche aufgerissenen Beibruck zu steigen. Hier wird der Stein gebrochen, aus dem »Ulmer Weiß« hergestellt wird, ein wegen seiner Reinheit von der chemischen Industrie, der Bauwirtschaft (Verputze) und der kosmetischen Branche (Zahnpasta) sehr begehrter Rohstoff. An der Hangkante des Kiesentales wandern wir nordwärts nach Weidach, durch dieses hindurch entweder auf der wenig befahrenen Straße Richtung Bermaringen oder aber weglos am Waldrand entlang zum Bauernhof Hohenstein.

Von dort geht es durch eine kurze, steile Talrinne hinunter ins Kleine Lautertal. Auf alle Fälle sollten wir einen Abstecher ins nahe Lautern machen: Im kleinen Kirchlein befindet sich ein Hochaltar aus der Ulmer Schule mit den Figuren von Maria, Katharina, Ursula, Barbara und Helena. Die Seitenflügel des im Jahre 1509 entstandenen Altars hat man 1877 zur Restaurierung nach Wien geschickt, seither sind sie verschwunden und wurden 1895 durch Kopien ersetzt. Die Kleine Lauter quillt unter einem

Mit 161 Meter Höhe ragt das Ulmer Münster weiter in den Himmel als alle anderen Kirchen der Erde. Gegen die Donau wurde die Stadt mit einer Wehrmauer abgeschirmt.

Weißjurafelsen hervor. Durch Farbversuche weiß man, daß dies Wasser ist, das bei Merklingen versickerte. Es wird hier gleich zur Wasserversorgung der Albhochfläche genutzt. Früher mußte das Flüßchen ein paar Mühlen antreiben. In einer dieser Mühlen sammelte im Jahre 1529 der aus Augsburg stammende Wiedertäufer Augustin Bader seine Anhänger. Er, der sich als erster König eines tausendjährigen Reiches fühlte, wurde 1530 mit seinem eigenen Königsschwert in Stuttgart geköpft und verbrannt.
Wir gehen wieder zurück talaufwärts zum Wanderweg, steigen am südwestlichen Talhang auf und wandern hinaus nach Oberherrlingen mit seinem Schloß hoch über dem Lautertal. Drüben im nahen Wippingen hatte 1704 Prinz Eugen im spanischen Erbfolgekrieg sein Hauptquartier, bevor er bei Höchstädt Bayern und Franzosen entscheidend schlug. Zwischen Wippingen und Herrlingen wurde am 14. Oktober 1944 Generalfeldmarschall Rommel zum Selbstmord gezwungen; er liegt auf dem Friedhof von Herrlingen begraben.

3 Über das Hochsträß nach Blaubeuren

Ulm – Allewind – Beiningen – Gerhausen – Blaubeuren / 4½ Std. / 170 m Abstieg viel Sonne

Wir wollen nun auch einmal eine ganze Wanderung auf dem Alb-Südrandweg machen. Hierzu fahren wir mit dem Stadtbus zum Oberen Kuhberg, um uns den Marsch durch die Stadt zu ersparen. Das Fort Oberer Kuhberg der 1815 beschlossenen Bundesfestung Ulm ist noch sehr gut erhalten; es wurde unter Denkmalschutz gestellt. Durch das Gelände der ehemals weitbekannten Hochschule für Gestaltung, die ein ziemlich unrühmliches Ende nahm, gelangen wir zum Hochsträß, einem prächtigen, aussichtsreichen Weg, der uns westlich über Allewind zur Mönchshalde oberhalb Eggingen führt. Drunten sehen wir Ulm, die Klosterkirche Wiblingen, Kirche und Schloß Erbach und drüben im Westen den Bussen. Bei klarem Wetter überschaut man weite Teile Oberschwabens sowie in der Ferne die gesamte Alpenkette. Durch den Salenhau kommen wir zu einem weiteren Aussichtspunkt oberhalb von Erstetten, dann geht es über den Spessberg nach Beinigen. Bald nach dem Dorf wandern wir westlich an großen Steinbrüchen vorbei ins Blautal hinunter nach Gerhausen und hinüber nach Blaubeuren.

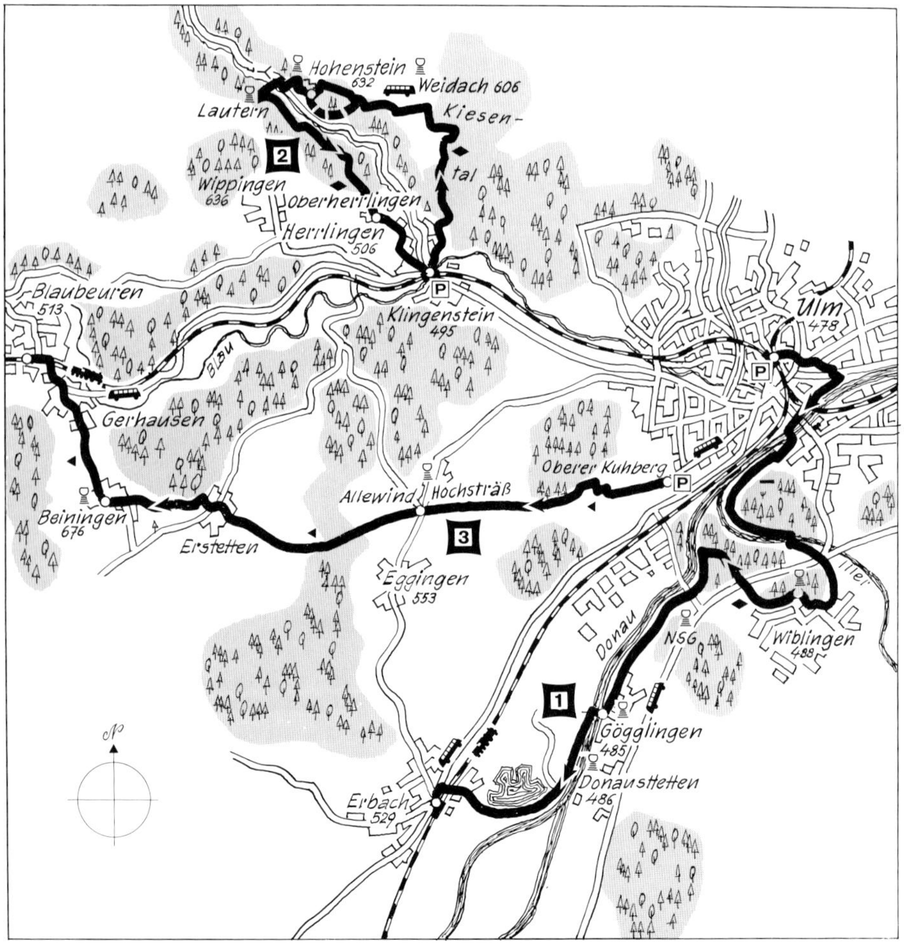

Sehenswertes

Ulm Gotisches Münster mit dem höchsten Kirchturm der Erde (161,6 m) ■ Rathaus mit astronomischer Uhr ■ Altstadt mit Fischerviertel ■ Stadtmauer ■ Marktbrunnen ■ Bundesfestung (größte Festungsanlage Europas) ■ Ulmer Museum ■ Deutsches Brotmuseum

Wiblingen (Stadtteil von Ulm) ehemaliges Benediktinerkloster mit Barockkirche und Bibliotheksaal

Erbach Schloß mit Schloßmuseum ■ Barockkirche mit Rokokoausstattung, u. a. auch einer gotischen Madonna auf der Mondsichel aus der Ulmer Schule

Herrlingen (Stadtteil von Blaustein) Klassizistische Kirche mit Hochaltar aus der Deutschordenskirche in Ulm ■ Lindenhof, Jugendstilhaus von Riemerschmid aus dem Jahre 1905 ■ Vogelschutzgebiet Arnegger Ried

Lautern Kirche mit Flügelaltar aus der Ulmer Schule

Freizeitangebot

Ulm Freibad ■ Hallenbäder ■ Donau-Schiffsfahrten ■ Bowling ■ Minigolf ■ Tennis ■ Reiten ■ Eislauf ■ Drachenfliegen ■ Golf

Veranstaltungen

Ulm Schwörmontag mit Schwörfeier und Wasserfestzug »Nabada« (vorletzter Montag im Juli) ■ Lichterserenade auf der Donau (Samstag vor Schwörmontag) ■ Fischerstechen mit Fischertänzen (alle 4 Jahre)

Verkehrsmittel

Ulm Bahn: Stuttgart, München, Crailsheim, Kempten, Friedrichshafen, Sigmaringen ■ Bus: in alle Richtungen

Wiblingen (Stadtteil von Ulm) Stadtbus nach Ulm

Erbach Bahn: Ulm-Friedrichshafen

Herrlingen (Stadtteil von Blaustein) Bahn: Ulm – Sigmaringen ■ Bus: Ulm, Laichingen

Karten

L 7524 Blaubeuren, L 7724 Ulm

16 Blaubeuren

Schöne Lau und Klötzle Blei

Auch die Blaubeurener Umgebung war schon sehr früh besiedelt. Insbesondere die Vielzahl von Höhlen diente den Menschen der Bronze-, Hallstatt-, Kelten- und Alemannenzeit als Schutz und Zuflucht, wie viele Funde beweisen. Mittelpunkt der neueren Ansiedlung war das 1085 von den Tübinger Pfalzgrafen gegründete und von Hirsauer Benediktinern betreute Kloster. Im 14. und 15. Jahrhundert ging es infolge familiärer und kriegerischer Auseinandersetzungen der Tübinger, Herwartsteiner und Habsburger Herrschaften mit Kloster und Ort Blaubeuren abwärts, bis beides an die Württemberger kam. Graf Eberhard im Bart war mit dem damaligen Abt Heinrich III. eng befreundet. Der Abt half dem Grafen, 1477 die Universität Tübingen zu gründen, und der Graf revanchierte sich dadurch, daß er seinen Hofbaumeister Peter von Koblenz mit dem Ausbau des Klosters beauftragte, der 1510 beendet wurde. Die damalige Klosteranlage blieb bis heute fast völlig erhalten. Prunkstück ist der Hochaltar im einmalig schönen Chor, wohl eines der reichsten Zeugnisse der Spätgotik in Deutschland. Chorgestühl und Dreisitz stammen von Jörg Syrlin d.J., die Plastiken am Hochaltar von Gregor und Michael Erhart, die Tafelbilder von Bartholomäus Zeitblom und anderen Künstlern der Ulmer Schule. Heute ist im Kloster ein evangelisches Seminar untergebracht.

Außerhalb des Klosterbezirkes, im Schatten alter Bäume, sprudelt im sogenannten Blautopf ein gewaltiger Wasserstrom aus dem Berg. Die Quelle hat ein Einzugsgebiet von ungefähr 175 Quadratkilometern; ihre normale Schüttung beträgt etwa 2000 Liter pro Sekunde, in Zeiten der Schneeschmelze werden daraus bis zu 25000 Liter! Eduard Mörike hat den Blautopf in seinem »Märchen von der schönen Lau« besungen. Es sei auch noch auf das Denkmal für die Erbauer der Albwasserversorgung hingewiesen, das sich am Blautopf befindet. Durch dieses Versorgungssystem – in vielen Tälern, die wir durchwandern, finden wir immer wieder die Pumpwerke

Still ist es im Garten hinter der Blaubeurener Klosterkirche; die Menschen werden vom berühmten Hochaltar und vom nahen Blautopf angezogen.

dafür – wurden die Bewohner der Albhochfläche von der ewigen Wassernot befreit.
Schließlich sei noch auf den mitten in der Stadt liegenden Berg, den Rucken, hingewiesen, der früher einmal von der jetzt viel weiter südlich verlaufenden Donau umflossen wurde. Der über dem Krankenhaus steil aufragende Metzgerfels ist das »Klötzle Blei« des bekannten schwäbischen Zungenbrechers: »Glei bei Blaubeire leit a Klötzle Blei, s' leit a Klötzle Blei glei bei Blaubeire.«

1 Blaubeuren von oben

Blautopf – Blaufelsen – Landsitzle – Flugplatz – Sonderbuch – Knoblauchfels – Rusenschloß – Blausteg – Rucken – Blaubeuren / 2 Std. / 180 m Auf- und Abstieg, viel Schatten

Vom Blautopf steigen wir im Zickzack zum Blaufelsen hinauf, der sich direkt über der Altstadt erhebt. Der Fels wurde um 1080 als befestigter Ausguck angelegt, um den nordwestlichen Zugang zum Ort überwachen zu können. Über den Grat gehen wir anschließend an die Traufkante der Hochfläche, an der wir den Blaubeurener Kessel halb umrunden. Zuerst kommen wir zum Landsitzle, dann zum Flugplatz, streifen Sonderbuch und wandern am Kriegerdenkmal vorbei hinüber zum Knoblauchfels, wo man wiederum einen schönen Blick auf Blaubeuren, den Rucken und das nahe Rusenschloß hat. Bald sind wir bei seiner Ruine, zu der wir über eine steile Treppe hinaufgelangen. In Windungen wandern wir dann auf dem auf Gerhausen zulaufenden Rücken hinunter zur Bahnlinie, neben der wir auf dem eisernen Steg die Blau überqueren. Wo die Fahrstraße die Schienen überbrückt, biegen wir rechts ab, um auf den Rucken im Stadtinneren zu steigen. Am Nordwesthang geht es auf kurzem Wege hinunter und zurück zum Blautopf.

2 Über das Rusenschloß und den Nägelesfels nach Herrlingen

Blaubeuren – Rusenschloß – Nägelesfels – Wippingen – Herrlingen / 3½ Std. / 160 m Auf- und 130 m Abstieg, anfangs meist Schatten, dann Sonne

Wir überqueren die Blau auf dem Steg neben der Bahnlinie und steigen zum Rusenschloß hinauf, von dem aus wir die Stadt und den ehemaligen Donauumlaufberg Rucken schön überblicken können. Bald sind wir auf der Hochfläche und wandern immer im Wald am Rand des Blautales dahin nach Osten zum Nägelesfels. Unter uns schlängelt sich die Blau durchs feuchte Tal, und am diesseitigen Hangfuß verlaufen Bahn und Straße nach Ulm. Der Fels hat seinen Namen von den Felsennelken, die in der schwäbischen Mundart »Nägele« heißen.

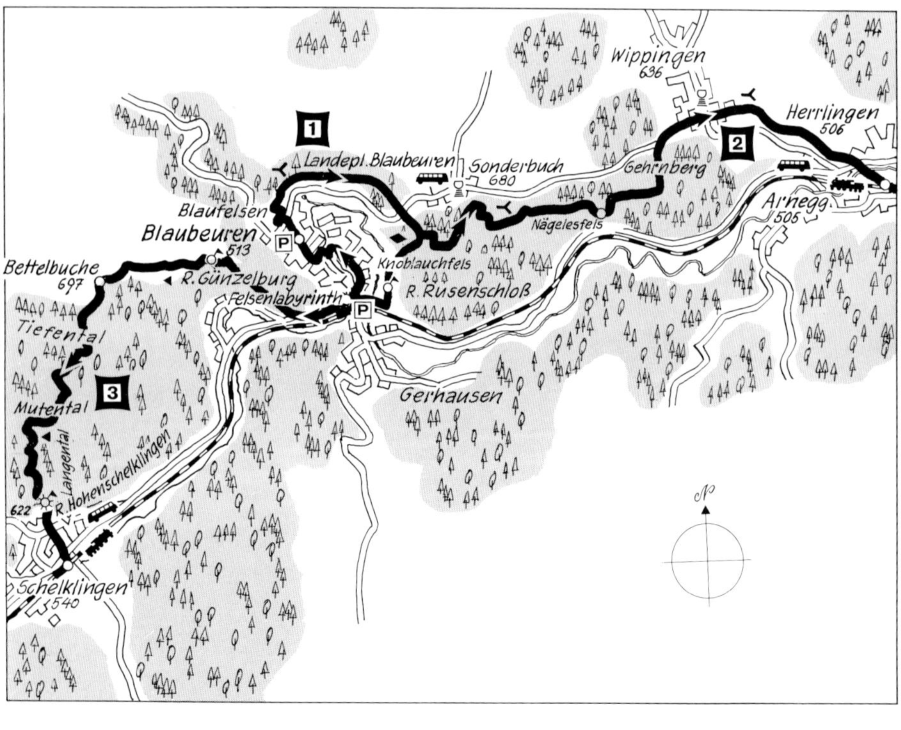

Weiter geht es um die Schlucht des Katzentales herum und durch den Wald des Gehrnberges zur Straße, der wir rechts bis nach Wippingen folgen. In der Dorfkirche, an der wir vorbeikommen, befinden sich gotische Wandmalereien und ein Hochaltar von 1505 aus der Ulmer Schule. Beim Abstieg über die alte Wippinger Steige sehen wir dann den mächtigen Turm des Ulmer Münsters vor uns.

3 »Küssende Sau« und Hohenschelklingen

Blaubeuren – Felsenlabyrinth – Ruine Günzelburg – Tiefental – Ruine Hohenschelklingen – Schelklingen / 3 Std. / je zweimal 150 m Auf- und Abstieg, Sonne und Schatten

Diese Wanderung verläuft wiederum von Anfang bis Ende auf dem Alb-Südrandweg. Vom Bahnhof Blaubeuren aus gehen wir ein kurzes Stück entlang der lärmenden Straße und steigen dann rechts am Hang zum Felsenlabyrinth oberhalb Weiler hoch. Zwei mächtige, sich berührende Felsen haben den Beinamen »Küssende Sau« erhalten. In diesem Felsenlabyrinth befindet sich die – verschlossene – Brillenhöhle, in der Elfenbeinhalsketten, eine Knochenharpune und zertrümmerte Schädel aus der jüngeren Altsteinzeit gefunden wurden, die auf Kannibalismus schließen lassen. Wo unser Weg zum Trauf gelangt, finden wir links draußen die spärlichen Überreste der Günzelburg, die sich einst auf einem hohen Felsen erhob, zu dem man über eine gesicherte Treppe emporsteigt. Eine prachtvolle Aussicht ist der Lohn für den hinter uns liegenden Aufstieg.
Wir steigen wieder in den Burggraben hinunter und hinauf zur Hochfläche, über die es hinübergeht zur Bettelbuche am Seissener Sportplatz. Jetzt wandern wir durch die Bettelstelle abwärts ins stille Tiefental. Zwischen der Bettelstelle und der Rabensteige, das heißt links von unserem Weg, befindet sich das Naturschutzgebiet Rabenstein mit seiner sehr reichen Flora. Insbesondere wachsen hier im Frühling sehr viele Märzenbecher (Leucojum vernum).
Auf der anderen Talseite steigt der Weg ziemlich steil im Wald empor zur Fläche, auf der rechts drüben das Gut Oberschelklingen liegt. Bald geht es ein Stück hinunter ins Längental und rechts am Hang des Mutentales hinauf zum Schloßberg, auf dessen südlichem Sporn die Ruine Hohenschelklingen steht. Außer Mauerresten und dem 30 Meter

hohen Bergfried findet man nicht mehr viel von der Burg, die 1127 erstmals erwähnt wurde; man hat sie nämlich in den Jahren 1721 bis 1724 als Steinbruch benützt, um die Liebfrauenkirche in Ehingen an der Donau zu bauen. Durch das Burgtor und das Vorwerk verlassen wir die Anlage und gelangen über den kahlen Burgberg hinunter nach Schelklingen.

Sehenswertes

Blaubeuren Klosterkirche mit Hochaltar ▪ Heimatmuseum ▪ Urgeschichtliches Museum ▪ Blautopf

Herrlingen Siehe Tour 15

Schelklingen Heimatmuseum mit Funden aus der Steinzeit

Freizeitangebot

Blaubeuren Freibad ▪ Hallenbad ▪ Reiten ▪ Rudern ▪ Fahrradverleih ▪ Klettern ▪ Segel- und Motorflug ▪ Tennis ▪ Skilifte

Schelklingen Freibad ▪ Tennis ▪ Skilift ▪ Langlaufloipen

Verkehrsmittel

Blaubeuren Bahn: Ulm – Freiburg ▪ Bus: Ulm, Laichingen, Geislingen, in die umliegenden Orte auf der Hochfläche und auf dem Hochsträß

Schelklingen Bahn: Ulm – Freiburg ▪ Bus: Reutlingen

Karten

L 7524 Blaubeuren, L 7724 Ulm

Als stiege die »Schöne Lau« aus Mörikes Märchen jeden Augenblick aus den Tiefen des Blautopfs, so verträumt ist der Winkel hinter der alten Hammerschmiede mit dem Wasserrad.

17 Schelklingen

Ältestes Kunstwerk der Menschheit

Angesichts dessen, was man in seiner Umgebung gefunden hat, ist Schelklingen geradezu jung, auch wenn es schon 1184 zum ersten Mal genannt wurde. Zunächst im Besitz der Grafen von Berg, dann österreichisch, kam der Ort erst 1805 an Württemberg. Einige alte Gebäude erinnern noch an frühere Zeiten. Bemerkenswert ist der Freskenzyklus in der Friedhofskapelle. Wahrzeichen der Neuzeit ist das große Zementwerk; es ist gewiß nicht schön, aber man braucht es eben.

Interessant ist die erdgeschichtliche Vergangenheit des Tales, in dem Schelklingen liegt. Hier floß einmal mit vielen Windungen die Ur-Donau von Ehingen über die heutigen Orte Allmendingen, Schmiechen, Schelklingen und Blaubeuren nach Ulm. Dies war am Ende der Tertiärzeit, als die Alb aus dem Miozänmeer herausgehoben wurde und sich die Täler bildeten. Eine Reihe von ehemaligen Umlaufbergen zeugt noch heute hiervon, so der Meisenberg (s. Wanderung 2), der Lützelberg (s. Wanderung 3), der Schelklinger Berg (s. Wanderung 4) oder der Rucken (s. Tour 16/1). Ganz besonders bemerkenswert sind einige Höhlen in der näheren Umgebung des Städtchens. So die Sirgensteinhöhle, in der man Werkzeuge, Waffen und Knochenreste aus der Zeit des Neandertalers gefunden hat. Eine andere Höhle im Achtal, das sogenannte Geißenklösterle, gab gerade in letzter Zeit Geheim-

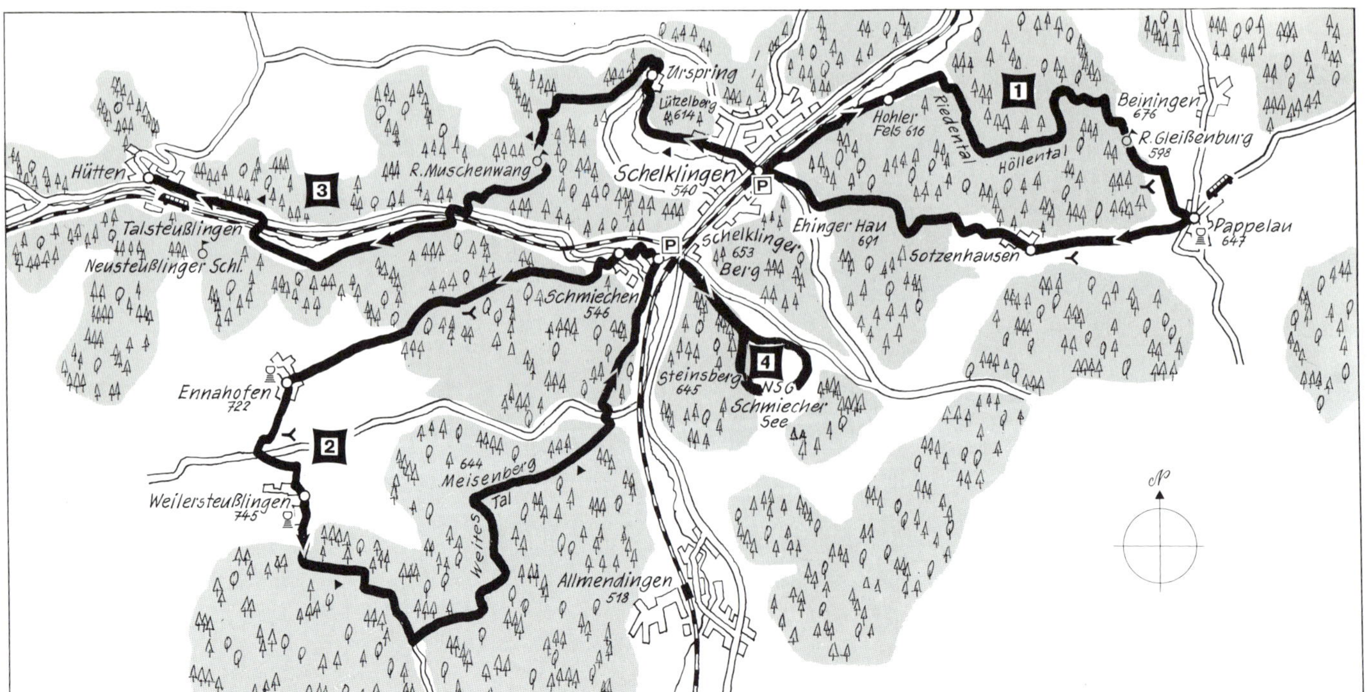

nisse preis, die die Archäologen in Aufregung versetzten: aus Knochen und Elfenbein geschnitzte figürliche Darstellungen, beispielsweise eines Mammuts oder eines Menschen mit erhobenen Händen, letztere nur 40 Millimeter groß und mit einem Alter von 40000 Jahren das älteste bisher bekannte Kunstwerk aus Menschenhand.

1 Durchs Höllental aufs Hochsträß

Schelklingen – Hohler Fels – Riedental – Höllental – Ruine Gleißenburg – Pappelau – Sotzenhausen – Schelklingen / 3½ Std. / 110 m Auf- und Abstieg, Schatten und Sonne

Wir wandern von Schelklingen das Achtal auf der rechten Seite abwärts zum Hohlen Fels. Seine Höhle ist jedoch verschlossen, um Hobby-Archäologen daran zu hindern, auf eigene Faust zu graben und dabei mehr kaputtzumachen als zu entdecken. Hier hat man nämlich Skelette von Bären, Mammuts, Rentieren und Wildpferden gefunden, außerdem Spuren der Besiedelung in der jüngeren Altsteinzeit. Schräg gegenüber auf der anderen Talseite sieht man den Sirgenstein, aus dem ebenfalls zahlreiche Zeugnisse früherer Jahrtausende stammen.

Nach rechts gehen wir jetzt in das Riedental hinein, folgen aber nicht dem Sträßchen nach Sotzenhausen, sondern dem Talweg bis unterhalb dem Nägelesfels, wo das Tal nach links, das heißt nach Osten, abbiegt und ins Höllental übergeht. In diesem Tal wachsen im zeitigen Frühjahr unzählige Märzenbecher (Leucojum vernum). Dort geht links ein Waldweg ab und zieht am Hang empor auf die Hochfläche, wo wir auf den Wanderweg Gerhausen – Pappelau treffen. Diesen schlagen wir nach rechts ein und kommen bald zur Ruine Gleißenburg hoch über dem waldigen Höllental. Von der 1633 zerstörten Burg sieht man heute nicht mehr viel. Interessant ist, daß man hier schon um 1500 eine Wasserleitung besaß.

Im hintersten Winkel der vorgeschichtlichen Donauschleife um den Lützelberg liegt das ehemalige Kloster Urspring.

Wir wandern weiter nach Pappelau, wobei wir über den Russenburren kommen, wo 1814 russische Soldaten ein Lager aufgeschlagen haben sollen. In der Kirche, die zum Teil noch romanisch ist und einen kreuzgewölbten Chor aus dem 14. Jahrhundert aufweist, befindet sich ein Taufstein von 1430 und ein überlebensgroßer Christus von 1518. Über Sotzenhausen und durch den Ehinger Hau kehren wir nach Schelklingen zurück.

2 In die Lutherischen Berge

Schmiechen – Ennahofen – Weilersteußlingen – Weites Tal – Schmiechen / 4½ Std. / 200 m Auf- und Abstieg, viel Sonne

Nach dem Aussterben des Geschlechts derer von Freyberg kam Burg und Herrschaft Neusteußlingen 1581 an Herzog Ludwig von Württemberg. Dieser ließ 1582 die hoch über dem Schmiechtal stehende mittelalterliche Burg abreißen und an ihrer Stelle ein Renaissanceschloß erbauen. Gleichzeitig führte er in den zur Herrschaft gehörenden Dörfern Weilersteußlingen, Ennahofen, Grötzingen und Sondernach die Reformation ein. Diese reformierte Insel im katholischen Meer heißt heute noch Lutherische Berge.

Wir steigen von Schmiechen aus am Südhang des Schmiechtales ziemlich rasch hinauf auf den Nordostsporn der Lutherischen Berge und wandern zunächst durch Wald, dann über Felder hinüber nach Ennahofen. Bei klarem Wetter sollte man nicht versäumen, den etwas westlich vom Dorf stehenden Wasserturm zu besteigen, da man von dort oben eine ganz hervorragende Rundumsicht bis zu den Alpen hat. Von Ennahofen gehen wir auf der Straße, die das Griesstal quert, hinüber nach Weilersteußlingen mit seiner seltenen evangelischen Rokokokirche. Den Weiterweg wählen wir nicht der ins Rauhtal hinabführenden Straße nach, sondern wir bleiben zunächst noch auf der Höhe und kommen durch ein stilles Seitentälchen ins Briel- oder Weite Tal hinunter. Diesem folgen wir zuerst nach Osten, dann nach Norden bis zum Ur-Donautal, das um den Meisenberg herumführte. Schließlich kommen wir in das Schmiechtal und nach Schmiechen zurück.

Nur wenig mehr als der Bergfried kündet von der einstigen Bedeutung der Burg Hohenschelklingen.

3 Über Urspring ins liebliche Schmiechtal

Schelklingen – Urspring – Ruine Muschenwang – Schmiechtal – Talsteußlingen – Hütten / 3 Std. / 180 m Auf- und Abstieg jeweils im Schatten

Wieder einmal unternehmen wir eine Wanderung auf dem Südrandweg. Und zwar gehen wir durchs Ur-Donautal mit dem Umlaufberg Lützelberg hinaus zum verträumten Urspring mit dem ehemaligen Benediktinerinnenkloster von 1258, das 1127 gestiftet worden ist. Nach der Säkularisation war dem Anwesen eine wechselvolle Geschichte beschieden. Es beherbergte zunächst verschiedene Ämter, dann eine Baumwollweberei. Der Kreuzgang wurde zum großen Teil abgebrochen, Kunstwerke wurden entweder zerstört, verschleppt oder verschleudert. Seit 1930 befindet sich eine private Internatsschule in den Gebäuden. Zwischen der ehemaligen Klostermauer und dem Berg entspringt eine sehenswerte Karstquelle.

Von Urspring steigen wir steil auf und gelangen durch den Ausläufer des Sindeltales zum Hof und zur Ruine Muschenwang. Bald geht es über die Eichhalde hinunter ins Schmiechtal und auf der südlichen Talseite aufwärts bis Talsteußlingen unterhalb des Schlosses Neusteußlingen. Hier angelte einstmals Viktor von Scheffel in den Sommerferien Forellen. Nun wandern wir auf die rechte Talseite hinüber und oberhalb der Straße nach Hütten.

4 Ornithologen-Paradies Schmiechener See

Schmiechen – Schmiechener See – Schmiechen / Gehzeit nach Belieben / eben

Eine Viertelstunde südöstlich von Schmiechen befindet sich in einer Schleife der Ur-Donau das Vogelschutzgebiet Schmiechener See, wo man unzählige Vogelarten beobachten kann. Am interessantesten ist es dort zur Brutzeit und im Herbst, wenn Zugvögel hier Station machen. Im Sommer kann es allerdings passieren, daß der See praktisch trocken ist.

Sehenswertes

Schelklingen Siehe Tour 16

Pappelau Kirche mit Taufstein und Christusfigur von 1430 und 1518

Ennahofen Aussicht vom Wasserturm (Schlüssel im Dorf auszuleihen; nachfragen!)

Weilersteußlingen Ev. Rokokokirche

Schmiechen Interessante Pfarrkirche mit Krypta aus dem 13. Jahrhundert ■ Schmiechener See (Vogelschutzgebiet)

Freizeitangebot

Schelklingen Siehe Tour 16

Verkehrsmittel

Schelklingen Siehe Tour 16

Pappelau Bus: Blaubeuren

Schmiechen Bahn: Ulm – Sigmaringen ■ Bus: Schelklingen, Reutlingen

Hütten Bus: Schelklingen, Reutlingen

Karten

L 7722 Munderkingen, L 7724 Ulm

18 Kirchheim

Max Eyth und Jakob Friedrich Schöllkopf

Kirchheim gibt es viele, Kirchheim unter Teck nur eines: ein reizendes Städtchen mit alter Bausubstanz, die noch aus der Zeit des Wiederaufbaus nach dem großen Stadtbrand von 1690 stammt. Besonders sehenswert ist das Rathaus, ein barocker Fachwerkbau. Das Stadtschloß diente den Württembergern als Witwensitz, oder es wurde von Prinzen bewohnt, die in der Thronfolge an aussichtsloser Stelle rangierten. Hier lebte auch die berühmte Franziska von Hohenheim, die morganatische Gattin von Herzog Karl Eugen. Ihr Grab befindet sich in der Stadtkirche, wo auch Konrad Widerholt ruht, der den Hohentwiel so erfolgreich verteidigt hat.

In Kirchheim sind zwei Männer geboren worden, die vor allem im Ausland bekannt wurden. Dies ist einmal der Ingenieur und Schriftsteller Max Eyth, Verfasser von »Hinter Pflug und Schraubstock« und Konstrukteur eines Dampfpfluges, der hauptsächlich in Ägypten, aber auch in Nord- und Südamerika eingesetzt wurde.

Der zweite große Sohn Kirchheims wirkte in den USA; es war Jakob Friedrich Schöllkopf, der Gründer der »Niagara Falls Hydraulic Power Company«, an den die Schöllkopf Bridge an den Niagarafällen erinnert.

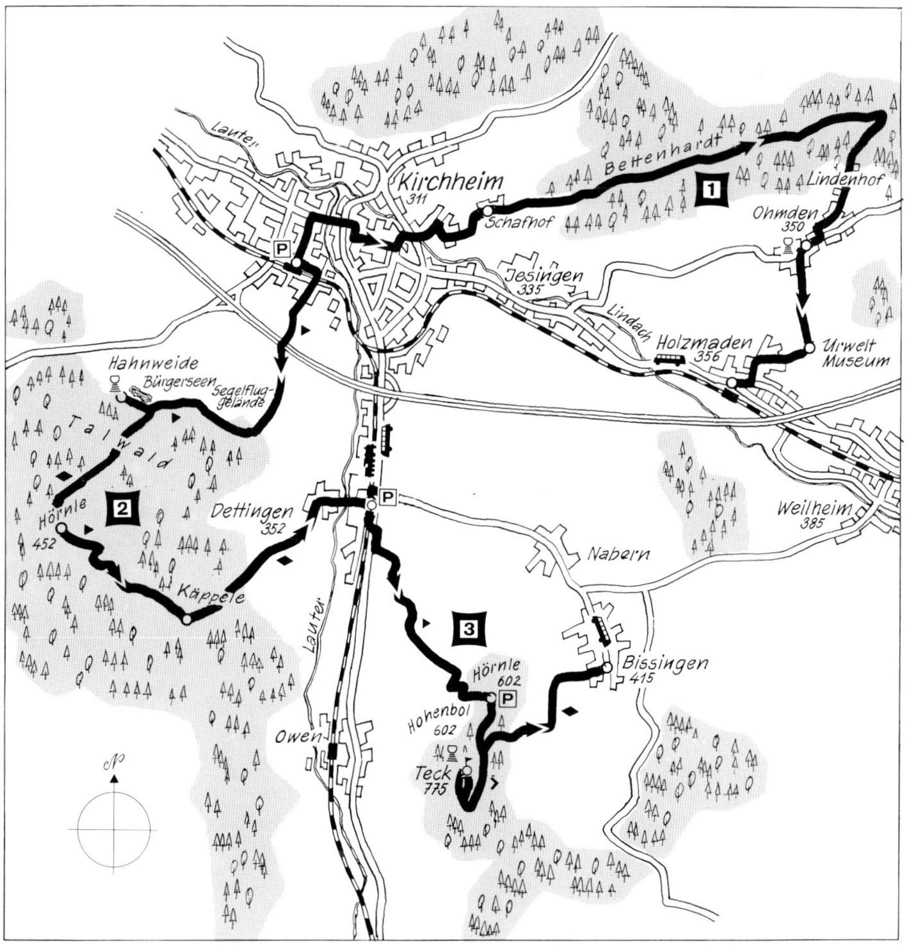

1 Versteinerte Fische, Flugechsen und Wasserlilien

Kirchheim – Schafhof – Kreuzeiche – Ohmden – Holzmaden / 3 Std. / halb Schatten, halb Sonne

Von Kirchheim steigen wir hinauf zum neuen Wohnviertel Schafhof. Am gleichnamigen Bauernhof vorbei wandern wir zunächst am Waldrand entlang und dann hinein in den Bettenhardt. Wenn man auf dem Wege zur ehemaligen Kreuzeiche die kleineren Querwege links und rechts hineingeht, wird man entdecken, daß diese mit Schieferbruch befestigt worden sind, in denen sich unzählige versteinerte Schnecken befinden. Spaziert man beim Spiel- und Rastplatz auf der Straße Ohmden – Schlierbach geradeaus weiter, so kommt man an verschiedene eingezäunte Schieferbrüche, in denen man bedeutende Versteinerungsfunde macht. Man lasse sich aber nicht verleiten, hier auf eigene Faust zu graben, denn das Gebiet zwischen Kirchheim, Weilheim und Bad Boll ist ein Schutzgebiet, wo Hobbygräber und -klopfer bis zu 20000 DM berappen müssen, wenn man sie beim Beiseiteschaffen eines bedeutenden Versteinerungsfundes erwischt. Lassen wir es also dabei bewenden, uns mit den Bruchstükken zu beschäftigen, die allenthalben auf und neben den Waldwegen herumliegen.

Etwa 1 Kilometer nach der Straße kommen wir an den kleinen Schlierbach. Dort biegen wir scharf rechts ab und wandern hinüber zum Lindenhof und weiter nach Ohmden, in dessen Kirche sich vier Bildtafeln – »Cosmas und Damian« – von Thomas Schick befinden, die um 1500 entstanden sind.

Von der Kirche gehen wir südlich auf der Straße nach Holzmaden, wo wir auf gar keinen Fall das Urweltmuseum versäumen dürfen; wir kommen direkt daran vorbei.

Im Erdmittelalter, also vor etwa 150 Millionen Jahren, befand sich hier das Jurameer, das durch Ablagerungen Juragesteine bildete, in denen sehr viele Versteinerungen enthalten sind. Je nach ihrer Farbe bezeichnet man die Juraschichten als weissen (Malm), braunen (Dogger) oder schwarzen (Lias) Jura, die wiederum in sechs Untergruppen einge-

teilt werden. Der Albtrauf besteht aus gebankten oder massigen Weißjurakalken, die Gegend um Holzmaden aus schwarzem Jura, hier speziell dem Posidonschiefer (Lias epsilon), benannt nach der versteinerten Muschel Poseidonia, die Leitfossil dieser Schicht ist. Das aus Faulschlamm entstandene Schiefergestein enthält Steinöl, das man im Mittelalter gewonnen hat. In der Not des Dritten Reiches wurden dann wiederum Versuche unternommen, aus dem Schiefer Mineralöl zu gewinnen, aber man ist dabei auf keinen grünen Zweig gekommen. Der ölhaltige Schiefer brennt, und so ist es schon passiert, daß Kartoffelfeuer die Erde in Brand setzten. Am bekanntesten wurde der sechsjährige Schieferbrand um 1670, aber auch 1936 brannte eine Erdfläche bei Bad Boll über eineinhalb Jahre lang und verpestete die Luft abscheulich.
Zwischen dem heutigen Kirchheim und dem Albrand bestand einst auf dem Meeresboden eine Senke, in der es überhaupt keinen Sauerstoff gab. Meeresströmungen transportierten zudem abgestorbene Pflanzen und Tiere hierher. Da diese nicht verwesen konnten, wurden sie völlig unversehrt, oft mit den Weichteilen wie Haut und Muskeln, im Schlamm eingebettet und versteinert. Die Leute um Dr. Bernhard Hauff haben sich auf das Herauspräparieren von Pflanzen und Tieren aus dem Schiefergestein spezialisiert. Daß sie dieses Metier meisterlich beherrschen, bezeugt das Urweltmuseum in Holzmaden.

Im Urweltmuseum Hauff in Holzmaden sind seltene Versteinerungen in großer Zahl zu sehen; hier ein Ammonit (Harpoceras).

2 Bürgerseen und Käppele

Kirchheim – Hahnweide – Bürgerseen – Käppele – Dettingen / 3 Std. / halb Sonne, halb Schatten

Bei Dettingen am Fuße der Teck bestand bis zum Kriegsende eine bekannte Segelflugschule, wo man vom ersten Hopser mit Gummiseil-Start bis zum Schleppflug alles lernen konnte. Als nun die Gemeinde Dettingen in den letzten Kriegstagen im April 1945 sehr schwere Zerstörungen erlitt, schob man die Schuld der Flugschule zu und schwor sich, daß hier nie mehr geflogen werden sollte. Die Stadt Kirchheim hat sich dies zunutze gemacht und auf der Hahnweide einen Segelflugplatz eingerichtet, der inzwischen weit über die Grenzen der Bundesrepublik, ja über Europa hinaus, bekannt und beliebt ist. Dorthin wandern wir heute und sehen dem vielfältigen Treiben zu. Dann spazieren wir weiter zu den Bürgerseen, die sich zwischen dem Flugplatz und dem Talwald befinden.
Von dort gehen wir durch den Wald, an der Wechseleiche vorbei hinauf zum Hörnle und hinüber zum Käppele, wo sich der Blick nach Kirchheim, auf Dettingen und zur Teck öffnet. Über Felder und durch Obstgärten wenden wir uns schließlich hinunter nach Dettingen.

3 Über die Teck

Dettingen – Teck – Bissingen / 2½ Std. / 410 m Auf- und 360 m Abstieg, nur im oberen Teil schattig

Von Dettingen, das sich in den letzten Jahren zu einem bekannten Umschlagplatz für Antiquitäten gemausert hat, steigen wir hinauf zwischen Hörnle und Hohenbol – beides Vulkanembryonen aus Basalttuff – zum Wanderparkplatz am Waldrand und weiter zur Burg Teck, um die meist mehr oder weniger viele Segelflugzeuge kreisen. Prächtig ist der Blick nach allen Seiten, ins Vorland und zum Albrand, von dem der Teckberg ziemlich weit abgesetzt ist; in einigen Jahrtausenden wird die Teck als Zeugenberg frei in der Landschaft stehen.
Die Burg Teck wurde um 1150 von den Zähringern erbaut, die seinerzeit noch hier in der Gegend residierten, 1439 aber ausstarben. Eine andere Linie dieses Geschlechtes erlosch 1218 im Breisgau, während der dritte Zweig bis zur Revolution im Jahre 1918 das badische Herrscherhaus stellte. Kaiser Maximilian verlieh 1495 dem Grafen Eberhard im Bart den Titel Herzog von Teck. Die Burg fiel 1525 dem Bauernkrieg zum Opfer. Prinz Franz von Württemberg wurde 1871 zum nächsten Herzog von Teck ernannt. Dessen Tochter Maria war die berühmte Queen Mary von England und damit die Großmutter der heutigen Königin Elizabeth.
Bevor wir nach Bissingen absteigen, können wir noch die Sybillenhöhle aufsuchen, die sich im Felsen unter der Burg befindet. Hierzu gehen wir gleich nach dem Burgtor links, nach dem Besuch der Höhle weiter um den ganzen Teckfelsen herum und stoßen dann wieder auf das Zufahrtssträßchen, das wir hinunterlaufen, um es nach kurzer Zeit rechts abwärts zu verlassen. Bald treten wir aus dem Wald und sehen unser Ziel Bissingen vor uns.

Sehenswertes

Kirchheim Historische Innenstadt mit Teilen der mittelalterlichen Stadtbefestigung ■ Martinskirche mit hochgotischem Chor ■ Renaissanceschloß ■ Rathaus

Ohmden Altar in der Dorfkirche mit Bildtafeln von Schick (um 1500)

Holzmaden Urweltmuseum Hauff

Bissingen Spätgotische Marienkirche

Freizeitangebot

Kirchheim Hallenbad ■ Freibad ■ Reiten ■ Fliegen ■ Tennis ■ Minigolf

Verkehrsmittel

Kirchheim Bahn: Wendlingen – Oberlenningen ■ Bus: u.a. Weilheim, Ochsenwang

Ohmden und Holzmaden Bus: Kirchheim

Dettingen Bahn: Wendlingen – Oberlenningen ■ Bus: Ochsenwang, Weilheim

Bissingen Bus: Kirchheim, Weilheim, Ochsenwang

Karten

L 7322 Göppingen, L 7522 Urach

Mittelpunkt der schönen Kirchheimer Altstadt ist das Fachwerk-Rathaus mit Turm und Laterne von 1722.

Gaststätte
EDUSCHO

19 Weilheim/ Neidlingen

Des Ländles Kirschgarten

Auch Weilheim trägt als Unterscheidungsmerkmal zu den vielen anderen Orten gleichen Namens den Zusatz »unter Teck«, obwohl es an sich nicht unter der Teck, sondern unter der Limburg liegt. Wie Kirchheim war auch Weilheim ein Zähringer-Städtchen. Berthold I. residierte um 1050 in der Burg auf dem vulkanischen Bergkegel. Er stiftete 1073 das Kloster St. Peter in Weilheim, das sein Sohn Berthold II. 1093 in den südlichen Schwarzwald verlegte. Dort, am Ostabhang des Kandel, bestand es bis ins 19. Jahrhundert und hat bedeutende Leute hervorgebracht. Die berühmteste Persönlichkeit war wohl Pater Thaddäus Rinderle, der sich als Konstrukteur von optischen Geräten und vor allen Dingen im Schwarzwälder Uhrenbau hervortat. Die Zähringer, die fortan im Breisgau lebten, ließen als praktisch letztes Zeugnis eine romanische Kirche zurück, auf deren Fundament Peter von Koblenz, dem wir auch in Blaubeuren, Urach, Reutlingen und anderen Orten begegnen, 1489 eine sehr schöne Kirche erbaute, deren Besichtigung ein »Muß« ist.

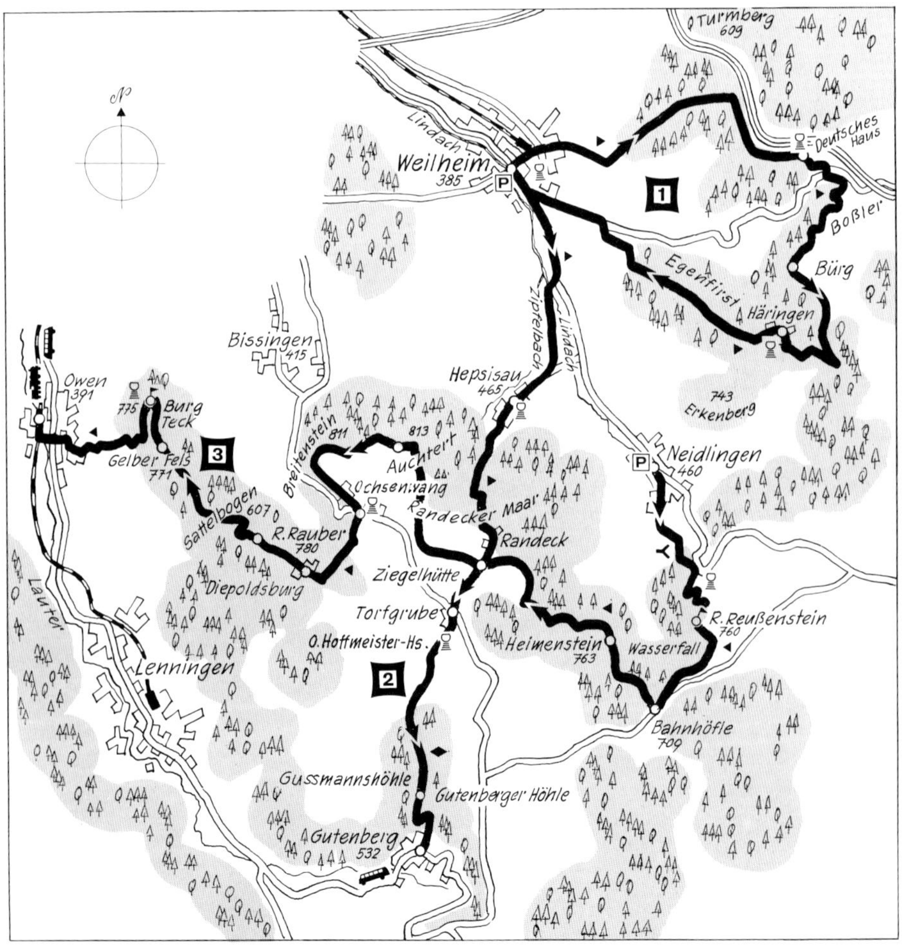

Etwas weiter südöstlich liegt in einem Talkessel der kleine Ort Neidlingen, das die Württemberger 1650 Konrad Widerholt zum Lehen gaben. Mehr als 20000 Kirschbäume wachsen auf der Gemarkung, über der kühn auf einem Felsen die Ruine Reußenstein thront.

1 Höhenwanderung über Weilheim

Weilheim – Deutsches Haus – Boßler – Häringen – Weilheim / 4 Std. / 400 m Auf- und Abstieg, jeweils in zwei Raten, Schatten und Sonne

Wir steigen in Richtung auf den Turmberg an, wo sich auch die Autobahn Stuttgart – München über den berüchtigten Aichelberg-Viadukt emporwindet. Leider läßt es sich nicht umgehen, daß wir etwa 20 Minuten lang neben dieser lärmenden, stinkenden Verkehrsader wandern müssen, bis wir zum Deutschen Haus abbiegen und dann den steilen Anstieg zum Boßler angehen können. Da der Zickzackweg meist im Schatten verläuft, ist die Sache nicht ganz so schweißtreibend, wie sie sich vielleicht von unten ausmacht. Oben auf dem Gipfel erhalten wir – wie so oft – den verdienten Lohn in Form eines herrlichen Ausblicks auf den Albrand und das Vorland. Was es mit dem Denkmal auf sich hat, wurde schon bei Tour 13/2 erläutert.
Weiter geht es zum Aussichtspunkt Bürg, und bald kommt auch die Abzweigung nach rechts, wo wir am Grat des Erkenberges absteigen, bis wir nochmals rechts abbiegen, um sehr rasch nach Häringen zu gelangen. Was München für die Biertrinker, das ist Häringen für die Mostliebhaber. Dort gab es immer Most, auch als es allgemein Mode war, Flaschenbier zu trinken und wo jemand, der in einer Wirtschaft sonstwo nach Most fragte, dumm angeschaut wurde. Nun, der gute alte schwäbische »Moscht« hat in der Zwischenzeit eine regelrechte Renaissance gefeiert, und man kann ihn vor und auf der Alb allenthalben wieder bekommen, auch wenn er meist nicht auf der Getränkekarte zu finden ist.
Von Häringen geht es dann weiter über den Egenfirst nach Weilheim hinunter.

Auf steilem Felsen hoch über dem Neidlinger Talkessel ragen die Mauern der Ruine Reußenstein in den Himmel.

2 Das größte Maar der Alb

Weilheim – Hepsisau – Zipfelbachschlucht – Randecker Maar – Torfgrube – Gutenberger Höhlen – Gutenberg / 3½ Std. / 370 m Auf- und 220 m Abstieg, meist im Schatten

Von Weilheim wandern wir an Lindach und Zipfelbach entlang nach Hepsisau und weiter durch die Zipfelbachschlucht in das Randecker Maar, den größten ehemaligen Vulkankrater der Schwäbischen Alb. Das oft bescheidene Bächlein hat es geschafft, das Maar im Laufe von Jahrmillionen aufzuschneiden und zu entwässern. Kurz hinter dem Hof Randeck gehen wir rechts hinüber und an der Ziegelhütte vorbei; von dort hat man nämlich den wohl schönsten Blick in den Maarkessel, und überdies findet man eine schriftliche Klärung der Fragen, die sich um das Maar ergeben.
Nun geht es wieder zurück zum Sträßchen und weiter am Otto-Hoffmeister-Haus vorbei ins Naturschutzgebiet Torfgrube. Dort, wo die Zufahrt zum Gasthaus von der Ochsenwanger Straße abzweigt, befindet sich neben der Straße ein tiefes Loch, in dem ein vom Hochmoor herüberfließender Bach verschwindet. Wie der Name sagt, wurde hier etwa seit 1600 Torf gestochen, der vornehmlich als Brennmaterial Verwendung fand. Es ist dies das einzige Hochmoor der Schwäbischen Alb, weshalb es unter Naturschutz gestellt wurde, damit es nicht vollends zerstört wird. Auf einem aus alten Eisenbahnschwellen gebauten Weg kann man das Moor durchqueren, um die interessante Pflanzenwelt zu studieren.
Am Kreuzstein vorbei geht es weiter zur Schluchtspitze, in die wir hineinwandern, um zu den Gutenberger Höhlen zu gelangen. Die Gussmannshöhle ist nach dem Gutenberger Pfarrer benannt, der die Höhlen kurz vor der Jahrhundertwende entdeckt und dort durch Grabungen wertvolle Funde gemacht hat. In einer knappen ½ Stunde sind wir dann drunten in Gutenberg, wobei wir im Sommer am Weg dorthin auffallend viele und große Exemplare des Würgers (Orobanche) finden.

3 Vom Reußenstein zur Teck

Neidlingen – Ruine Reußenstein – Bahnhöfle – Heimenstein – Randecker Maar – Auchtert – Breitenstein – Ruine Rauber – Sattelbogen – Gelber Fels – Burg Teck – Owen / 5½ Std. / 300 m Auf- und 380 m Abstieg, Sonne und Schatten / während der Kirschblüte besonders zu empfehlen!

Von Neidlingen können wir entweder direkt oder aber mit einem kleinen Umweg über den Neidlinger Wasserfall zur Ruine Reußenstein aufsteigen. Der Umweg lohnt sich dann, wenn die Lindach viel Wasser hat, was wir in Neidlingen schon feststellen können. Den Reußenstein haben wir dabei immer wieder vor und über uns, und der großartige Eindruck, den insbesondere die Lage der Burg macht, verstärkt sich, je mehr wir uns ihr nähern. Wer zur Zeit der Kirschblüte diese Tour macht, schaut von der Ruine auf ein einziges Blütenmeer hinab.
Nun wandern wir wieder einmal auf dem Alb-Nordrandweg bis zu unserem heutigen Endpunkt. Als nächstes kommen wir zum »Bahnhöfle« hinunter, einer vielfachen Wegekreuzung, an der aber noch nie ein Zug gehalten hat. Hinüber geht es hart an der Steilkante entlang zum Heimenstein, dessen Höhle man gefahrlos betreten kann, wenn man sich nicht vor kurzzeitiger absoluter Dunkelheit fürchtet, sich links hält und auf seinen Kopf aufpaßt. Man gelangt in der Felswand des Heimensteins wieder ins Freie und hat einen malerischen Ausblick auf den Reußenstein.
Unser nächstes Ziel ist das Randecker Maar, das wir umrunden, um zum Auchtert und zum Breitenstein emporzusteigen. Das waren die Lieblingsorte von Eduard Mörike, der im nahen Ochsenwang Pfarrverweser war; wenn man dort oben steht und ins Land schaut, dann weiß man schon, warum!
Über die Diepoldsburg, ein Erholungsheim, kommen wir zur Ruine Rauber und hinunter zum Sattelbogen, wo das Teck-Massiv den Albrand berührt. Jetzt aufwärts zum Gelben Felsen und hinüber zur Teck – im Frühjahr blühen hier massenweise Scillas! –, über die schon bei Tour 18/3 berichtet wurde. Von hier aus geht es dann schnellen Schritts hinunter nach Owen.

Sehenswertes

Weilheim Peterskirche mit Barockorgel ■ reizvoller Stadtkern

Ochsenwang Kirche und Mörike-Haus

Freizeitangebot

Weilheim Freibad ■ Tennis ■ Reiten

Verkehrsmittel

Weilheim Bus: Kirchheim, Göppingen Neidlingen, Bissingen

Neidlingen Bus: Kirchheim

Ochsenwang Bus: Kirchheim

Gutenberg Bus: Kirchheim, Donnstetten

Karten

L 7322 Göppingen, L 7522 Urach

Durch den vom Zipfelbach aufgeschnittenen Rand des Randecker Maares sieht man den Vulkankegel der Limburg.

20 Lenninger Tal

Burgen und Felsen

Eines von mehreren Flüßchen mit dem Namen Lauter, die es an oder auf der Alb gibt, fließt von Gutenberg bzw. Schlattstall in Richtung Kirchheim durch ein Tal, das nirgendwo mit Lautertal bezeichnet wird: Man spricht nur vom Lenninger Tal, obwohl der Hauptort an sich Owen ist, dessen Name kurioserweise »Auen« ausgesprochen wird. Dies kommt wohl daher, daß die frühere Alemannensiedlung »Owon« hieß, also nichts mit einer Aue zu tun hat und erst recht nicht davon beeinflußt wurde, daß Viktoria Maria Adelheid von Teck die nachmalige Queen Mary von England wurde.
Owen war Hauptstadt der Herrschaft Teck. Die Herzöge von Teck waren kein anderes Geschlecht als die Zähringer, die sich diesen Namen einfach zulegten, obwohl es nie ein Herzogtum Teck gab. Das Geschlecht der Teck erlosch 1439. Eine Wiederbelebung des Namens erfolgte zweimal, und zwar 1495 – Graf Eberhard im Bart wurde Herzog von Teck – und 1871, als Prinz Franz von Württemberg den Titel zuerkannt bekam. Der Urgroßvater der jetzigen englischen Königin hatte also keinerlei Blutsverwandtschaft mit den Gründern der Teck.
Im Zweiten Weltkrieg hieß es im Lenninger Tal, hier sei man vor englischen Bomben sicher, weil die englische Königin von der Teck stamme. Owen und das benachbarte Dettingen wurden aber in den letzten Kriegstagen doch noch durch Bomben und Granaten aufs schwerste getroffen.
Eduard Mörike war in Owen zwischen 1829 und 1833 Vikar; es war die Zeit, als er an »Maler Nolten« arbeitete. Ein anderer Stadtpfarrer, Wilhelm Zimmermann, war Verfasser einer Geschichte der Bauernkriege; diese diente Gerhart Hauptmann als Vorlage für den »Florian Geyer«.
Das Lenninger Tal, das seinen Namen von den damaligen Gemeinden Unter- und Oberlenningen bekommen hatte, ist eines der schönsten des Alb-Nordrandes. Mächtige Felsen und stolze Burgen krönen es zu beiden Seiten, geheimnisvolle Höhlen verleihen ihm einen romantischen Reiz.

1 Auf die Baßgeige

Owen – Brucker Fels – Beurener Fels – Heidengraben – Hülben – Kammfels – Kesselfinkenloch – Konradfels – Oberlenningen / 4 Std. / 340 m Auf- und 270 m Abstieg, meist im Schatten / Kompaß mitnehmen!

Auf dem Nordrandweg wandern wir aus Owen hinaus und machen uns gleich an den Aufstieg zur Baßgeige, einem Berg, der recht imposant vor uns steht. Links neben unserem Weg ist das Bölle, ein Vulkanembryo. Bald sind wir am Wald, dann geht es los mit einem happigen Aufstieg: Nur Mut, wir wissen ja, daß uns oben wieder etwas ganz Besonderes, nämlich ein großartiger Ausblick erwartet! Am Brucker Fels können wir uns ausruhen und sattsehen. Über die Mauerreste, die sich hinter dem Felsen finden, weiß man nichts; es wird vermutet, daß sie aus fränkischer Zeit stammen.
Wir wandern am Trauf der Baßgeige entlang und kommen über einen schmalen Grat zum Beurener Fels, wo die Aussicht von der mächtigen Ruine Hohenneuffen bestimmt wird (s. Tour 23/2). Vom Fels gehen wir ein Stück den gleichen Weg zurück bis an den Waldrand, dann über Wiesen hinunter zum Heidengraben, mit dem die Baßgeige gegen die Hochfläche geschützt wurde; die Berghalbinsel war nämlich in der Hallstattzeit eine Fliehburg. Auf den Heidengraben stoßen wir auch noch bei anderen Wanderungen, da mit ihm das ganze Gebiet um die jetzigen Dörfer Erkenbrechtsweiler und Grabenstetten abgeschirmt wurde.
Nun geht es durch Erkenbrechtsweiler und hinüber nach Hochwang, einem »synthetischen« Dorf, das 1952 in einem Zuge gebaut worden ist; es gehört zu Oberlenningen, wo der größte Teil der

Bewohner in der Papierfabrik arbeitet. Am Trauf erreichen wir nach kurzer Zeit den Kammfels, den wohl schönsten Ausguck auf dieser Seite des hinteren Lenninger Tales. Links gegenüber sieht man die Ruine Wielandstein, rechts die Teck mit dem Gelben Felsen. Über dem Sattelbogen erscheint an klaren Tagen der Hohenstaufen; drunten im Tal steht auf einem weiteren Vulkanembryo die Ruine Sulzburg.
Kurz nach dem Schluchtwinkel neben der Hochwanger Steige ist das Naturdenkmal Kesselfinkenloch, eine ehemalige Höhle, bei der außer dem Eingangstor alles eingestürzt ist. Unser nächstes Ziel, der Konradfels, ist wieder einmal eine geologische Besonderheit: Wenn Sie einen Kompaß dabei haben, sollten Sie den jetzt einmal genau beobachten. Hier ist nämlich kein Verlaß auf ihn, denn er wird von dem anomal hohen Erdmagnetismus des Basalttuffs abgelenkt. Der Konradfels ist ein Vulkanembryo, und da er der Erosion mehr Widerstand entgegensetzte als seine Umgebung, ist die Felsennadel nichts anderes als der ehemalige Vulkanschlot, der in der Röhre erstarrte Lavafluß.
Rasch geht es nun hinunter nach Oberlenningen.

2 Ruine Wielandstein

Oberlenningen – Ruine Wielandstein – Krebsstein – Gutenberger Höhlen – Gutenberg – Oberlenningen / 3 Std. / 225 m Auf- und 190 m Abstieg, jeweils meist im Schatten

Über einen naturkundlichen Pfad steigen wir im reichlichen Zickzack auf zur Ruine Wielandstein, die in den letzten Jahren wieder etwas instandgesetzt und konserviert wurde. Um 1240 stand hier eine dreiteilige Burg (Wahrheit), die von drei feindlichen Brüdern bewohnt war (Sage). Sie wechselte mehrmals den Besitzer und wurde zuletzt als Steinbruch benutzt. Nachdem wir die ehemals etwa 400 Meter lange Burg durchmessen haben und auf der Hochfläche angelangt sind, wandern wir ohne viel Höhenunterschied über Feld, durch Wald und wieder über Feld nach Krebsstein hinüber, einem winzigen Dorf hart am Abgrund. Auf dem Zufahrtssträßchen geht es in den Schluchtwinkel, den wir hinuntersteigen, um zu den Gutenberger Höhlen und später ins Tal nach Gutenberg zu gelangen.
Auf dem alten Römerweg wandern wir dann talauswärts nach Oberlenningen zurück.

3 Goldloch, Schrecke und Ruine Hofen

Schlattstall – Goldloch – Schrecke – Heidengraben – Grabenstetten – Ruine Hofen – Schlattstall / 2½ Std. / je 200 m Auf- und Abstieg, meist schattig

Schlattstall ist ein verträumter Flecken in einem kleinen Tälchen, das vom Lenninger Tal abzweigt. In ihm entspringt mit zwei Quellen die Schwarze Lauter. Die sogenannte Vordere Quelle, auch Goldloch genannt, finden wir direkt am Ortsrand. Aus einem mächtigen Felsenloch quillt hier während der Schneeschmelze ein Sturzbach hervor, in sehr trockenen Sommern kann es auch nur ein bescheidenes Rinnsal sein. Dann schüttet auch die Hintere Quelle nichts mehr, so daß wir durch ein Trockental zur Großen Schrecke wandern.
Dort windet sich der Wanderweg in steilem Zickzack und über eine Treppe an einer senkrechten Felswand vorbei. Der Steig ist bei Trockenheit gut zu begehen; bei nassem Boden ist große Vorsicht am Platze, denn dann besteht Rutschgefahr, auch ist es sehr schmutzig! Der schmale Pfad führt hoch über dem engen Tal hinüber zum Schreckenfelsen mit hübschem Ausblick talaus. Bald kommen wir zum Heidengraben an der Straße Grabenstetten – Böhringen. Dieser keltischen Befestigung begegnen wir auch bei den Touren 20/1 und 21/3.
Durch das schmucke Grabenstetten wandern wir hinüber zur Ruine Hofen hoch über dem Lautertal, von der nur wenige Reste übriggeblieben sind, jedoch hat man eine schöne Aussicht ins Tal und auf die gegenüberliegenden Höhen. Ein schmaler Steig leitet uns ins Tal hinunter nach Schlattstall, wo man zum Abschluß der Wanderung im »Hirsch« gut einkehren und Wein vom Fass (!) trinken kann.

Sehenswertes

Owen Marienkirche (Übergangsform von Basilika zur Hallenkirche), im Chor Grabmale der Herzöge von Teck

Freizeitangebot

Owen Tennis ■ Modellflug

Oberlenningen Freibad

Schopfloch Skilift ■ Langlaufloipen

Verkehrsmittel

Owen Bahn: Kirchheim – Oberlenningen ■ Bus: Kirchheim, Donnstetten

Oberlenningen Bahn: Kirchheim ■ Bus: Kirchheim, Hülben, Donnstetten

Karte

L 7522 Urach

Im Talschluß des Lenninger Tales liegt Gutenberg zu Füßen der versteinerten Schwammstotzen der Pfulbfelsen.

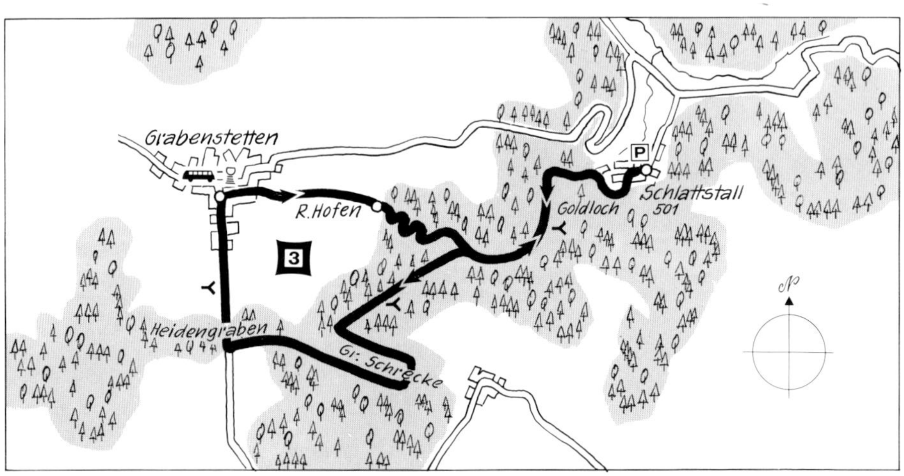

21 Rund um den Römerstein

O Täler weit, o Höhen

Ob nun der Name von der ehemaligen Römersiedlung an seinem Fuße oder von der Bezeichnung eines Flurstücks herrührt, darüber gehen die Meinungen auseinander. Einer Meinung aber sind alle, die den Aussichtsturm auf dem Römerstein bestiegen haben: Kein Punkt der mittleren Alb bietet schönere Ausblicke auf den Albrand und auf die Hochfläche zugleich. Auf eines muß man aber achten: Der Turm ist nur sonntags geöffnet, werktags muß man den Schlüssel im Gasthaus »Hirsch« in Böhringen mitnehmen und später wieder dort abgeben.

Nach Norden schauen wir ins Lauter- oder Lenninger Tal mit seinen Ursprüngen bei Gutenberg und Schlattstall. Da sind die Höhen links und rechts des Tales mit Baßgeige und Teck, da ist der Albtrauf von Nordosten her mit Kaltem Feld, Messelstein, Fuchseck, Kornberg, Boßler und Breitenstein, im Vorland als Zeugenberge Rechberg und Hohenstaufen. Nach Nordwesten reihen sich die Traufberge der Uracher und Reutlinger

In der schönsten Hüle der Schwäbischen Alb spiegelt sich die Zaininger Martinskirche.

Alb; das Roßfeld mit der Hohen Warte und der Roßberg bei Gönningen stechen hervor.
Nach Süden und Osten blickt man über die Kuppen der Hochfläche, beispielsweise die durch Aussichtstürme gekennzeichneten Höhen des Sternbergs und des Augstbergs, die im Südwesten ganz nahe beieinander stehen. Schön sieht man den Maarkessel, in dem Donnstetten, das römische Clarenna, liegt. Und wer Glück hat, kann über der Hochfläche die ganze Kette der Alpen bewundern.

1 Ruine Sperberseck und Mondmilchhöhle

Böhringen – Ruine Sperberseck – Donntal – (Schlattstall) – Lange Steige – Böhringen / 3½ Std. / 230 m Ab- und Aufstieg, ziemlich schattig

Von Böhringen gehen wir den Schildern »Ponyreiten« nach genau nördlich und kommen zum Aussichtspunkt Älbe, wo man bei klarem Wetter die Alpen sehen kann. Hinunter zum Schluchtwinkel, dort aber rechts hinüber, treffen wir beim alten Burgbrunnen, der ein wenig östlich im Wald liegt, auf den Wanderweg, der uns zur Ruine Sperberseck hinausführt. Diese ist – wie so viele Burgen im Altkreis Nürtingen – in den letzten Jahren wieder ausgeholzt und konserviert worden, damit sie der Nachwelt erhalten bleibt. Von dort oben hat man einen hübschen Ausblick auf Krebsstein, Gutenberg und das Donntal, in das wir hinuntersteigen. Dabei kommen wir an der Mondmilchhöhle vorbei, zu der ein kleiner Abstecher notwendig ist. Diese 150 Meter lange Höhle kann man nur mit einer Taschenlampe betreten.
Um nicht auf der Landstraße wandern zu müssen, sollten wir nicht ganz auf die Sohle des Donntales hinuntergehen, sondern kurz vor dem Austritt aus dem Wald den annähernd ebenen Weg benützen, der halblinks abzweigt und um den Pfingstberg herumführt. Wer in Schlattstall einkehren will, kann dann ins Dörfchen absteigen; wer dies nicht vorhat, der gehe auf diesem Weg weiter direkt ins Tal der Langen Steige, durch das wir bequem wieder auf die Hochfläche hinaufwandern. Bei der ersten Teilung des Tälchens halten wir uns rechts, bei der zweiten – vor dem ehemaligen Müllplatz – links. So stoßen wir auf einen Weg, der uns nach Böhringen hineinführt. Wer gerne gut schwäbisch ißt, dem sei hier das »Gasthaus zum Hirsch« empfohlen.

2 Zur schönsten Hüle der Alb

Böhringen – Zainingen – Römerstein – Böhringen / 3 Std. / Sonne und Schatten, geringe Höhenunterschiede

Wir wandern ziemlich genau südlich aus Böhringen hinaus, an der kleinen Fabrik vorbei, über die Bundesstraße 28 und dann den ebenen Betonweg immer geradeaus über das freie Feld in den Wald hinein. Dieser Weg senkt sich und führt in den hintersten Ausläufer des Fischburgtales, das hier Bental heißt. Dort beginnt der große Truppenübungsplatz Münsingen, kenntlich gemacht an den knallgrün angestrichenen Grenzsteinen. Das Fischburgtal, das eines der schönsten und unberührtesten Albtäler war, hat man vor einigen Jahren mit dem Argument kaputtgemacht, man müsse den Bewohnern der Dörfer um den Römerstein eine neue Straße bauen, damit sie nicht den Umweg über Urach zu nehmen brauchen, wenn sie auf ihr Landratsamt nach Münsingen wollen; der direkte Weg dorthin war ja schon seit vielen Jahrzehnten durch den Truppenübungsplatz abgeschnitten. Nun, heute ist das Landratsamt in Reutlingen, aber das Tal bleibt zerstört. Das Betreten des Truppenübungsplatzes ist verboten und riskant. Wir biegen also direkt hinter dem Waldrand links in den Waldweg ein und gehen solange geradeaus bergauf, bis wir auf einen breiten Holzabfuhrweg kommen, dem wir nach rechts folgen. Er führt nahezu eben um den Muschenwang herum nach Zainingen.
Zainingen hat als Besonderheit eine der letzten, mit Sicherheit aber die schönste, sehenswerteste Hüle der Alb aufzuweisen. Da an deren Ufer eine Informationstafel aufgestellt ist, sei hier verzichtet, im einzelnen darauf einzugehen, was eine Hüle oder Hülbe ist und wie sie entstand. Es sei nur gesagt, daß dies in früherer Zeit die einzigen Wasserspeicher der Alb waren und daß deshalb immer dort, wo sich Hülen befanden, Menschen siedelten. Nach dem Bau der Albwasserversorgung wurden die Hülen überflüssig, und man hat sie leider meist zugeschüttet. So hatte Zainingen früher vier Hülen, dann waren es noch zwei,

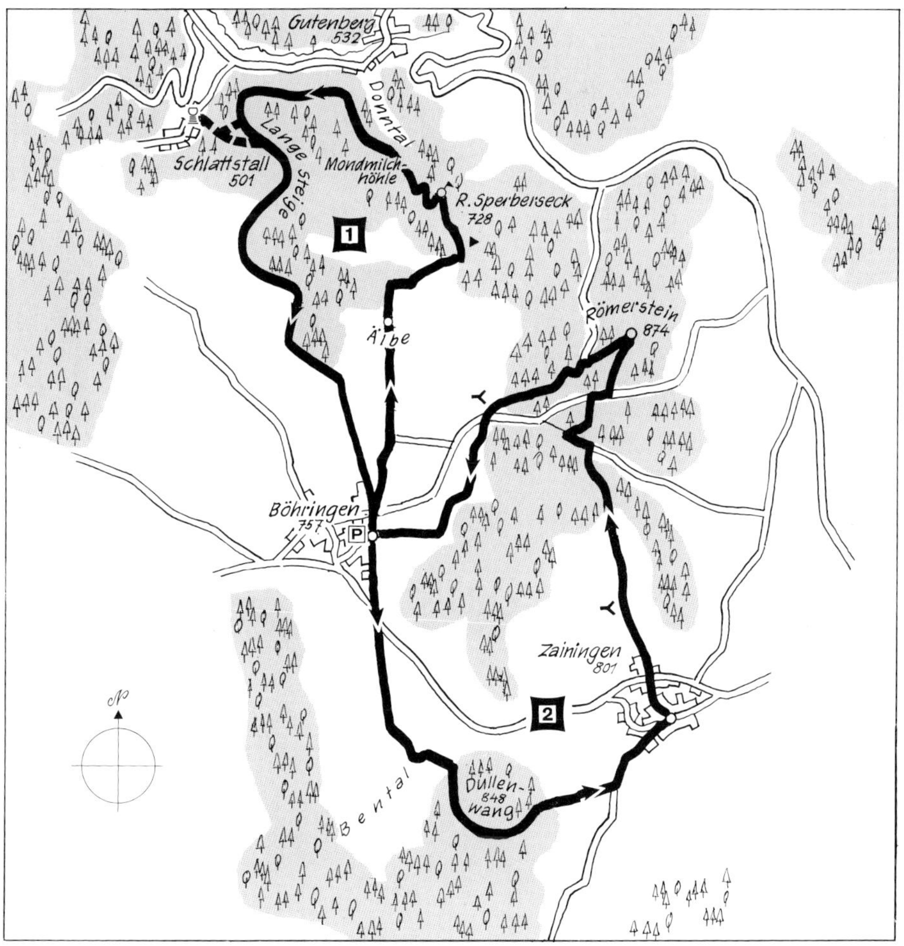

von denen eine einzige übrigblieb. In ihr spiegelt sich die spätgotische Martinskirche mit einem netzgewölbten Chor aus dem Jahre 1494.
Von Zainingen wandern wir genau nördlich, überqueren wieder die Bundesstraße und kommen nach knapp 1 Stunde zum Römerstein, der schon in der Einleitung dieses Kapitels beschrieben wurde. Von dort kehren wir dann nach Böhringen zurück.

3 Die längste Höhle der Alb

Grabenstetten – Lauereckfels – Kaltental – Falkensteiner Höhle – Grabenstetten / 2½ Std. / 220 m Ab- und Aufstieg im Schatten

Von Grabenstetten aus folgen wir zunächst der Straße nach Neuffen und biegen nach dem Ortsende halblinks in den befestigten Feldweg ein. Auf diesem Weg kreuzen wir wieder einmal den Heidengraben, um etwa 300 Meter weiter rechts abzubiegen und auf den Schluchtwinkel zuzuwandern. Gleich nach dem Eintritt in den Wald gehen wir den unscheinbaren Weg halbrechts und folgen der Traufkante bis hinaus zum Lauereckfels, wo man eine hübsche Aussicht ganz ohne Menschengedränge genießen kann. Durch den Schluchtwinkel westlich vom Felsen steigen wir rasch hinunter zu dem breiten Waldweg, der an einem kleinen See vorbei zum Kaltentalhäusle hinausführt. Weiter geht es talabwärts und bei der Einmündung ins Pfäler Tal sofort links. Bald sind wir im Schluchtwinkel, in dem wir links oben den mächtigen Eingang in die Falkensteiner Höhle sehen. Ein kleines Stück können wir in sie hineingehen, aber dann kommt nur noch derjenige weiter, der tauchen kann! Ein Könner seines Faches ist so nach 18stündiger Schinderei bis in eine Tiefe von 4,6 Kilometer vorgestoßen, wobei er durch 17 Siphone tauchen und ständig eine aufwendige Ausrüstung mitschleppen mußte. Wie im Mordloch (s. Tour 11/2) saßen auch hier vor einigen Jahren Leute fest, die hochgehendes Wasser eingeschlossen hatte; es waren Tübinger Studenten, die die Flora und Fauna der Höhle untersuchen wollten.
Von der Höhle gehen wir wieder hinüber zum Wanderweg und steigen links hinauf auf die Hochfläche, wobei wir am Waldrand erneut den Heidengraben queren, um nach Grabenstetten zurückzukehren.

Sehenswertes

Zainingen Hüle ▪ Martinskirche mit Barockorgel und netzgewölbtem Chor

Freizeitangebot

Böhringen Tennis ▪ Reiten ▪ Langlaufloipen

Zainingen Tennis ▪ Skilifte ▪ Langlaufloipen

Grabenstetten Segelfliegen ▪ Langlaufloipe

Verkehrsmittel

Zainingen und Böhringen Bus: Urach, Ulm

Grabenstetten Bus: Urach, Oberlenningen

Karte

L 7522 Urach

Ein riesiges Tor ist das Ende der Falkensteiner Höhle, der längsten bisher bekannten Höhle der Schwäbischen Alb.

22 Nürtingen

Das verhinderte Weltbad

Nach dem Zweiten Weltkrieg wurde in Nürtingen eine Heilquelle neu erschlossen, deren Wasser dem von Karlsbad und Marienbad gleichkam. Da die tschechischen Bäder seinerzeit unerreichbar waren, schwelgten die Nürtinger in der Zukunftsvision vom großen Heilbad. Leider stand dem ein massives Hindernis entgegen: das große Zementwerk, das die ganze Stadt mit einem grauen Schleier überzog, so daß man selbst im Hochsommer meinen konnte, schmutziger Schnee läge auf den Dächern. Damit war der Traum vom Weltbad ausgeträumt, denn der Stadtfiskus wollte die sichere Zement-Geldquelle nicht gegen die Heilquelle eintauschen, und beides nebeneinander ging nicht, so schön es gewesen wäre. Nun, die Heinrichsquelle gibt es heute noch, doch das Zementwerk sucht man vergeblich; es wurde stillgelegt und 1979 abgerissen. Heute erinnern nur noch die grauen Dächer und der Steinbruch am Hörnle daran.
In Nürtingen haben Hölderlin und Mörike ihre Jugendjahre verbracht; beide haben es besungen. Schelling ging hier zur Schule, und der Stammvater der Wissenschaftler-Familie Planck war Nürtinger Stadt- und Ratschreiber.
Steht man am westlichen Neckarufer, so thront die 1506 erbaute Laurentiuskirche über den spitzgiebeligen Häusern wie die Glucke auf den Küchlein. Von hier aus gesehen ist in Nürtingen noch die Welt in Ordnung. Schaut man aber vom Lerchenberg hinunter, so sieht man die Beton- und Glasklötze der Banken und Kaufhäuser, die das Landschaftsbild zerstören. Roßdorf und Säer bilden dazu den entsprechenden Rahmen.

1 Zur Kirschblüte ins »Täle«

Nürtingen – Mochenhalde – Engelberg/Spitzberg – Beuren / 3 Std. / geringe Höhenunterschiede, viel Schatten

Es gibt viele Täler in Württemberg, aber nur ein »Täle«. Unter diesem Namen kennt es jeder Bewohner des mittleren Neckarraumes; das Flüßchen – die Steinach –, das es geschaffen hat, ist dagegen kaum jemand ein Begriff. Beim »Täle« denken die einen an den Täleswein, die anderen an Kirschen, Kirschengeist, Kirschenkuchen, Kirschenmund . . .
Von Nürtingen wandern wir ins Tiefenbachtal hinaus und in den Wald, ziehen bergauf und tauchen im Frühjahr an der Mochenhalde in ein Meer von Kirschblüten ein. Der Blick zurück ist weniger schön: Man hat das Gefühl, als ducke sich die Laurentiuskirche vor Scham über das, was der Nürtinger Silhouette angetan wurde. Nach der Wegbiegung um den Berg steht der Hohenneuffen imposant da, rechts flankiert von der Baßgeige, links vom Berggrat Kienbein – Hörnle (mit Steinbruch) – Jusi; im Westen lugt der Reutlinger Hausberg, die Achalm hervor.
Wir wandern erneut durch erfrischenden Wald und erblicken an dessen Ende die vulkanischen Zwillinge Engelberg und Spitzberg mit Tausenden von Kirschbäumen an ihren Hängen. Durch den Sattel zwischen den beiden Hügeln geht es hinunter nach Beuren.

2 Der Neckar, »Bildhauer der Alb«

Nürtingen – Neckartailfingen – Neckartenzlingen – Mittelstadt – Pliezhausen – Rübgarten – Einsiedel – Kirchentellinsfurt / 6½ Std. / nur geringe Höhenunterschiede, besonders schön während der Baumblüte

Nicht, daß dem Verfasser die Ideen für Albwanderungen ausgegangen wären! Gewiß haben wir schon viele schöne Touren an und auf der Alb gemacht; haben uns an den vielfältigen Formen von Berg und Tal erfreut. Was uns aber bisher fehlt, was wir jedoch auf keinen Fall verfehlen sollten, ist ein Blick auf die Albkette vom Vorland aus. Hierzu eignet sich am besten eine Wanderung entlang des Neckar von Nürtingen nach Kirchentellinsfurt.
Wer schon über die Schwarzwaldhöhen gewandert ist, der sah im Osten einen blauen, gleichmäßig hohen Gebirgszug, der sich nur bei ganz klarer Sicht in Täler und Höhen gliedert. Professor Gradmann, der bekannte Tübinger Geograph und Botaniker, schrieb 1914: »Es gibt Frauen, die sehen von der Ferne vorteilhafter aus als aus nächster Nähe; man

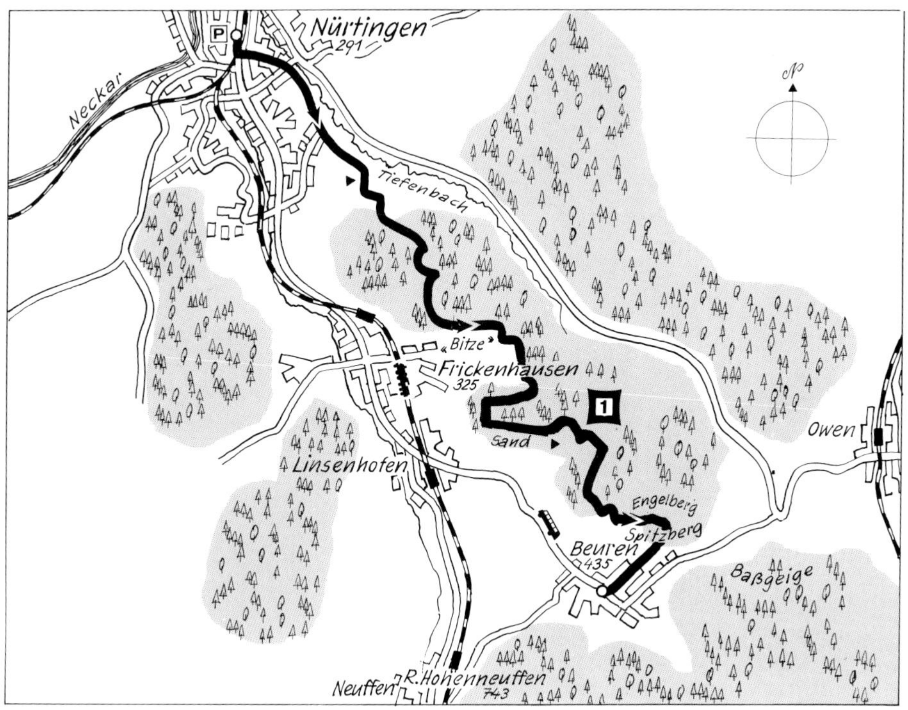

sagt bei uns in Schwaben: ›sie fernelet‹. Von unserer Alb gilt das nicht; sie gewinnt bei näherer Bekanntschaft ... Der Fernblick auf die Alb sagt dem Fremden viel weniger als wir glauben ... Erst beim Näherkommen entdeckt man, wie sich die einförmige Wand auflöst in eine reichgegliederte Welt von Berg und Tal, von weit vorgeschobenen Berghalbinseln, Rücken, Graten und wohlgeformten, majestätischen Einzelbergen, oben von Felsen gekrönt und abgestuft in mannigfaltiger Terrassierung ...«.
Wir gehen durch Nürtingen und überqueren den Neckar, steigen hinauf zur Schillerhöhe und auf den Galgenberg. Dort bietet sich uns gleich das großartige Panorama, das von den Kaiserbergen Hohenstaufen, Rechberg und Stuifen bis zum Kaiserberg Hohenzollern reicht. Dazwischen sind als markante Erhebungen Boßler, Breitenstein, die Teck mit dem Türmchen, die Baßgeige mit dem Beurener Fels, sowie der Hohenneuffen zu sehen. Der Berggrat zwischen »Täle« und Uracher Tal wird durch den großen Steinbruch am Hörnle deutlich. Westlich geht es mit dem Felsenkranz des Roßfeldes weiter; freistehend vor dem Albrand die Achalm bei Reutlingen. Dann folgen Schönberg und Roßberg, beide mit Aussichtstürmen bestückt, langgestreckt der Dreifürstenstein und – wiederum freistehend – der Hohenzollern.
Wir wandern an der Talkante entlang. Drunten fließt der Neckar, dem wir letztlich dieses schöne Panorama verdanken: Er ist der »Bildhauer der Alb«. Infolge des Einbruches des Rheingrabens im Tertiär nahm die Fließgeschwindigkeit des Neckar erheblich zu, und er grub sich ein immer tieferes Bett. Seine Zuflüsse vollzogen diese Entwicklung nach, sägten und nagten am Gebirgszug, fraßen sich weiter und tiefer hinein, bildeten Täler aus, formten Erosionsberge, die nun frei vor dem Albrand stehen. Man nennt sie Zeugenberge, weil sie bezeugen, daß der Albrand viel weiter nordwestlich – in der Gegend des heutigen Stuttgart! – verlief.
Vor uns steht mit schiefem Turm die kunstgeschichtliche Kostbarkeit der ab 1125 erbauten Kirche St. Martin zu Neckartailfingen, die den Einfluß der burgundischen, insbesondere der cluniazensischen Baukunst zeigt. Beim alten Rathaus überqueren wir den Neckar, folgen diesem flußaufwärts bis nach Neckartenzlingen, wo die von Urach herabfließende Erms mündet. Durch

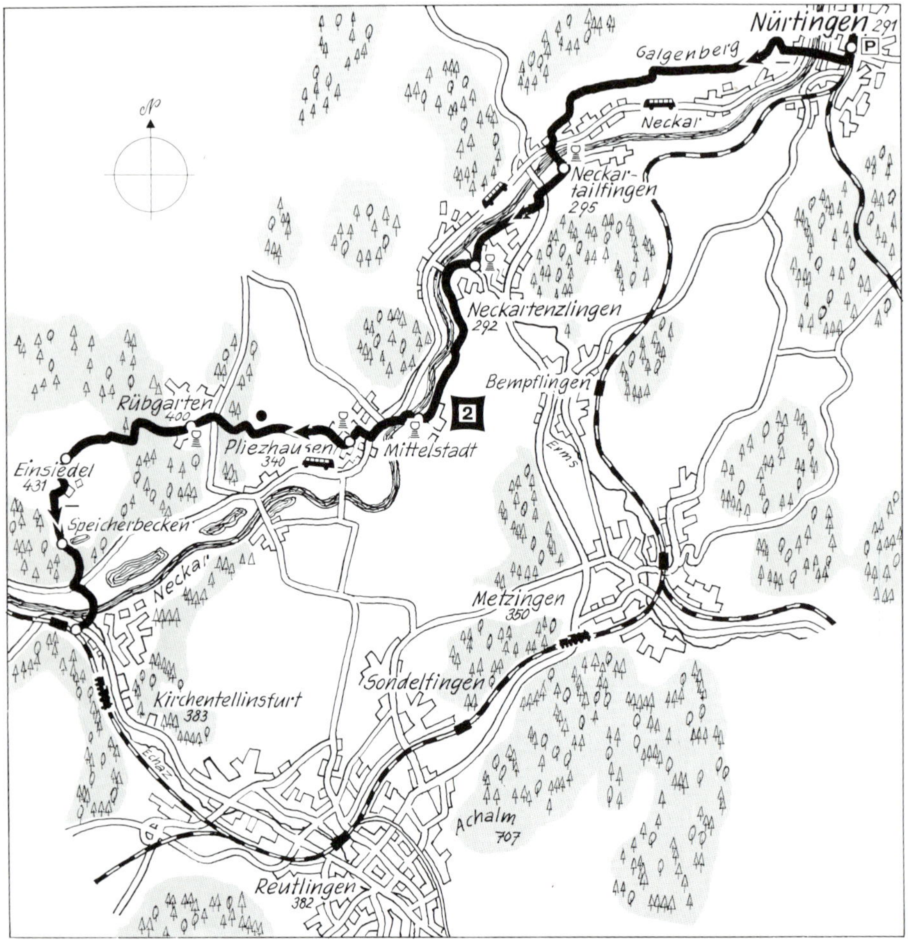

Der Jusi oberhalb von Kohlberg war einer der größten Vulkane der Alb.

das Naturschutzgebiet Schönrain, der Standort einer sehr seltenen Orchideenart, wandern wir hinauf nach Mittelstadt, queren den Fluß erneut und steigen durch Pliezhausen zum Zwei-Eichen-Turm hinauf, wo sich wiederum das ganze Panorama vor uns ausbreitet. Hinter Rübgarten, einem kleinen Dörfchen am Schönbuchrand mit dem hübsch restaurierten Schlößchen, geht es hinunter ins stille Reichenbachtal und hinauf in einen geschichtsträchtigen Wald mit Zeugen römischer und keltischer Besiedelung.
Inmitten einer großen Rodungsinsel liegt das Hofgut Einsiedel mit einem vom 1482 durch Graf Eberhard im Bart erbauten Jagdschlößchen übriggebliebenen Seitenflügel. Ludwig Uhland rankte eine seiner Dichtungen um den Weißdorn, den der Graf 1463 von seiner Pilgerfahrt nach Jerusalem mitgebracht und im Hof des Schlößchens gepflanzt hat. Der heute dort stehende Baum ist wohl ein Enkel des Ahnen aus dem Morgenlande, der offenbar um 1710 eingegangen und dessen Nachfolger 1936 unter der Last des Schnees zusammengebrochen ist.
Vorbei an weiten Ackerflächen streben wir dem Oberbecken des Pumpspeicherwerkes der Stadt Reutlingen zu und steigen steil hinab in die Talaue des Neckar, wo Kirchentellinsfurt liegt.

Sehenswertes

Nürtingen Laurentiuskirche von 1506 mit kunstvollem Lettner

Neckartailfingen Romanische Martinskirche von 1125 ▪ Fachwerk-Rathaus

Neckartenzlingen Spätgotische Martinskirche von 1518 ▪ Fachwerk-Rathaus ▪ Zehntscheuer ▪ Schlößchen Neckarburg

Freizeitangebot

Nürtingen Hallenbad ▪ Freibad ▪ Reiten ▪ Tennis

Neckartailfingen Schwimmen ▪ Windsurfen ▪ Tennis ▪ Reiten ▪ Minigolf

Neckartenzlingen Tennis (u.a. Halle) ▪ Minigolf

Pliezhausen Tennis ▪ Reiten

Verkehrsmittel

Nürtingen Bahn: Stuttgart – Tübingen, Neuffen ▪ Bus: Stuttgart, Tübingen, Neuffen, Beuren, Kohlberg

Neckartailfingen/Neckartenzlingen Bus: Nürtingen, Reutlingen

Mittelstadt/Pliezhausen Bus: Reutlingen

Kirchentellinsfurt Bahn: Stuttgart – Tübingen

Karten

L 7320 Stuttgart Süd, L 7322 Göppingen, L 7520 Reutlingen, L 7522 Urach

23 Neuffen/ Beuren

Wärme, Wasser und Wein

Auf der Suche nach Steinkohle hat man im Jahre 1839 bei Neuffen Erdbohrungen gemacht. Dabei zeigte sich eine ungewöhnlich rasche Zunahme der Erdwärme. Während man normalerweise mit 1 Grad Celsius auf 33 Meter rechnet, brauchte man hier nur 11 Meter dazu. Die Erklärung dafür ist in dem außerordentlich starken Vulkanismus der ganzen Umgebung zu suchen; hier ist die Erdkruste ziemlich dünn, das Magma nicht weit. Ein Gedenkstein am Weg zum Sattelbogen erinnert noch heute an das Neuffener Bohrloch.
Wie schon in Tour 12 erläutert, ist eine Folge des Vulkanismus das Vorhandensein von mineralreichem Thermalwasser. Die Gemeinde Beuren hat im Jahre

1970 Bohrungen gewagt und Thermalwasser gewonnen. Sie ist heute stolze Besitzerin eines sehr schönen Thermalbades.

Aus Wärme und Wasser, präziser: aus Sonnenwärme und Regenwasser, entsteht Wein, und davon wächst genug um Beuren und Neuffen. Gemeinhin als »Täleswein« bekannt, sind Kreszenzen wie »Neuffener Schloßsteige« oder »Beurener Fels« sehr zu empfehlen.

Beuren besitzt ein sehr schönes Fachwerk-Rathaus von 1526 und in der Kirche einen weithin bekannten Palmesel von 1480. Neuffen weist noch teilweise ein mittelalterliches Stadtbild auf. Schöne Fachwerkhäuser wie das Rathaus und Teile der alten Stadtmauer umgeben die gotische Martinskirche mit dem hervorragenden Kanzeldeckel von 1620 und dem Ölberg.

1 Um den Neuffener Talkessel

Neuffen – Neuffener Heide – Hülbener Steige – Winnender Berg – Starkenberg – Hörnle-Steinbruch – Neuffen / 3½ Std. / 230 m Auf- und Abstieg, viel Schatten / Achtung: während der Weinlese ist die beschriebene Wanderung so nicht möglich, da die Weinberge gesperrt sind, ggf. aber umgangen werden können; beste Zeit: Mitte Juni (Orchideenblüte)

Man möge dem Verfasser nachsehen, wenn er eine Wanderung vorschlägt, die an sich für Liebhaber von Stille und Einsamkeit ein Geschenk ist, jedoch über laute, übelriechende 500 Meter der Hülbener Steige führt. Das läßt sich leider kaum umgehen, doch wird die Ruhe und Abgeschiedenheit nach dieser Tortur doppelt genossen!

Von Neuffen steigen wir über die Schloßsteige hinauf und gehen hinüber in das Naturschutzgebiet Neuffener Heide. Die Hummel- und Bienenragwurzen, die dort zuhauf stehen, sind eine Augenweide. Augen auf macht aber auch der Naturschutz, der dieses herrliche Fleckchen Erde mit Recht sehr scharf bewacht, auch wenn man den Wächter nicht auf den ersten Blick sieht. Bitte, lassen Sie die botanischen Kostbarkeiten dort, wo sie sind, pflücken Sie sie nicht und graben Sie erst recht niemals eine Orchidee aus!

Nun hinüber zum Parkplatz, der meist von Motorradfans belagert wird. Auf der Hülbener Steige wird alljährlich im Herbst ein Bergrennen für Autos und Motorräder veranstaltet, und das ganze Jahr über meinen manche Leute, sie müßten hier trainieren. Wenn wir später auf der Straße gehen müssen, fällt auf, wieviele Fahrer sich als Schorsch Meier oder Tom Bullus fühlen. Unter herrlichen, uralten Lindenbäumen spazieren wir die alte Steige hinauf, schwingen uns über die Leitplanke und bringen im Eilschritt die Straße hinter uns. In der Haarnadelkurve gehen wir geradeaus und tauchen in den Wald und bald auch in die Stille ein. Recht bequem geht es in Halbhöhenlage am Hang Winnender Berg entlang und dann hinunter zum Wald – unterwegs kreuzt die Wanderroute Neuffen-Schillingskreuz unseren Weg –, wo wir in der engen Rechtskurve geradeaus marschieren, um am Waldrand entlang den herrlichen Blick auf Neuffen und den Hohenneuffen zu genießen. Es geht nochmals in den Wald, und dann stehen wir unvermittelt am Fuße des riesigen Steinbruchs, in dem der Kalkstein für das ehemalige Nürtinger Zementwerk abgebaut wurde. Deutlich kann man dort die verschiedenen Gesteinsschichten sehen; es sind »wohl-

Vom Bauerlochfelsen, von dem aus die Drachenflieger ins Tal segeln, hat man einen prachtvollen Blick auf die mächtige Ruine Hohenneuffen, auf das Städtchen Neuffen und den Jusi.

geschichtete Kalke« im wahrsten Sinne des Wortes.
Wir eilen hinunter nach Neuffen. Gleich bei den ersten Häusern auf der rechten Seite finden wir den Gedenkstein für das Neuffener Bohrloch.

2 Höhenrunde um Neuffen

Neuffen – Ruine Hohenneuffen – Dreispitz – Deckelesfels – Karlslinde – Schillingskreuz – Neuffen / 3½ Std. / 330 m Auf- und Abstieg, viel Schatten

Wieder steigen wir die Schloßsteige hinauf, doch machen wir heute nicht auf halber Höhe halt, sondern erklimmen die Burgruine Hohenneuffen. Wie könnte es anders sein: Der Aufstieg ist rasch vergessen, wenn man sich in den Rundumblick vertieft, den der höchste Punkt der Burg bietet!
Der Berg, auf dem die Ruine steht, war wohl schon eine Art Vorburg des keltischen Oppidums, das durch den Heidengraben – wir haben ihn schon an verschiedenen Stellen berührt – von der Albhochfläche abgetrennt und geschützt wurde. Die Anfänge der Burg gehen auf das 11. Jahrhundert zurück, jedoch zeichnet für das heutige Aussehen mit den mächtigen Türmen Herzog Karl Eugen verantwortlich, dem aber 1743 das Geld für die großspurigen Ausbaupläne ausging. So wurde die Festung zum Staatsgefängnis degradiert und »beherbergte« berühmte Schwaben. Die Burg zerfiel langsam. Als man 1793 Herzog Ludwig Eugen meldete, auf dem Hohenneuffen sei nichts Neues vorgefallen, meinte dieser aufatmend, er sei froh, daß nichts Altes eingefallen sei. 1948 wurde hier der Grundstein zum Südweststaat, dem heutigen Bundesland Baden-Württemberg, gelegt.
Nun machen wir uns auf, den Neuffener Talkessel am Trauf zu umwandern. Zunächst geht es über den Albrandweg zum Dreispitz hinüber. Unterwegs können wir von einem Felsen über dem Bauerloch den Drachenfliegern zusehen. Am Hülbener Segelflugplatz verlassen wir den Nordrandweg und wandern hinüber zum Deckelesfels, wo wir ein neues Tal entdecken. Es ist das der Erms, die von Urach herunterkommt und dem Neckar zufließt. An der Karlslinde stehen wir direkt über dem Berggrat zwischen dem »Täle« und dem Ermstal, zu dem wir hinuntersteigen. Im zeitigen Frühjahr blühen hier besonders viele Seidelbast-Büsche (Daphne mezereum). Am Schillingskreuz erinnert ein Gedenkstein an den Herrn von Schilling, der 1341 auf der Bärenjagd im Schillingsloch bei Hohenwittlingen (s. Tour 25/3) verunglückte und auf dem Heimtransport nach Neuffen hier starb.
Ziemlich steil marschieren wir hinunter, verlassen den Wald, ergötzen uns am Anblick des Hohenneuffen und wandern am Sportgelände vorbei nach Neuffen hinein.

3 Über die Baßgeige zum Hohenneuffen

Beuren – Beurener Fels – Erkenbrechtsweiler – Ruine Hohenneuffen – Beuren / 3½ Std. / 300 m Auf- und Abstieg, meist im Schatten

Von Beuren steigen wir hinauf zum Beurener Fels am Westrand der Baßgeige. Ein herrlicher Aussichtspunkt auf die Albkette und das Vorland! Vom Felsen wandern wir durch Wald über die Baßgeige. Hier blühen im April Massen der sonst recht seltenen gelben Buschwindröschen (Anemone ranunculoides). Durch Wiesen, übersät mit blauen Traubenhyazinthen – auf schwäbisch: Baurabüble – geht es hinunter zum Heidengraben, auf dem Albrandweg durch Erkenbrechtsweiler und am Trauf entlang über Marienfels und Wilhelmsfels zum Hohenneuffen. Auch hier hat man wieder einen prächtigen Ausblick ins Land, weniger prächtig auf Neuffen: Um den schönen alten Stadtkern herum bezeugen die Neubauviertel, wie »wohlgeordnet« das deutsche Bauwesen gelenkt wird.
Von der Burg steigen wir auf verhältnismäßig kurzem Weg rasch nach Beuren ab, wo wir die Wanderung begonnen haben. Von den Liegewiesen, den Ruheräumen oder vom Außenbecken des Thermalbades können wir hinaufschauen und die Tour in Gedanken nocheinmal machen.

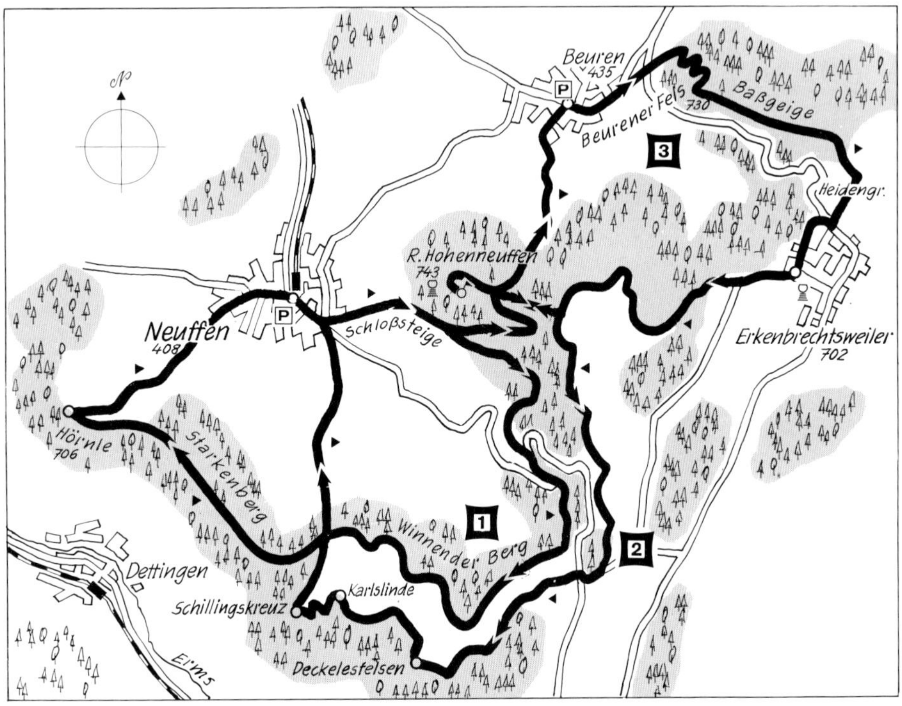

Sehenswertes

Neuffen Mittelalterlicher Stadtkern mit Fachwerkhäusern ■ Martinskirche mit Ölberg ■ Melchior-Jäger-Haus mit Heimatmuseum

Beuren Fachwerk-Rathaus von 1526 ■ spätgotische Kirche vom 15. Jh. mit Ölberg und berühmtem Palmesel von 1480 ■ Thermal-Mineral-Bewegungsbad

Freizeitangebot

Neuffen Freibad ■ Tennis

Beuren Thermalbad ■ Tennis ■ Skilift

Verkehrsmittel

Neuffen Bahn: Nürtingen ■ Bus: Nürtingen, Metzingen

Beuren Bus: Nürtingen

Karte

L 7522 Urach

24 Metzingen

Die Stadt der sieben Keltern

Metzingen, die »Stadt der sieben Keltern«, besitzt ein interessantes Rathaus von 1668 mit – allerdings viel jüngeren – Holzschnitzereien.

Der südlichste Punkt Württembergs, wo der Weinbau noch wirtschaftliche Bedeutung hat, ist Metzingen. Ein Blick des Reisenden, der mit der Bahn ankommt, genügt, um festzustellen, daß die Weinberge am gleichnamigen Berg bestens gepflegt sind. Geht er dann in die Stadt, wird er bald auf eine Besonderheit stoßen, die seinesgleichen sucht. Es sind die sieben Keltern, von denen eine ziemlich unbeschadet die Zeitläufte überstand; die meisten Keltern sind nämlich im 30jährigen Krieg ein- oder sogar mehrmals abgebrannt, wurden umgebaut, renoviert, zweckentfremdet. Fünf der sieben Keltern waren ursprünglich im Besitz der Klöster Zwiefalten, Schussenried, Offenhausen, Güterstein und Bebenhausen, worauf auch einige Namen hinweisen: Innere und Äußere Heiligenkelter, Neue Heiligenkelter oder Kalebskelter. Froh und dankbar, aber auch verwundert kann man darüber sein, daß die Keltern nicht abgerissen worden sind, um einer Sparkasse oder einem Großmarkt Platz zu machen. Metzinger Bürger haben sich sogar zusammengeschlossen, um die Keltern so zu restaurieren, daß sie der Nachwelt erhalten bleiben und wieder mit Leben erfüllt werden. So beherbergt die Herrschaftskelter jetzt ein Weinbaumuseum, in der der ursprüngliche Kelterbaum aus dem Jahre 1655 zu sehen ist; er trägt das Zwiefalter Abtswappen, den Abtsstab, das Zimmermannsbeil sowie das Zeichen des »Meister Wolfgangus Pfaf von Zwinfaltach«. Metzingen ist übrigens auch der Geburtsort von Christian Friedrich Schönbein, der das Ozon entdeckte und die Schießbaumwolle erfand.

1 Gratwanderung, der Geologie wegen

Metzingen – Florian – Jusi – Hörnle – Karlslinde – Dreispitz – Hohenneuffen – Neuffen / 5½ Std. / 350 m Auf- und Abstieg, viel Schatten

Der »Gustav-Ströhmfeld-Weg« von Metzingen nach Neuffen wurde 1971/72 zu einem geologischen Lehrpfad ausgebaut, da er durch ein erdgeschichtlich besonders interessantes Gebiet führt. Aus insgesamt 41 Schautafeln – sofern alle noch vorhanden sind! – geht viel Wissenswertes über den Aufbau der Alb, den Vulkanismus, die Versteinerungen, den Heidengraben und manches andere mehr hervor. Man wird bei dieser Wanderung aber nicht nur gescheiter, sondern auch um einige schöne Eindrücke und Erlebnisse reicher.

Durch Gärten und Obstbaumwiesen wandern wir hinauf zum Florian, einem bei der Abtragung der Albkante im Vorland stehengebliebenen Vulkanschlot. Von dort hat man einen wunderbaren Blick auf das Vorland und die Albkette vom Hohenstaufen bis zum Hohenzollern. Das Panorama wird hier vom Jusi mit Kohlberg an seinem Fuße beherrscht. Dort hinauf führt jetzt unser Weg, und ein fast alpiner Pfad will überwunden sein, bevor wir eine neue, großartige Aussicht genießen können. Hier beginnt der Berggrat zwischen dem »Täle« und dem Ermstal, den wir schon öfter gesehen haben. Auf ihm wandern wir durch Wald – unterbrochen von einigen wenigen Auslichtungen – hinunter zum Sattelbogen. Dort befindet sich das Grab eines Soldaten, der 2 Kilometer vor seiner Heimat Kohlberg hier auf unbekannte Weise ums Leben kam, nachdem er in den Wirren des Zusammenbruchs 1945 schon einen weiten Weg hinter sich hatte. Nun steigen wir in zwei Etappen auf das Hörnle. Dies ist der Berg, der vom Nürtinger Zementwerk so verwundet worden ist. Die Steilwand des Steinbruchs veranschaulicht deutlich den Aufbau der Schwäbischen Alb. Neuerdings ist der Steinbruch wieder in die Schlagzeilen geraten, weil er mit cadmiumverseuchtem Neckarschlamm aufgefüllt werden soll.

Über das Schillingskreuz (s. Tour 23/2) nehmen wir die letzte größere Steigung und gelangen bei der Karlslinde auf die Hochfläche. Von dort geht es immer am Albtrauf entlang, so daß wir fast zwangsläufig zum Albrandweg kommen, den wir »gegen den Strich« begehen. Dreispitz, Steinbruch, Heidengraben, Barnberghöhle, Höllenlöcher und die Molach sind weitere Stationen auf dem Weg zum Hohenneuffen, der mächtigen Burgruine, die wir die ganze Zeit über immer wieder aus einem veränderten Blickwinkel gesehen haben. Den Schluß der Wanderung bildet der Abstieg durch die Weinberge nach Neuffen. Wollen Sie nicht einmal in der »Traube« ein Viertele »Neuffener Schloßsteige« probieren?

2 Durch den Metzinger Wald zum Stausee

Metzingen – Rangenberg – Stausee – Metzingen / 3½ Std. / sehr viel Wald, mäßige Höhenunterschiede

Die heutige Wanderung führt uns durch das schöne Gebiet des Metzinger Waldes mit seinen tiefen Tobeln hinauf zum Rangenbergle oberhalb Eningen und dann zu einem der seltenen größeren Seen der Schwäbischen Alb. Der Rangenberg bringt uns dem Reutlinger Albrand sehr nahe: Direkt vor uns erhebt sich die Achalm, Reutlingens Hausberg; der uns am nächsten stehende Traufberg ist der Gutenberg, dem nach rechts eine ganze Reihe verschieden hoher Tafelberge folgen: Geißberg, Übersberg mit Mädlesfelsen, Urselhochberg und – sehr langgestreckt und niedriger – Ursulaberg, darüber der Schönberg mit dem Aussichtsturm, dann Wackerstein und Roßberg, ebenfalls mit Turm. Zwischen Achalm und Roßberg ragt noch im Mittelgrund der Kegel des vulkanischen Georgenberges auf.

Der Glemser See ist von Menschenhand geschaffen. Es ist der Untersee des Pumpspeicherwerkes der Stadt Stuttgart, an dessen Südende unter der Transformatorenstation tief in der Erde die riesigen Turbinen mit den Generatoren stehen, wodurch die Landschaft nicht nachteilig beeinflußt wird; der See trägt eher zur Belebung des Bildes bei, zumal Wasserflächen an und auf der Alb rar sind.

Auf dem Rückweg nach Metzingen sehen wir hoch über uns den Felsenkranz des Roßfeldes, zuweilen auch Glemser Weide genannt. Vor uns sind der Metzinger und der Neuhäuser Weinberg, über beiden der kahle Nordabhang des vulkanischen Jusi.

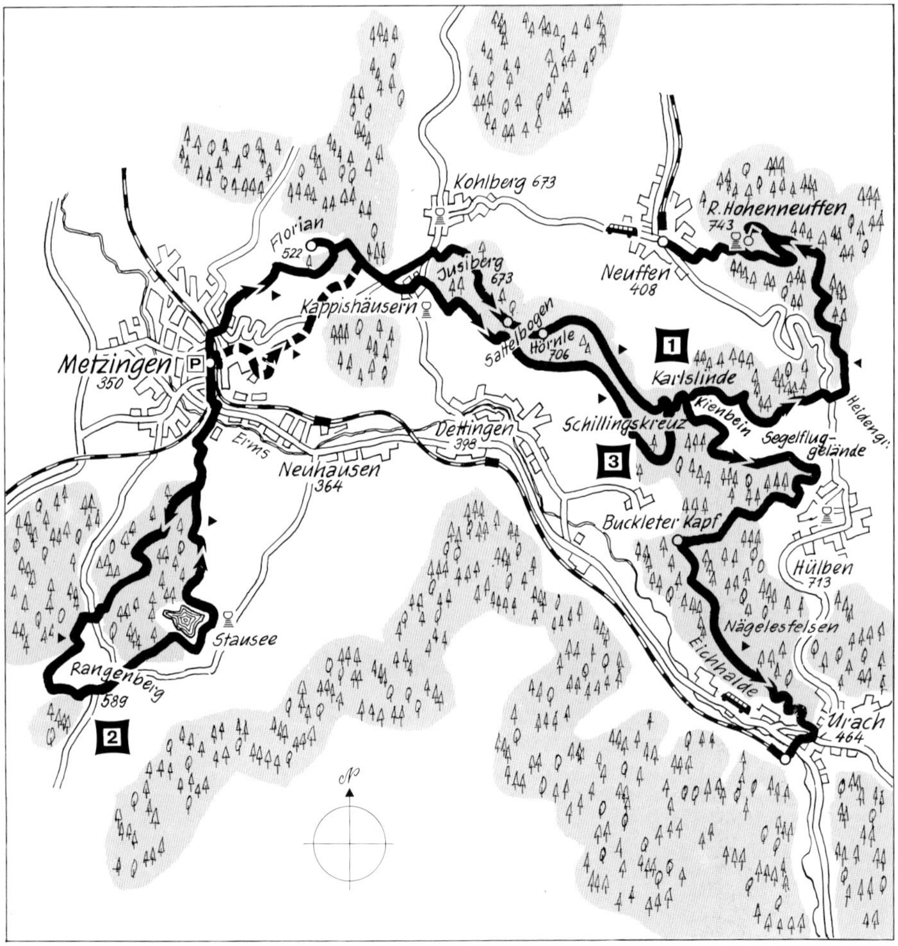

3 Über den Paradiesweg und die Höllenlöcher nach Urach

Metzingen – Weinberg – Kappishäusern – Paradiesweg – Pfarrwegle – (Hülben) – Buckleter Kapf – Höllenlöcher – Urach / 5½ Std. / 360 m Auf- und 200 m Abstieg / Achtung: der Weinberg ist vor und während der Weinlese geschlossen!

Wir steigen über den Weinberg empor und haben viel Gelegenheit, die Berge um das Ermstal zu betrachten und ins Neckarvorland hinauszuschauen. Beim Naturfreundehaus überqueren wir die Landstraße und wandern durch den Wald, aus dem wir zuweilen hinübersehen können zum kecken Florian. Bald sind wir in Kappishäusern, der höchstgelegenen Weinbaugemeinde Württembergs. Das Dorf ist Teil der Stadt Neuffen, die hinter dem Berg liegt. Um dahin zu gelangen, müssen die Bürger von Kappis über »fremdes« Gebiet, nämlich die Gemarkung von Kohlberg, das selbständig geblieben ist, weil es dem dor-

tigen Schultes gelang, die Landtagsmehrheit für sich einzunehmen; seither wird der örtliche Weinkeller bisweilen auch »Vetterleswirtschaft« genannt.

Von Kappishäusern aus wandern wir in halber Höhe an Jusi und Hörnle entlang ins Ermstal hinein. Die herrliche Aussicht und die Anlage des Weges haben diesem zu Recht den Namen Paradiesweg eingetragen. Über das Pfarrwegle steigen wir hinauf zum Schillingskreuz, zur Karlslinde und zum Trauf bei Hülben, das wir nur streifen, denn wir gehen an der Kante hinaus zum Buckleten Kapf und zum Bannwaldgebiet um den Nägelesfelsen, von wo aus man den Hohenurach, den Rutschenfelsen und die Täler dazwischen sehr schön sieht. Bald sind wir an den Höllenlöchern. Die Traufkante ist vom Nägelesfelsen her mit tiefen Spalten durchzogen, so wie wir dies zwischen Hohenneuffen und Dreispitz schon gesehen haben. Diese Spalten werden im Laufe kommender Jahrhunderte und Jahrtausende immer weiter, was dazu führen wird, daß die äußersten Felsen eines fernen Tages umkippen und zu Tal stürzen werden.

Sehenswertes

Metzingen Rathaus von 1668 ■ Marktbrunnen von 1758 ■ 7 Keltern, z.T. noch von vor dem 30jährigen Krieg ■ spätgotische Martinskirche von 1510

Urach Siehe Tour 25

Neuffen Siehe Tour 23

Freizeitangebot

Metzingen Hallenbad ■ Freibad ■ Tennis ■ Reiten

Blick vom Jusi, dem »Rigi der Schwäbischen Alb«: links die drei »Kaiserberge«, an die sich Teck, Baßgeige und Hohenneuffen anschließen.

Veranstaltungen

Metzingen 7-Kelten-Fest (Mitte/Ende Oktober)

Verkehrsmittel

Metzingen Bahn: Stuttgart–Tübingen ■ Bus: Glems, Urach, Riedlingen, Ulm, Mittelstadt, Neckartenzlingen

Kohlberg Bus: Metzingen, Neuffen, Nürtingen

Karte

L 7520 Reutlingen, L 7522 Urach

25 Urach

Die alte Grafenstadt

Früher hat man Urach die »Perle der Schwäbischen Alb« genannt; diese Bezeichnung findet man nicht mehr, obwohl Urach heute noch so schön ist wie Anno dazumal, zumindest, was die Altstadt betrifft, die vielleicht sogar malerischer als je zuvor ist, da man sich sehr viel Mühe gibt, alte Fachwerke wieder hervorzuholen und Häuser zu restaurieren. Hier sei insbesondere auf das »Haus am Gorisbrunnen« verwiesen, das total verkommen war; man dachte schon an Abbruch, bis sich herausstellte, daß es sich um ein bauhistorisches Kleinod erster Ordnung handelt.
Über den neuen Teil Urachs, zu dem man schon die häßliche Spinnerei zählen kann, sei der Mantel des Schweigens gebreitet, da mag sich jeder sein eigenes Urteil bilden.
Urach hat eine einzigartige Lage an der vielfachen Verzweigung des hinteren Ermstales. Die Umgebung ist mit Naturschönheiten und historischen Stätten reich gesegnet – ein Dorado für Botaniker, Geologen, Archäologen, ein Paradies für Wanderer. Seit der Erbohrung einer Thermalquelle ist Urach ein Magnet für viele Heilungssuchende, »Bad Urach« wird dies wohl bald nach außen hin dokumentieren.
Zu den hervorragenden Bauten gehören das Grafenschloß, die Amanduskirche, das Rathaus und der Marktbrunnen, der allerdings eine Kopie des Originals aus dem Jahre 1905 ist.
Schon in der Hallstattzeit war der Platz besiedelt. In der zweiten Hälfte des 11. Jahrhunderts tauchten erstmals die Herren von Dettingen auf, die wohl an der Stelle der jetzigen Ruine Hohenurach eine Burg erbauten. Eine ganze Reihe von Grafengeschlechtern hatte hier ihren Sitz, verwandt mit bedeutenden Namen wie den Fürstenbergern und

Eine Augenweide ist das Ensemble von Grafenschloß und Amanduskirche in Urach.

den Zähringern. Das Uracher Geschlecht hatte eine sehr wechselvolle Geschichte, weil es beispielsweise durch seine Parteinahme für König Heinrich VII. aufs falsche Pferd gesetzt hatte und dadurch praktisch den ganzen Besitz an Graf Ulrich I. von Wirtenberg verkaufen mußte. Die Württemberger, wie sie sich später nannten, brachten Ruhe und Aufschwung in die Entwicklung. Urach war bis zum »Münsinger Vertrag« im Jahre 1482 württembergische Residenz und blieb auch später immer noch der Lieblingssitz der Fürsten.

1 Abtragung und Aufbau

Urach – Ruine Hohenurach – Uracher Wasserfall – Rutschenfelsen – Fohlenhof – Gütersteiner Wasserfälle – Urach / 4 Std. / 230 m Auf-, 200 m Ab-, 270 m Auf- und 270 m Abstieg, jeweils weitgehend schattig

Es stimmt schon, daß wir heute zweimal hintereinander einige Höhenmeter auf- und abwärts überwinden müssen. Da wir jedoch durch interessante Dinge und durch besondere landschaftliche Eindrücke abgelenkt werden, empfindet man dies als nicht besonders anstrengend. Vom Bahnhof Urach wandern wir hinaus zur Jugendherberge im Seltbachtal und steigen dann zur Ruine Hohenurach auf; unterwegs weist ein Wegzeiger nach rechts zum alten Burgbrunnen hin. Am »Kreuz«, wo wir scharf rechts abbiegen, haben wir schon die halbe Höhe der ersten Etappe geschafft. Bald sind wir ganz oben und betreten durch das Burgtor die umfangreiche Anlage des Hohenurach mit Türmen, Wendeltreppen, Kasematten, Kellern und Kerkern. Herrlich ist der Blick auf Urach, ins Ermstal, auf die Albkante und ins Brühlbachtal, wo wir unser nächstes Ziel, den Uracher Wasserfall, durch die Bäume herabstürzen sehen und hören.
Über die Burg wurde schon in der Einleitung zu diesem Kapitel verschiedenes gesagt. Sie hat eine sehr wechselvolle Geschichte hinter sich. So spielte sie beim Zwist Heinrichs mit seinem Vater, Kaiser Friedrich II., eine Rolle; sie widerstand im Reichskrieg gegen Graf Eberhard dem Erlauchten den Kaiserlichen; und sie fiel zweimal: unter den Österreichern gegen Herzog Ulrich 1534 und unter den Schweden gegen die Kaiserlichen im 30jährigen Krieg. Vom Ende des 15. Jahrhunderts bis zu ihrer Verwendung als Steinbruch für das Jagdschloß Grafeneck auf der Alb diente die Burg vorwiegend als Gefängnis für mehr oder weniger prominente Leute: Graf Heinrich, Nikodemus Frischlin, Matthäus Enzlin, Konrad Breuning und Wilhelmine von Grävenitz, die »Landverderberin« (s. Tour 5/2).
Wenn man in die Täler hinunterschaut, wird deutlich, wie die Bäche tiefe Furchen in den Albrand nagen, wie sie die Alb abbauen. Wir werden am Uracher, insbesondere an den Gütersteiner Wasserfällen, aber auch das Gegenteil beobachten können. Hierzu gehen wir hinunter zum »Kreuz«, wo wir zwei Möglichkeiten haben: Wer nicht mehr ganz ab- und dann wieder aufsteigen will, kann auf dem Albrandweg mit dem roten Dreieck fast eben zur Hochwiese über dem Wasserfall gehen. Schöner und interessanter ist es hinunterzuwandern, um den Wasserfall von unten zu sehen. Steigt man neben den Kaskaden nach oben, fällt auf, daß das Wasser ganz offensichtlich Aufbauarbeit leistet: Im Berg selbst nimmt das Sickerwasser Kalk auf, den es aus dem Gebirge ausschwemmt. Beim freien Fall und beim Auftreffen und Verspritzen wird das Wasser mit viel Sauerstoff angereichert und scheidet Kalk aus, der sich auf Steinen, Moos und Bäumen absetzt. Am eindrucksvollsten sieht man den Aufbau droben an der Stelle, wo der Bach über die Felswand hinausschießt. Dort baut das Wasser eine weit hinausragende Rinne auf, die von Zeit zu Zeit, wenn sie zu schwer wird, immer wieder mal abbricht.
Beim Aufstieg neben den Wasserfällchen wird der aufmerksame Beobachter eine größere Zahl seltener Farnarten, insbesondere die geschützte Hirschzunge (Scolopendrium vulgare) finden. Auffallend ist auch, daß die hohe Tuffwand, die ebenfalls vom Wasser aufgebaut worden ist, rechts vom Wasserfall glatte Flächen hat. Dort wurde der Tuffstein zum Bau der Burg Hohenurach und anderer Gebäude abgesägt.
Von der Hochwiese steigen wir an einem Grat zur Hochfläche auf, wobei wir einen schönen Blick in die »Hölle« – das Gebiet unterhalb dem mächtigen Rutschenfelsen – haben. Oben lassen wir besondere Vorsicht walten, denn schon mancher ist – im Sinne des Wortes – in die »Hölle« gerutscht. Nachdem wir uns an der Aussicht sattgesehen haben, geht es weiter zum Fohlenhof, einem Außenwerk des württembergischen Landesgestüts in Marbach auf der Alb.
Durch die Weiden gelangen wir zur Traufkante und steigen zu den Gütersteiner Wasserfällen ab, wo wir wiederum den Aufbau von Tuffbänken beobachten können und Sägestellen finden. Von dem Pumpwerk, dessen überschüssiges Wasser in großem Bogen in den See stürzt, werden St. Johann und der Fohlenhof versorgt. Rasch kommen wir hinunter zum Hof Güterstein, der auch zu Marbach gehört. Fast eben geht es an den Fuß des Hohenurach, den wir umwandern, um nach Urach zurückzukehren.

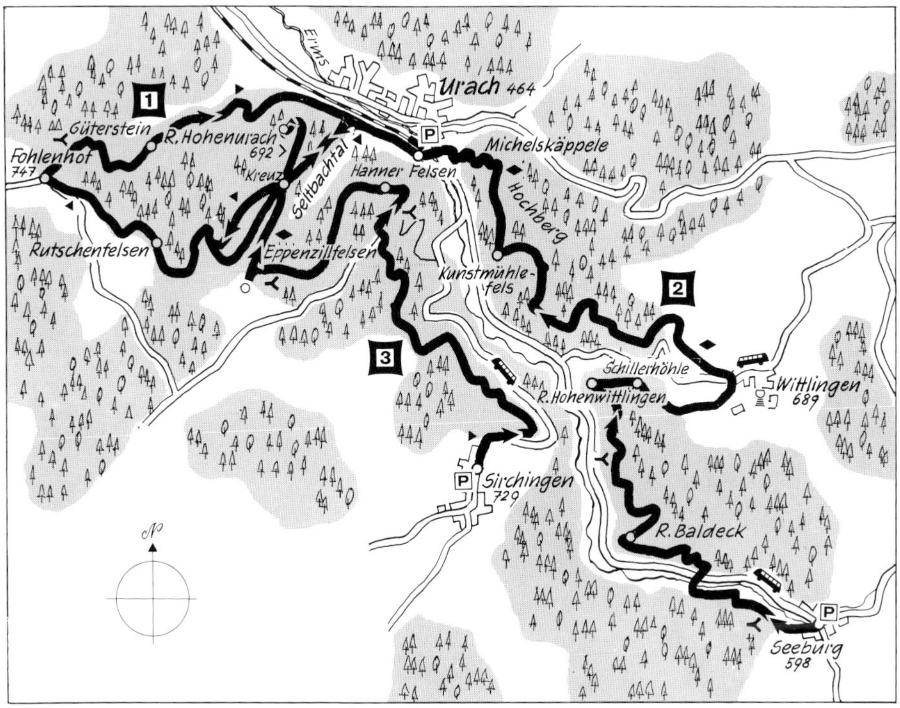

2 Über dem Tal der jungen Erms

Seeburg – Baldeck – Hohenwittlingen – Wittlingen – Hochbergfelsen – Urach / 4 Std. / 150 m Auf- und 270 m Abstieg, viel Schatten

Es ist am einfachsten, wenn wir zuerst mit dem Bus durchs Ermstal nach Seeburg fahren, um dort den Rückweg nach Urach anzutreten. Von Seeburg wandern wir auf dem sogenannten Grünen Weg talabwärts bis zum Rast- und Spielplatz, überqueren die Erms und folgen ein kurzes Stück der Bundesstraße, bis wir nach rechts abbiegen und hinaufsteigen können. Bald geht es gemütlich am Hang entlang, und es dauert nicht lange, bis sich der Weg zum Baldeck, einem Naturdenkmal, senkt. Hier stand einmal eine Burg, die 1256 von Pfalzgraf Rudolf von Tübingen belagert und wahrscheinlich auch zerstört wurde. Von der Burg selbst ist nichts mehr zu sehen, aber es lohnt sich, die steilen Stufen emporzusteigen, um die schöne Aussicht ins Ermstal zu genießen.

Etwa 40 Meter im freien Fall und noch 50 Meter über bemooste Tufftreppen stürzt sich der Brühlbach ins Tal: Uracher Wasserfall.

Vom Baldeck-Felsen leitet ein Zickzackweg zurück auf den Hangweg, der in leichtem Ab und Auf am Geschlitzten Fels mit schönen Ausblicken auf die gegenüberliegende Seite weiterführt. Man versäume nicht, zum Buckfelsen hinauszugehen, da man dort einen eindrucksvollen Blick auf die Ruine Hohenwittlingen hat, zu der wir gleich kommen werden. Diese Burg wird erstmals um 1250 genannt, sie zerfiel aber nach dem 30jährigen Krieg und wurde im 18. Jahrhundert teilweise abgetragen.
Hinter dem Burggraben am Rande der Hochfläche befindet sich in einem verwunschenen Park der Hof Hohenwittlingen, wo David Weinland seine berühmten Romane »Rulaman« und »Kuning Hartfest« schrieb. Diese Geschichten spielen um Urach und Wittlingen. Vom Burggraben aus wandern wir am Hang entlang und machen einen kleinen Abstecher zur Schillerhöhle, die im »Rulaman« als »Tulkahöhle« erscheint. Dann kehren wir zurück zum Hangweg, der uns durch das Dorf Wittlingen zum Kunstmühlefels führt, dem ersten und größten der Hochbergfelsen, von denen man beglückt auf Urach hinunterschaut. Bald senkt sich der Weg zum Michelskäppele, einer kleinen Schutzhütte, die an der Stelle einer nach der Reformation abgegangenen Kapelle errichtet wurde. Ein Zickzack- und Treppenweg führt uns rasch hinunter ins Zentrum Urachs.

3 Der Wasserfall aus der Vogelschau

Sirchingen – Schorrenfels – Hanner Fels – Eppenzillfels – Urach / 3 Std. / 290 m Abstieg, viel Schatten

Wir machen es wie bei der letzten Wanderung und fahren mit dem Stadtbus an den Ausgangspunkt unserer Wanderung, nämlich hinauf nach Sirchingen. So haben wir bequem die Höhe gewonnen und können nach Urach zurückwandern. Wer die Tour im Juli macht, wird um den Schorrenfelsen herum Massen von blühenden Türkenbundlilien (Lilium martagon) sehen, die unter strengem Schutz stehen.
Wir befinden uns diesmal auf der anderen Seite des Ermstales und können so den Weg verfolgen, der beim Wandervorschlag 2 beschrieben wurde. Über den Schorrenfelsen gelangen wir zur Straße Urach–Würtingen, der mit der Silberdistel gekennzeichneten Schwäbische-Alb-Straße. Diese laufen wir kurz abwärts, um bei der Haarnadelkurve bzw. dem Umsetzer auf einen Felsen hinauszugehen, von dem man die Anlage von Urachs Altstadt studieren kann wie sonst nirgends. Dann ziehen wir weiter auf den Hanner Felsen, der der Ruine Hohenurach direkt gegenüber liegt. Anschließend wandern wir über dem Seltbachtal hinüber zum Eppenzillfelsen, von dem aus wir den Uracher Wasserfall sehen und hören; allerdings wird im Hochsommer manchmal nichts daraus, da der Brühlbach oft sehr wenig Wasser führt. Vom Felsen geht es wieder ein kurzes Stück östlich und dann über einen Grat zum »Kreuz« und nach Urach hinunter.

Sehenswertes

Urach Spätmittelalterliches Stadtbild ■ Spätgotische Stiftskirche St. Amandus ■ Residenzschloß mit historischem Museum ■ In der Umgebung Ruine Hohenurach ■ Uracher Wasserfall ■ Gütersteiner Wasserfälle ■ Falkensteiner Höhle

Seeburg (Stadtteil von Urach) Kirche von 1720 mit romanischen Bauteilen und spätromanischen Fresken von 1300

Wittlingen (Stadtteil von Urach) Gotische Kirche mit Sterngewölbe und einem Glasgemälde von 1510

Freizeitangebot

Urach Thermal-Mineralbad ■ Thermal-Sportbad ■ Höhenfreibad ■ Campingplatz ■ Tennis ■ Reiten ■ Minigolf ■ Segel- und Motorflug ■ Rollschuh- bzw. Kunsteisbahn ■ Angeln

Sirchingen (Stadtteil von Urach) Skilift ■ Langlaufloipen

Hülben Tennis ■ Minigolf ■ Motor- und Segelflug

Veranstaltungen

Urach Uracher Schäferlauf, größtes Volksfest der Schwäbischen Alb (alle zwei Jahre) ■ Schloßkonzerte

Verkehrsmittel

Urach Bus: Ulm, Reutlingen, Tübingen, Lindau, Münsingen, Riedlingen, Stadtbusverkehr

Seeburg Bus: Urach, Münsingen

Wittlingen und Sirchingen Stadtbus nach Urach

Hülben Bus: Urach, Metzingen

Karte

L 7522 Urach

26 Münsingen/ Mehrstetten

Zu Unrecht: Schwäbisch Sibirien

Seit 1896 gibt es bei Münsingen einen Truppenübungsplatz, den zuerst die königlich württembergischen und kaiserdeutschen, dann die großdeutschen und nach dem Kriege die französischen Soldaten bevölkerten, bis der sogenannte »Gutsbezirk« auch von anderen Nato-Streitkräften umgeackert wurde. Sicherlich ist das Klima um Münsingen nicht gerade mit dem von Ascona zu vergleichen, aber der Name »Rauhe Alb«, den man für diese Region noch auf älteren Landkarten findet, dürfte von den Soldaten stammen, die auch im Winter ihre Zeit dort oben abreißen mußten. Münsingen war früher ein verschlafenes Nest, wo überhaupt nichts los war; der Winter kam die Soldaten dadurch besonders trostlos an.

Heute ist man mit Erfolg bemüht, die Infrastruktur zu verbessern, das Freizeitangebot zu vergrößern, und die verbesserte Mobilität infolge öffentlicher und privater Verkehrsmittel hat dem Gefühl des Abgeschnittenseins ein Ende bereitet.

In Münsingen wurde schwäbische Geschichte gemacht: Im alten württembergischen Schloß schlossen 1482 die ehemals zerstrittenen Vettern Eberhard im Bart und Eberhard der Jüngere den Münsinger Vertrag, durch den die zerrissenen Landeshälften wieder vereinigt wurden.

Mehrstetten, noch exponierter als Münsingen gelegen, hat vor einigen Jahren den besten Beweis dafür geliefert, daß es mit der Rauhheit der Münsinger Alb nicht so weit her ist. Unter großem Aufwand von Presse, Funk und Fernsehen sollte im »tiefsten Winter« eine Schwäbische Langlaufschule aus der Taufe gehoben werden. Es wurde eine Taufe im wahrsten Sinne des Wortes, und man mußte die Skiläufer bei strömendem Regen mit rollenden Latten versehen, um so tun zu können, als ob. Trotzdem: die Mehrstetter Langlaufschule genießt heute einen guten Ruf, und wer gerne auf Skiern durch die verschneite Winterwelt zieht, wird die schönen Langlaufspuren um Mehrstetten und Münsingen zu schätzen wissen.

1 Wo die Römer tiefe Spuren hinterließen

Münsingen – Trailfinger Schlucht – Seeburg – Rietheim – Münsingen / 3½ Std. / 130 m Ab- und Aufstieg meist im Schatten

Am Freibad vorbei, zwischen Hungerberg und Galgenberg – was mag da wohl besser sein? – wandern wir aufwärts über einen Rücken, der im Frühjahr mit Frühlingsenzian (Gentiana verna) und im Herbst mit Deutschem Enzian (Gentiana germanica) überzogen ist. Bald geht es hinunter in die Trailfinger Schlucht, in deren meist trockenem Bachbett links des Weges römische Wagen tiefe Spurrillen hinterlassen haben. Das Tal weitet sich ein wenig, heißt jetzt Mühltal und führt die Erms, die hier entspringt, deren Wasser aber gleich wieder nach Münsingen hochgepumpt wird. Seeburg mit seiner interessanten Kirche liegt auf einer hohen Tuffbank, und man sieht allenthalben die tiefen Steinbrüche, wo das begehrte Baumaterial früherer Zeiten gewonnen wurde. Von Seeburg steigen wir hinauf nach Rietheim, einem kleinen, hübschen Dörfchen, das seit der Gemeindereform zu Münsingen gehört. Am Hang über dem hintersten Ausläufer des Seeburger Tales – im Winter ist dies ein beliebtes Skigebiet – wandern wir hinüber zur Europäischen Wasserscheide Rhein/Donau, worauf eine Tafel an der Bundesstraße hinweist. Wir gehen über die Straße, auf den Galgenberg und kommen am Freibad wieder nach Münsingen zurück.

2 Beutenlay, ein Freilandmuseum für die Alb-Flora

Münsingen – Beutenlay – Münsingen / 1 Std. reine Wanderzeit

Genau südlich von Münsingen – die Wohngebiete sind schon bis an den Fuß der Kuppe gerückt – liegt der Beutenlay, der seit Mitte der sechziger Jahre systematisch zu einer Art Freilandmuseum der Alb-Flora umgestaltet wird. Museum deshalb, weil dort oben Pflanzen zu sehen sind, die früher jedes Kind kannte, die aber heute nahezu ausgerottet sind. Hier sei nur an die Kornrade (Agrostemma githago) erinnert, die als Acker-»Unkraut« die Spritzwut der Neuzeit zu spüren bekam. Auf dem Beu-

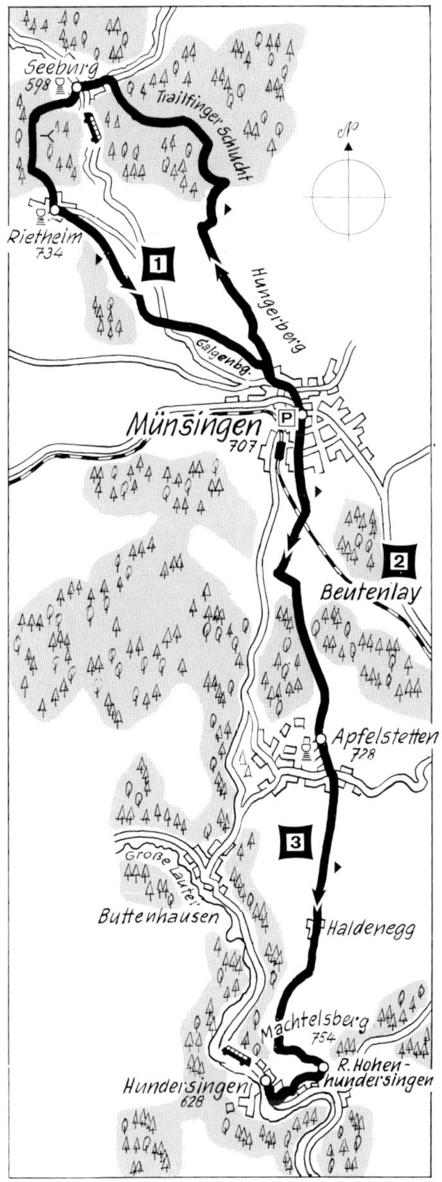

tenlay befindet sie sich in Gesellschaft von annähernd tausend verschiedenen Pflanzenarten – Bäume, Sträucher, Pilze, Blütenpflanzen, Flechten –, die entweder hier schon oder noch heimisch waren oder aber hier eingepflanzt wurden, um die einst typische Albflora zu erhalten und zu kultivieren. Es lohnt sich, dort hinaufzuwandern, die Aussicht auf das Münsinger Becken und die Albkuppen zu schauen und sich an der Vielzahl der Pflanzen zu erfreuen. Dabei empfiehlt es sich, das von der Stadt Münsingen herausgegebene Buch über den Beutenlay zu beschaffen.

3 Über die Münsinger Alb ins Lautertal

Münsingen – Apfelstetten – Ruine Hohenhundersingen – Hundersingen / 3 Std. / keine nennenswerten Höhenunterschiede, sehr viel Sonne

Wir machen heute einmal eine Wanderung, die so ganz anders ist als beispielsweise um Urach oder sonstwo am Nordrand. Von Münsingen ziehen wir über die weite, hügelige Albhochfläche ins Große Lautertal. Es geht südlich zur Stadt hinaus, am Skihang vorbei über Feld und durch Wald hinauf nach Apfelstetten, das heute zu Münsingen gehört. Bei klarem Wetter hat man von hier eine prächtige Alpensicht. Nun wandern wir über weite Felder hinüber zum Hof Haldenegg und zum Machtoldsberg, wo wir hoch über dem Lautertal stehen. An der Talkante gehen wir am Rande eines sehr schönen Wacholderhanges über dem Dörfchen Hundersingen hinüber zur Ruine Hohenhundersingen mit dem stolzen Bergfried, zu dem man über eine eiserne Treppe hinaufsteigt. Von der Burg führt dann ein schmaler Weg hinunter nach Hundersingen.

4 Täler-Tour

Mehrstetten – Böttental – Buchtal – Bärental – Schmiechtal – Heutal – Mehrstetten / 5 Std. / mehrmals Ab- und Aufstiege ohne große Höhenunterschiede, Sonne und Schatten

Am nördlichen Ortsrand von Mehrstetten verlassen wir das Sträßchen, das nach Böttingen führt, und steigen hinab ins schöne Böttental mit dem großen Wacholderhang. Am unteren Ende des Tales queren wir die Landstraße und biegen gleich wieder in ein Seitental, das Buchtal, ein. Bald kommen wir zur Buchtal-Hütte mit schönem Rast- und Spielplatz. Wir bleiben auf dem breiten Weg, zu dem ein von Magolsheim herführender Wanderweg stößt, dem wir durch den Wald folgen. Am Waldausgang links befindet sich ein Stück Truppenübungsplatz, von wo aus mit weitreichenden Geschützen in den Übungsplatz hineingeschossen wird.
Wir folgen dem Wanderweg über eine weite Hochfläche und steigen ins Bären-

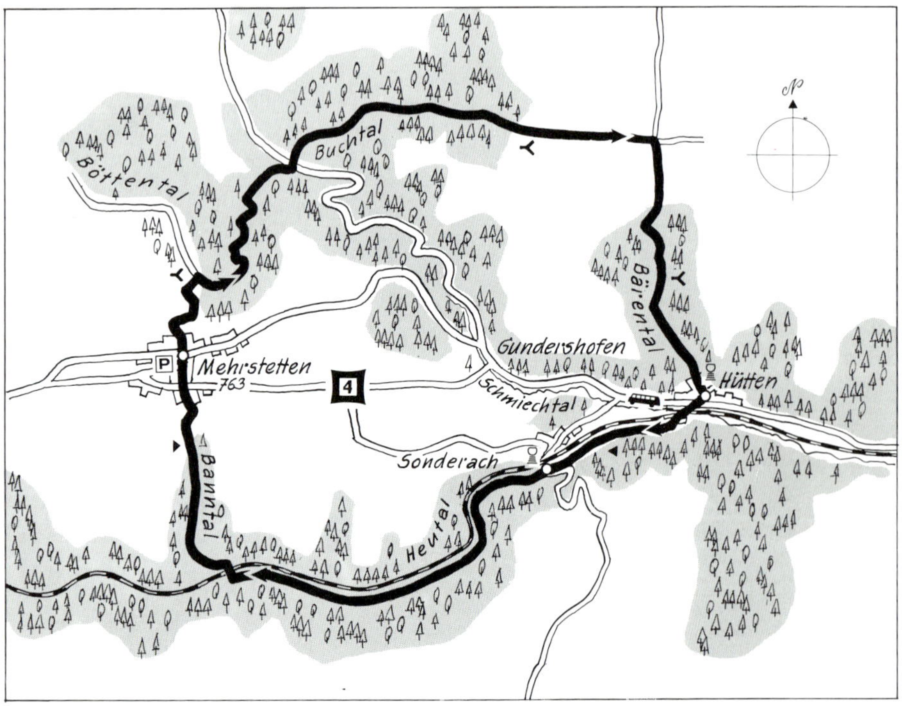

Typische Alb: Schafherden in Wacholderheiden. Und der Esel ist für den Transport des Pferches, der aus Elektrozaun und Batterie besteht, mit bei der Herde.

tal hinunter, das zuerst sanft und lieblich, bald aber eng und felsig wird. Am Ausgang kommen wir zur Landstraße, die wir bis Hütten entlanglaufen, um auf die Südseite des Schmiechtales zu gelangen.
Von Hütten über Sondernach folgen wir dem Alb-Südrandweg bis zu der Stelle im Heutal, wo der markierte Wanderweg links den Hang hinaufführt. Wir bleiben noch etwa ¼ Stunde an der Bahnlinie, die nur gelegentlich von Militärzügen befahren wird, und gehen dann durch ein von rechts herunterkommendes Seitentälchen nach Mehrstetten hinauf. Kehren Sie ruhig im »Hirsch« ein, man ißt und trinkt gut, und wenn Sie den Wirt reizen, singt er auch noch.

Sehenswertes

Münsingen Stadtkirche, eine frühgotische Pfeilerbasilika mit Chor von 1495 (Peter von Koblenz) ■ Schloß mit Heimatmuseum

Freizeitangebot

Münsingen Hallenbad ■ Freibad ■ Skilifte ■ Langlaufloipen

Mehrstetten Reiten ■ Skilift ■ Langlaufloipen

Verkehrsmittel

Münsingen Bus: Reutlingen, Urach, Riedlingen, Schelklingen, Biberach

Mehrstetten Bus: Schelklingen, Reutlingen

Hundersingen Bus: Riedlingen, Münsingen

Seeburg Bus: Urach Münsingen

Karten

L 7522 Urach, L 7722 Munderkingen

27 Das Tal der Großen Lauter

Paradies für Naturliebhaber

Infolge der fortschreitenden Verkarstung der Schwäbischen Alb versickert das Regenwasser schnell in Ritzen und Spalten, so daß der Grundwasserspiegel sehr tief liegt. Das Wasser sammelt sich in niedrigen Horizonten, wo es in oft starken Quellen, wie im Blautopf (s. Tour 16), im Brenztopf (s. Tour 4) sowie auf der Albnordseite beinahe in jedem Tal, wieder zutage tritt. Die Folge dieser Erscheinung ist eine große Trockenheit der Hochfläche; die meisten Täler sind entweder ganz trocken oder führen nur im Frühjahr bei der Schneeschmelze Wasser. Ganz wenige Bäche und Flüßchen ziehen über die Alb nach Südosten zur Donau hin: Brenz mit Lone und Hürbe, Kleine Lauter, Schmiech, Große Lauter, Zwiefalter Ach, Lauchert, Schmeie und Bära, um die wichtigsten zu nennen.

Sicherlich ist das Tal der Großen Lauter eines der schönsten und lieblichsten, ein Paradies für Spaziergänger, Wanderer, Kanuten sowie naturkundlich und historisch interessierte Menschen. Spaziergänger bummeln auf ebenen Wegen durch die Talaue; Wanderer können dem Auf und Ab der Höhen folgen und prächtige Blicke von Felsen und Burgen genießen; Kanuten fahren ab Buttenhausen abwärts bis fast zur Mündung in die Donau, wobei besonders Mutige auch den Hohen Giessel, einen Wasserfall, nicht auslassen. Botaniker finden viele seltene Pflanzen im und ums Lautertal: Märzenbecher, Küchenschelle, Schwertlilie, Trollblume, Eisenhut, Knabenkräuter, Ragwurzen, blauen und gelben Enzian und natürlich die Symbolpflanze der Alb, die Silberdistel. Nach dem früher so seltenen Graureiher braucht man heute auch nicht mehr lange Ausschau halten: Man findet ihn an der Lauter, wo er – zum Leidwesen der Angler – den Fischen auflauert.

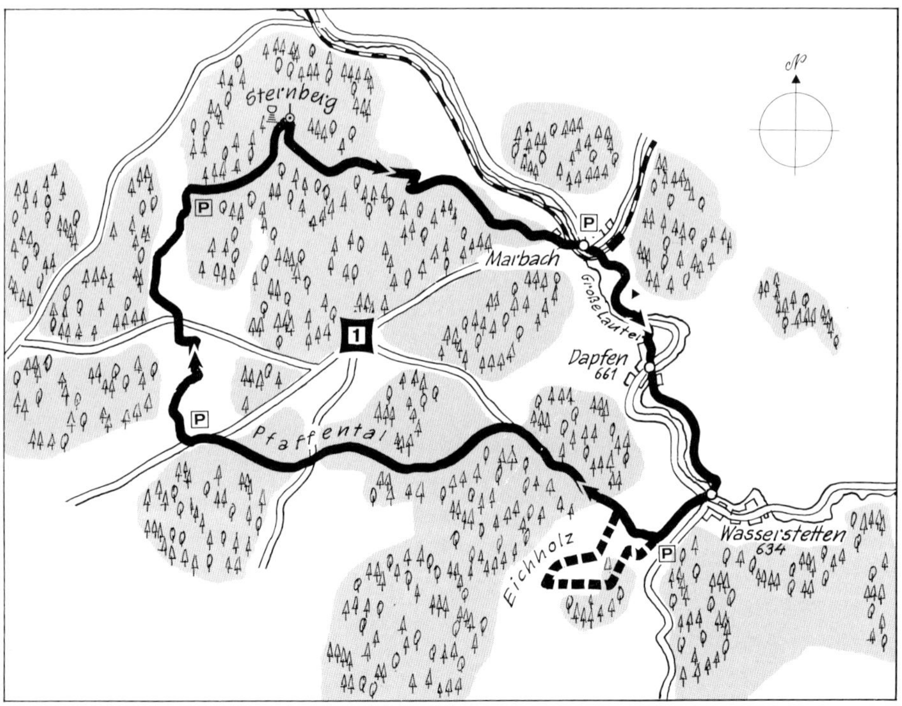

1 Wacholderheiden und Pferde

Marbach – Lautertal – Pfaffental – Sternberg – Marbach / 4½ Std. / geringe Höhenunterschiede / mehr Sonne als Schatten

Von Marbach lautertalabwärts wandern wir nach Dapfen und Wasserstetten und biegen dort ins Pfaffental ab, das sich durch Einsamkeit und eindrucksvolle Wacholderhänge auszeichnet. Wer sich für seltene Albpflanzen interessiert, sollte vom Wanderparkplatz aus in das kleine, südlich führende Tälchen – hier blühen im Frühjahr unzählige Märzenbecher (Leucojum vernum)! – hineinwandern und gleich bei erster Gelegenheit rechts den Hangweg auf die Hochfläche hinaufgehen. Oben im Naturschutzgebiet Eichholz ist ein großes Vorkommen des Gelben Enzian (Gentiana lutea). Über die alte Eglinger Steige gelangen wir wieder hinunter ins Pfaffental.

Im hinteren Pfaffental überqueren wir das Sträßchen Marbach – Ödenwaldstetten und erreichen dann bald den Wanderweg, der uns über die schöne Sternbergheide zum Aussichtsturm hinaufführt, dessen 141 Stufen man unbedingt erklimmen sollte, denn dann liegt einem die ganze »Buckelalb« zu Füßen. Wieder hinunter über die Wacholderheide und an den Hängen des jungen Lautertales entlang erreichen wir bald unseren Ausgangspunkt Marbach, wo wir dem Württembergischen Haupt- und Landesgestüt einen Besuch abstatten wollen, zumal Ställe und Weiden für jedermann frei zugänglich sind. Das 1550 gegründete Gestüt genießt als Heimat- und Herkunftsort bekannter Hengste und Stuten – wie Jasir, Hadban, Julmond, Sahmet – internationalen Ruf. Als Königin Elizabeth von England vor einigen Jahren den Wunsch äußerte, anläßlich ihres Besuches in Baden-Württemberg auch Marbach zu besichtigen, war man bemüht, ein schönes Programm zusammenzustellen. Nach dem Besuch des Schiller-Geburtshauses und des Schiller-Nationalmuseums fragte sie den Protokollbeamten: »And where are the horses?« Man hatte sie nach Marbach am Neckar gebracht, sie aber wollte nach Marbach an der Lauter ...

2 Burgenwanderung im Lautertal

Hundersingen – Bichishausen – Bürzel – Wittsteig – Ruine Hohengundelfingen – NSG Reichhartsberg – Hundersingen / 4 Std. / Auf- und Abstiege um 100 m, sonnig / April = Blütezeit der Küchenschelle!

Von Hundersingen wandern wir talab

nach Bichishausen mit der gleichnamigen Burg. Am Hang über der Zwiebelturmkirche geht es dann hinauf zu den Steighöfen und zum Aussichtspunkt Bürzel, der über einer großen Schleife des Lautertales liegt. Auf dem Umlaufberg sehen wir die Ruine Niedergundelfingen, am gegenüberliegenden Berghang wird eine große Felsengruppe durch die Ruine Hohengundelfingen gekrönt. An der Hangkante folgen wir dem Lautertal und kommen hinunter zur Wittsteig, einem Weiler mit nur wenigen Häusern.

Der »Spitzige Stein«, eine Felsnadel bei Gundelfingen, beliebt bei Kletterern und Fotografen.

Dort geht es dann bergan zur Ruine Hohengundelfingen, deren Restaurierung und Konservierung sich ein Privatmann viel Geld hat kosten lassen. Die Aussicht vom Bergfried ist wirklich überwältigend, und wir können von hier einen großen Teil unseres Wanderweges verfolgen. Unterhalb der Wittsteig lugt noch die Burg Derneck hervor, eine der zahlreichen Ruinen des Lautertales.
Nun geht es zuerst nach Dürrenstetten, dann eine knappe ½ Stunde nordwärts, bis von Westen her ein kleines Tälchen heraufkommt. An dessen Nordflanke wenden wir uns nach Westen und gelangen in das Naturschutzgebiet Reichhartsberg. Wir wandern bis an die Talkante des Lautertales über Bichishausen, wo im April Hunderttausende von Küchenschellen (Pulsatilla vulgaris) blühen, die – bitte beachten! – unter absolutem Schutz stehen. Auf der Hochfläche gehen wir in nordwestlicher Richtung weiter, vorbei an schönen alten Baumgruppen und einem Rastplatz. Vom Wanderparkplatz steigen wir direkt zu einem zweiten Parkplatz an der Landstraße hinunter, die wir dort überqueren, um parallel zur Straße talabwärts zu wandern. In diesem Tal sowie in dem nach rechts abbiegenden Tälchen kann man an den Hängen sehr schöne Versteinerungen finden. Weiter unten kommen wir direkt zum Ausgangspunkt zurück.

3 Zur Märzenbecher-Blüte ins Wolfstal

Anhausen – Unterwilzingen – Laufenmühle – Wolfstal – Erbstetten – Ruine Wartstein – Anhausen / 5 Std. / außer dem Abstieg vom Wartstein nur mäßige Höhenunterschiede, viel Schatten

Vom »Adler« in Anhausen steigen wir – vorbei am alten Sühnekreuz – an den Hang der Burghalde hinauf. Auf dem Berg befindet sich eine hallstattzeitliche Fliehburg mit Wällen und Gräben. Bald geht es wieder hinunter auf die Sohle des Lautertales, dem wir auf der rechten Seite abwärts folgen. Links drüben ist die Felswand der Ochsenlöcher, Ausschwemmungen aus früherer Zeit. Rauschende Wasser im Gebüsch und in einem Erlenhain zeigen an, daß die Lauter über Tuffbänke in die Tiefe stürzt. Der zweite Wasserfall ist der Hohe Giessel, wo man manchmal die Künste der Kajakfahrer beobachten kann. Droben an der linken Talkante erscheint die Ruine Wartstein, weiter unten im Tal auf der rechten Seite der – störend – restaurierte Bergfried der Ruine Reichenstein. Bald stürzt die Lauter bei der Laufenmühle über eine weitere Tuffbank, um dann von dort gemach der Donau zuzufließen.
Wir verlassen die seit der Mühle benutzte Straße und wandern links in das enge Wolfstal hinein, wo im zeitigen Frühjahr Millionen von Märzenbechern (Leucojum vernum) blühen. Gemächlich gelangen wir beim Vogelhof auf die Hochfläche, durchqueren Erbstetten und streben einem weiteren Höhepunkt unserer Wanderung, dem Wartstein, entgegen, von dem aus man ins Lautertal hinunter und über die Alb sehen kann.
Ein steiler Abstieg vom Gemsfels ins Tal ist eigentlich die einzige Schwierigkeit dieser Wanderung, wenn man davon überhaupt sprechen kann. Talaufwärts bleiben wir jetzt auf dieser Seite der Lauter, überqueren sie erst beim Wanderparkplatz, um zum Ausgangspunkt zurückzukehren. Abschluß dieser herrlichen Wanderung mag eine Vesper im »Adler« sein, und wer ein Viertele Wein schätzt, der wird bei Vitus Frey bestens beraten.

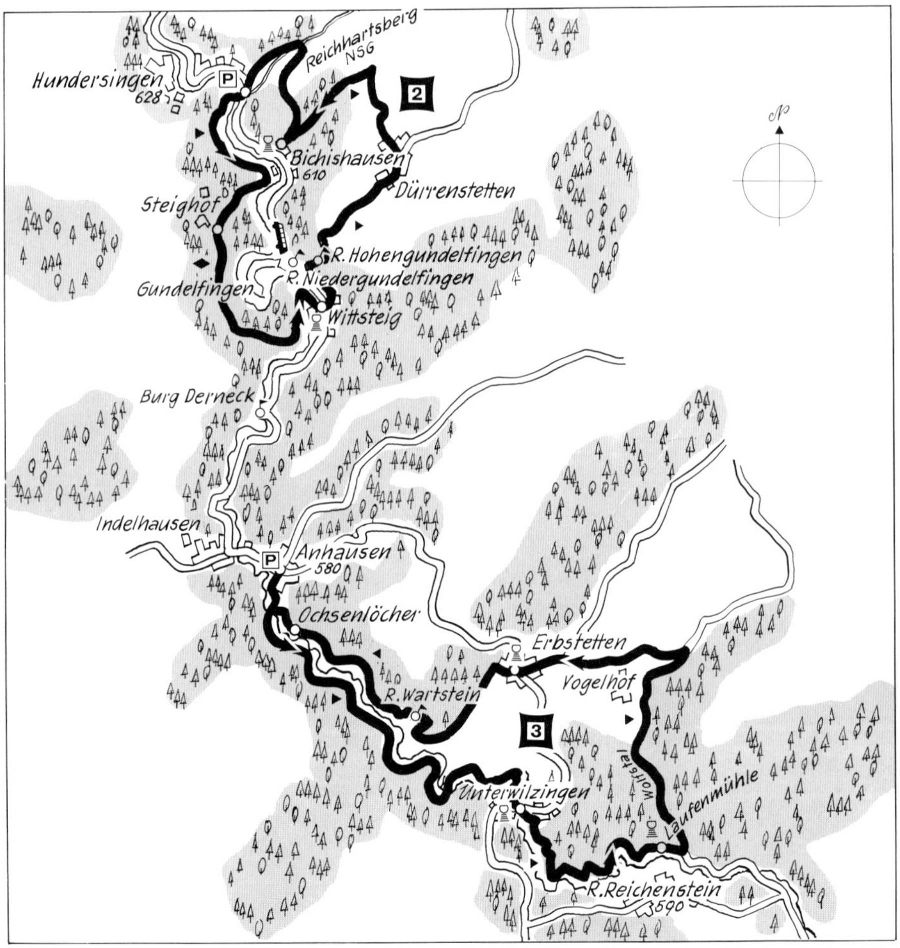

Sehenswertes

Marbach Württembergisches Landesgestüt

Lautertal (allgemein) Viele Ruinen ■ kleinere und größere Höhlen ■ Wacholderheiden mit schöner Flora

Freizeitangebot

Lautertal (allgemein) Hallenbad (Gomadingen) ■ Kanuverleih (Bichishausen) ■ Minigolf (Anhausen)

Verkehrsmittel

Marbach Bus: Reutlingen, Münsingen

Lautertal zwischen Buttenhausen und Indelhausen Bus: Münsingen, Riedlingen

Karte

L 7722 Munderkingen

28 Zwiefalten/ Obermarchtal

Juwelen des Barock und Rokoko

Johann Michael Feuchtmayer als Stukkateur sowie Franz Joseph Spiegler und Meinrad von Ow als Maler statteten das von Johann Michael Fischer erbaute Zwiefaltener Münster in »vollkommenster Gesamtharmonie von Raum, Form und Farbe« (Dehio) aus.

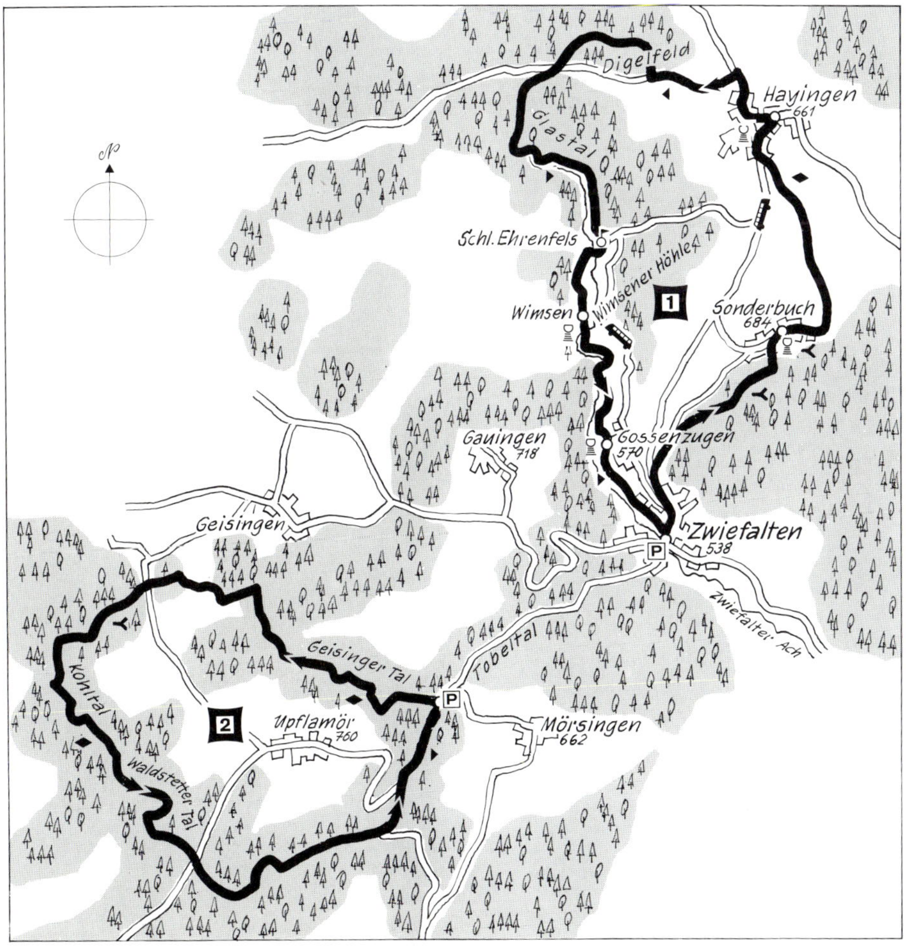

Dort, wo die Alb beinahe unmerklich ins Schwäbische Oberland übergeht, wo manchmal nur die Donau den Trennungsstrich zieht, finden wir zwei ehemalige Klöster, die 1803 im Zuge der Säkularisierung aufgelöst wurden. Die Kirchen sind hervorragende Denkmale barocker Sakralbaukunst im Übergang zum Rokoko.

Zwiefalten, im Jahre 904 erstmals erwähnt, war ein sehr altes Kloster, das 1089 von Altenburg bei Reutlingen hierher verlegt wurde. Dem zunächst nur benediktinischen Männerkloster wurde späterhin außerhalb der Wehrmauer ein Frauenkloster angegliedert. Dort herrschte strengste Zucht, die Nonnen sollen sogar in ihren nur mit kleinen Fenstern versehenen Zellen für den Rest ihres Lebens eingemauert worden sein. In den Jahren 1740 bis 1765 wurde das heutige Münster erbaut. Die 45 Meter hohe Fassade ist ein Meisterwerk Johann Michael Fischers. Die Deckenfresken stammen von Franz Josef Spiegler und Meinrad von Ow, die Stuckarbeiten von Johann Michael Feuchtmayer. Der lichte Kirchenraum vermittelt einen überwältigenden Gesamteindruck; allerdings wirkt die Ausschmückung im Detail oft überladen.

Viel strenger bietet sich der Innenraum der Kirche des ehemaligen Prämonstratenser-Reichsstiftes Obermarchtal dem Besucher dar. Diese von Michael und

Christian Thumb sowie von Franz Beer im Vorarlberger Barockstil erbaute Kirche ist fast ganz in Braun, Schwarz und Weiß gehalten, und nur die Altargemälde bringen Farbe ins Bild. Besonders wertvoll ist die berühmte Holzhay-Orgel.

Auf ihrer Fahrt von Wien nach Paris 1769 logierte hier Marie Antoinette, die spätere Frau Ludwigs XVI., und zwar just zur gleichen Zeit, als Sebastian Sailer dort Kapitular war. Sailer war wegen seiner sehr volkstümlichen Predigten, die er »geistliche Hosenträger zum Zusammenhalt der oberen und unteren Teile des Menschen« nannte, allseits beliebt, bei der geistlichen Kollegenschaft zuweilen auch gefürchtet. Seine »Schwäbische Schöpfungsgeschichte« ist für denjenigen, der den Dialekt versteht, eine Fundgrube für lebensnahe Ausdrucksweise.

Nach der Säkularisierung fiel Obermarchtal an die Fürsten Thurn und Taxis, die es vor kurzem dem Bistum Rottenburg-Stuttgart verkauften. In der Zwiefalter Klosteranlage ist jetzt eine Heilanstalt untergebracht.

1 Mit dem Kahn ins Albinnere

Zwiefalten – Sonderbuch – Hayingen – Digelfeld – Glastal – Wimsener Höhle – Zwiefalten / 5 Std. / 180 m Aufstieg, sonst nur mäßige Höhenunterschiede

Wir steigen nach Sonderbuch hinauf und wandern hinüber nach Hayingen, einem alten Städtchen mit interessanten Fachwerkhäusern. Weiter geht es in eine der schönsten Wacholderheiden der Alb, ins Digelfeld. Im Juni ist es Standort von vielen Fliegenragwurzen (Orphrys insectifera) und Kuckucksblumen (Platanthera bifolia), im Oktober von Deutschen Enzianen (Gentiana germanica). Hinter der sogenannten Hayinger Brücke, einer vielfachen Wegekreuzung, gelangen wir ins Glastal, wo an einem Felsen unterhalb des steil aufragenden Lämmersteins nach der Schneeschmelze eine starke Quelle hervortritt, die im Sommer praktisch ausgetrocknet ist. Dieses Tal im zeitigen Frühjahr hinunterzuwandern, ist besonders schön, da der Bach von Sumpfdotterblumen gesäumt wird und die seltene, scheue Wasseramsel beobachtet werden kann. Auch hier treffen wir wieder einmal auf ein Pumpwerk für die Albwasserversorgung. Rechts droben, wo wir später hinaufwandern, erscheint Schloß Ehrenfels, die im Barockstil erbaute ehemalige Sommerresidenz der Zwiefalter Äbte.

Bald kommen wir hinunter zur Wimsener Mühle und zu der in einem Winkel versteckten Wimsener Höhle, der einzigen befahrbaren Wasserhöhle der Alb. Wenn die Schiffahrt nicht in Betrieb ist, können Sie den Kapitän im Gasthaus holen, damit er Sie in die Höhle einfährt und Ihnen alles erklärt. Nach der Mühle verengt sich das Tal, man wandert an schroffen Felsen entlang und überschreitet die Zwiefalter Ach zweimal. So ein klares Wasser hat man schon lange nicht mehr gesehen! Hier tummeln sich die Forellen, denen es etwas besser geht als denen in der Fischzuchtanstalt am Ende der Schlucht. Diese sind zwar durch die über den Becken gespannten Fäden vor den Fischreihern geschützt, aber sie haben lange nicht so viel Platz wie ihre freien Artgenossen. Das Tal erweitert sich; links droben in den Fichten ist eine große Reiherkolonie, die man schnell findet, weil dort meist ein Mordsspektakel herrscht. Vor uns sehen wir das kleine Dörfchen Gossenzugen, wo einst die Handwerker und Arbeiter des Klosters Zwiefalten wohnten. Die interessante Kapelle wurde gleichzeitig mit dem Zwiefaltener Münster erbaut, und zwar von den Künstlern Fischer, Feuchtmayer und Spiegler, die auch das Münster errichtet haben. Die letzte Wegstrecke bis Zwiefalten haben wir immer die schöne Kirche vor Augen.

2 Durch einsame Täler

Geisinger Tal – Kohltal – Waldstetter Tal / 4 Std. / keine nennenswerten Höhenunterschiede, viel Schatten

Früher war es einmal sehr schön, von Zwiefalten aus durch das enge Tobeltal hinauszuwandern; in den letzten Jahren hat man allerdings das Tal einer Fahrstraße geopfert! Deshalb beginnen wir unsere Wanderung am Ende des Tobeltales, bald nach der Abzweigung der Straßen nach Mörsingen bzw. Hochberg. Rechts hinein geht das Geisinger Tal, wo man ganz seinen Gedanken nachhängen kann, denn man trifft dort höchst selten einen Menschen und ist mit sich und der Natur alleine. Ein Eichelhäher schimpft über die Störung, ein Milan zieht lautlos seine Kreise, eine Blindschleiche schlängelt sich über den Weg. Links und rechts blühen Gelber Eisenhut (Aconitum vulparia), die seltene Akeleiblättrige Wiesenraute (Thalictrum aquilegifolium), die meist sehr verlaust ist, die Quirl-Weißwurz (Polygonatum verticillatum), Knabenkräuter (Orchis), Wintergrüngewächse (Pyrola) und viele andere seltene Pflanzen mehr.

Nach etwa 1 Stunde sehen wir droben Geisingen liegen. In dem von links einmündenden Tal kommt ein anderer Wanderweg herunter, der gleich wieder nach Westen abbiegt. Diesem westlichen Weg folgen wir über den Muttenbühl ins Kohltal, das durch ein interessantes Bannwaldgebiet führt und bald ins Waldstetter Tal übergeht. Wer im Juni hier wandert und die Augen offenhält, bemerkt links und rechts in den Wald hineinführende Trampelpfade: Sie leiten zu Standorten des Frauenschuh (Cypripedium calceolus), der so selten ist, daß demjenigen, der eine Blüte bricht oder gar einen Stock ausgräbt, die Finger von der Hand fallen mögen!

Hinter den Doppeltürmen der Klosterkirche Obermarchtal an der Donau erheben sich die Hügel des »Landgerichts«, südliche Ausläufer der Schwäbischen Alb.

Im unteren Waldstetter Tal, auf einer breiten Wiese, findet man eine große Zahl von Trollblumen (Trollius europaeus). Bald sind wir an unserem Ausgangspunkt, nachdem wir einmal »Natur aus erster Hand« erlebt haben.

3 Wo die Lauter in die Donau mündet

Obermarchtal – Lauterach – Hochberg – Talheim – Obermarchtal / 2½ Std. / 150 m Auf- und Abstieg / halb Schatten, halb Sonne

Eine kleine Rundwanderung führt uns vom Kloster zunächst durch das Donautal zur Mündung der Lauter, der wir dann flußaufwärts durch Lauterach bis zum unteren Ende des Wolfstales folgen. Dort steigen wir auf den Hochberg hinauf, wo uns eine umfassende Rundsicht auf die Alb, das Donautal und das Oberland bis hin zu den Alpen erwartet. Über Talheim kommen wir wieder zur Donau hinunter, über der sich die Klosterkirche Obermarchtal erhebt.

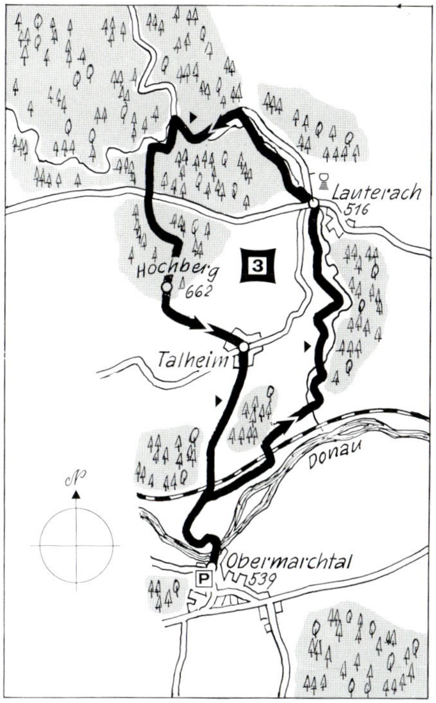

Sehenswertes

Zwiefalten Barocke Klosterkirche von 1765
Obermarchtal Barockkirche (Holzhey-Orgel)

Freizeitangebot

Zwiefalten Freibad ■ Tennis ■ Fahrradverleih ■ Angeln ■ Skilift ■ Langlaufloipen ■
Hayingen Tennis ■ Naturtheater

Veranstaltungen

Zwiefalten Münsterkonzerte und Orchestermessen an Festtagen

Verkehrsmittel

Zwiefalten und Hayingen Bus: Münsingen, Riedlingen
Obermarchtal Bus: Riedlingen, Ehingen

Karten

L 7722 Munderkingen, L 7922 Saulgau

29 Riedlingen

Am Übergang zum Schwäbischen Oberland

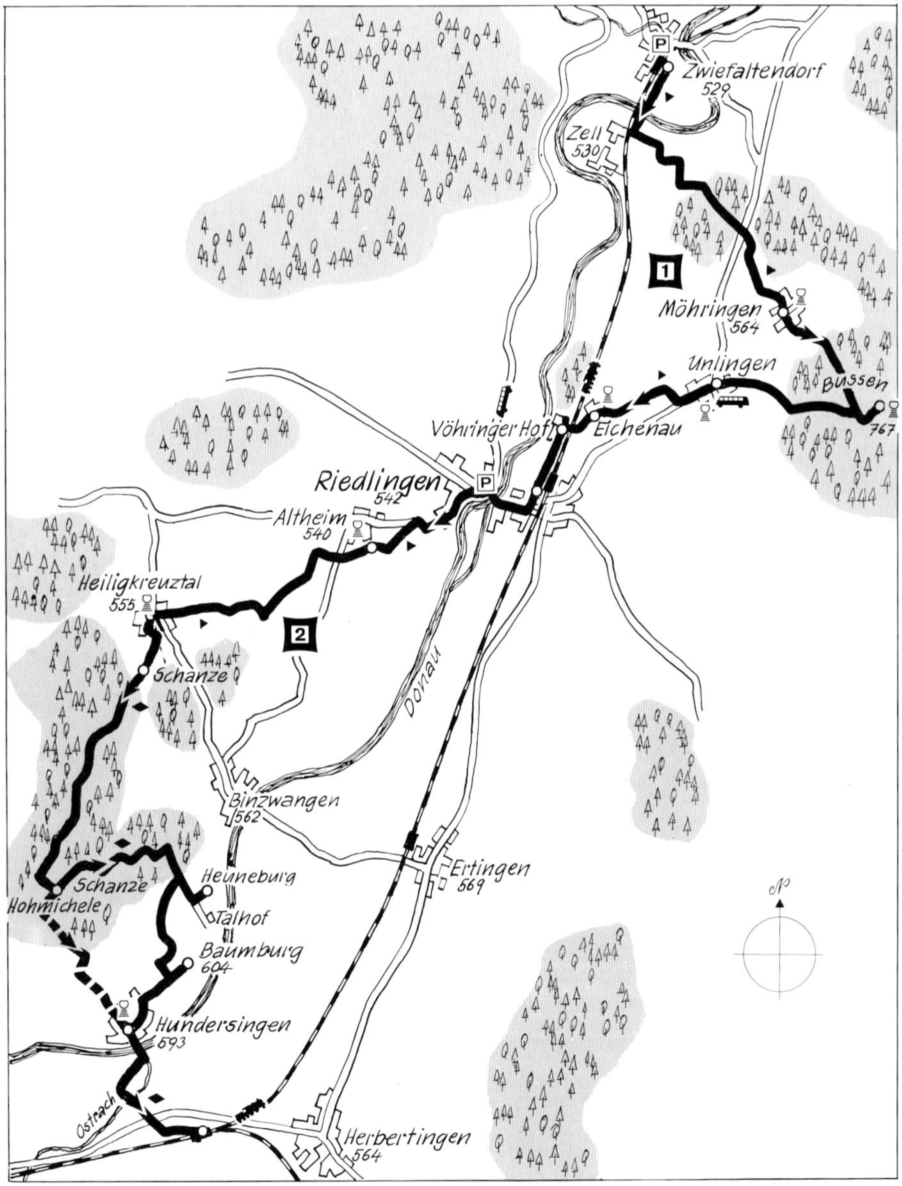

Zwischen Riedlingen und Mengen wird man meist vergeblich die weißen Kalksteine des Schwäbischen Jura, der Alb, suchen: Sie sind vom Moränenschotter der Riß- und Würmeiszeit bedeckt. Die vom Albnordrand nach Süden hin schräg abwärts verlaufenden Kalkschichten »verschlupfen« unter dem württembergischen Oberland, dem tertiären Diluvialgebiet. Auf den Feldern findet man hier keine kantigen Kalksteine mehr, sondern rundgeschliffene Kiesel. Dieser Kies wird im Donautal im großen abgebaut; so befinden sich u.a. bei Ertingen und Unlingen bedeutende Kieswerke, die ihre Produkte bis in den Stuttgarter Raum transportieren.

Die letzten südlichen Bergzüge der Alb – Landgericht, Tautschbuch und Andelfinger Berg – sind Gebiete für die Stille suchende Wanderer. An klaren Tagen bescheren sie überdies beglückende Aussichten weit übers Oberland bis hin zu den Alpen.

Riedlingen, das malerisch über der Donau aufsteigende Städtchen, hat im Laufe seiner über 1100jährigen Geschichte manchen Herrn gehabt. Zunächst waren es die Grafen von Veringen, denen wir auch an anderer Stelle auf der Alb begegnen (s. Tour 36 und 37). Diese verkauften es um 1300 an die Habsburger, die es 1314 an die Hohenberger und etwas später an die Ellerbacher verpfändeten. 1335 verlieh Ludwig der Bayer dem Flecken das Marktrecht, gab ihn aber an die Truchsesse von Waldburg, wodurch Riedlingen vorderösterreichisch wurde. 1543 kam es an Tirol, 1680 wurde es aus der Waldburger Pfandschaft ausgelöst und fiel 1805 an Württemberg. Teile der alten Stadtbefestigung und Fachwerkhäuser künden ebenso von der Vergangenheit wie die St.-Georgs-Kirche, die Weilerkapelle und das ehemalige Kapuzinerkloster.

1 Der »heilige Berg« Oberschwabens

Zwiefaltendorf – (Zell) – Möhringen – Bussen – Unlingen – Eichenau – Riedlingen / 4 Std. / etwa 200 m Auf- und Abstieg, viel Sonne / Besonders empfohlen für klare Tage!

Unser Ausgangspunkt Zwiefaltendorf, an der Mündung der Zwiefalter Ach in

Idyllische Partie der Riedlinger Altstadt am Ufer der Donau.

die Donau gelegen, bietet – abgesehen von der außerhalb gelegenen Marienkapelle – zwei Besonderheiten. Die eine ist die Michaelskirche mit schönen Grabmälern und einem Chorgestühl des Ulmers Jörg Syrlin von 1499, die andere ein Storchenpaar, das alljährlich auf den Kirchturm zurückkehrt. Diese Tiere sind bei uns sehr selten geworden.
Wir gehen neben der Bahnlinie donauaufwärts durch die feuchte Aue und können dabei manchmal den Störchen und Fischreihern bei der Nahrungssuche zuschauen. Bei Zell verlassen wir das Tal und wandern durch Wald und Feld und an Kieswerken vorbei nach Möhringen und hinauf auf den Bussen, den »Mons suevis«, wie der Berg von alters her genannt wurde. Wir erreichen das kleine Hochplateau bei der Kirche, die in wesentlichen Teilen – Turm und Chor – aus dem Jahr 1516 stammt und 1781 umgestaltet wurde. Es ist eine Wallfahrtskirche, die für den Strom der Pilger zu klein wurde, so daß man 1960 ein neues Schiff erbaut hat, in das der alte Turm mit einbezogen ist. Die erste Nennung des Bussen datiert von 805, und zwar stand hier damals eine Basilika, die zuerst zu St. Gallen, dann zur Reichenau gehörte.
Östlich der Kirche, durch einen Graben getrennt, befindet sich ein Aussichtsturm, ältester Teil einer der beiden Burgen, die einmal hier oben gestanden haben sollen. Die Geschlechter, die wir im Zusammenhang mit Riedlingen genannt haben, tauchen auch hier auf; letzte Besitzer waren die Thurn und Taxis.
Wenn man das Glück hat, an einem klaren Tag auf diesem Turm zu stehen, dann kann man eine Fernsicht genießen, die man sein Leben lang nicht mehr vergißt. Scheffold zählte in seinem über 120 Jahre alten Bussen-Panoramabüchlein mehr als 500 Orte auf, die man von hier sieht; die Krönung ist natürlich die Alpenkette von der Zugspitze bis zu Eiger, Mönch und Jungfrau!
Nun wandern wir hinunter nach Unlingen, wo sich früher eine Richtstatt befand, auf der um 1600 etwa 40 Hexen verbrannt wurden. Interessant sind einige Gebäude dieses Dorfes, einst eine kleine geistliche Residenz. Der Ort liegt wieder im Donautal, wird aber von der Kanzach durchflossen, die aus dem Buchauer Federsee kommt. Wir gehen eben hinüber zur Siedlung Eichenau, 1949 durch Ungarndeutsche gegründet, deren Vorfahren 1720 von Hessen nach dorthin ausgewandert waren. Auf der Westseite der Bahnlinie Ulm – Donaueschingen erreichen wir bald die Station Riedlingen.

2 Heiligkreuztal und Heuneburg

Riedlingen – Altheim – Heiligkreuztal – Hohmichele – Heuneburg – Hundersingen – Bahnhof Herbertingen / 6 Std. / unbedeutende Höhenunterschiede, zwei Drittel Sonne, ein Drittel Schatten

Von Riedlingen ist es nur ein kurzes Wegstück nach Altheim, einer sehr alten Siedlung, worauf alemannische Reihengräber in der Umgebung hinweisen. Man glaubt, daß sich hier einmal der Mittelpunkt einer Grafschaft befand. Gesichert ist dies dadurch, daß Altheim Gerichtsort war, wobei man annimmt, daß sich die Gerichtsstätte auf dem großen Platz um die Martinskirche befand. Diese Kirche wird 1227 erstmals erwähnt, ist in ihren Ursprüngen aber sicherlich wesentlich älter. Die 1747 erfolgte neue Innengestaltung im Barockstil stammt von Feuchtmayer (Stuck) und Spiegler (Gemälde). Ein ehedem in Altheim bestehendes Frauenkloster wurde 1227 weiter nach Westen verlegt. Es ist Heiligkreuztal, wohin wir bald gelangen.
Der frühere Altheimer Schwesternkonvent wurde 1233 in ein Zistertienserinnenkloster umgewandelt und 1238 dem Abt des Klosters Salem am Bodensee unterstellt. Es hat eine sehr wechselvolle Geschichte hinter sich, wurde beschenkt, verkauft, belehnt, geplündert und 1804 aufgehoben. Dann hat man die Gebäude zweckentfremdet – u.a. war eine Brauerei untergebracht – und die Kunstschätze gestohlen, verschleudert und zerstört. Seit 1972, als die Stephanus-Gemeinschaft das Anwesen erwarb, wird die Anlage in mühevoller Arbeit restauriert und wieder genutzt. Die wiederhergestellten Gebäude sind heute ein Schmuckstück, in denen viele Kunstwerke erhalten werden, zum Beispiel ein prächtiges Chorfenster von 1312, eine Johannesminne von etwa 1310 und ein Kreuztragender Christus von Multscher um 1450.
Nun haben wir eine mehr als einstündige Waldwanderung vor uns, die uns zu zwei großen Viereckschanzen aus der Latènezeit (um die Geburt Christi) bringt. Nach der ersten Schanze kommen wir an einem See vorbei; hier war früher einmal ein Fischweiher des Klosters. Nach einiger Zeit erreichen wir das Hohmichele, den größten Grabhügel Mitteleuropas, der in der Nachbarschaft mehrerer kleinerer Grabhügel liegt. Der Hohmichele ist ein Fürstengrab, das aus der ersten Hälfte des 6. Jahrhunderts v. Chr. stammt. Man nimmt an, daß es sich bei dem Toten um den Begründer der Heuneburg-Dynastie gehandelt hat.
Vorbei an weiteren Grabhügeln verlassen wir den Wald und gehen hinüber zur Heuneburg, die am Abhang zur Donau liegt. Hier finden seit vielen Jahren laufend Grabungen statt, die ergeben haben, daß an dieser Stelle die größte keltische Fürstenburg Mitteleuropas gestanden hat. Immer wieder fördern die Archäologen hier neue, umwälzende Erkenntnisse zutage.
Über Hundersingen, das ebenfalls am Hang des Donautales liegt, gelangen wir hinunter ins Tal und hinüber zum Bahnhof von Herbertingen.

Sehenswertes

Riedlingen Pfarrkirche St. Georg von 1344 mit schönen Bildwerken ■ Ehem. Kapuzinerkloster ■ schöne Fachwerkhäuser in der Innenstadt ■ Weilerkapelle von 1722 ■ Heimatmuseum

Altheim Pfarrkirche St. Martin von 1293, 1747 barockisiert; Fragment eines spätgotischen Hungertuches von 1500 ■ St.-Nikolaus-Kapelle

Heiligkreuztal Ehem. Zisterzienserinnenkloster von 1227 mit Münster und Kreuzgang

Zwiefaltendorf Pfarrkirche St. Michael mit Chorgestühl von Jörg Syrlin und schönen Grabdenkmälern

Unlingen Pfarrkirche von 1713 im Barockstil mit wertvollen Bildwerken und Gemälden ■ Ehem. Klosterkapelle mit spätgotischer Madonna aus der Ulmer Schule

Freizeitangebot

Riedlingen Segelfliegen ■ Tennis ■ Reiten ■ Angeln

Verkehrsmittel

Riedlingen Bahn: Ulm – Sigmaringen ■ Bus: Münsingen, Reutlingen, Saulgau

Zwiefaltendorf Bahn: Ulm – Sigmaringen

Herbertingen Bahn: Ulm – Sigmaringen ■ Bus: Riedlingen

Altheim Bus: Riedlingen, Sigmaringen

Karten

L 7722 Munderkingen, L 7922 Saulgau

30 Reutlingen

Zwischen Zeugenberg und Vulkan

Mit knapp 100 000 Einwohnern ist Reutlingen die größte Stadt, die unmittelbar am Fuße der Alb liegt. Ihre Größe verdankt sie zum einen einer vielseitigen Industrie, zum anderen der Gemeindereform, die eine Anzahl von Gemeinden im Umland zu Stadtteilen, postalisch zu Nummern, gemacht hat.
Früher hieß es: »Die Tübinger haben den Geist und die Reutlinger das Geld.« Auch wenn man den einstigen Spruch von der »Stadt der Millionäre« weit von sich weist, so ist doch Geld vorhanden. Und es kam auch Geist dazu, einerseits durch das einst weltbekannte »Textiltechnikum«, andererseits durch die Pädagogische Hochschule sowie die Westdeutsche Gerberschule, Gründungen der Nachkriegszeit.
Uhland schrieb in seinem Gedicht über die Schlacht bei Reutlingen: »Wie haben da die Gerber so meisterlich gegerbt, wie haben da die Färber so purpurrot gefärbt ...« Reutlingen war früher eine ausgesprochene Textil- und Lederstadt, doch davon ist praktisch nichts mehr geblieben. Heute dominieren hier Metall- und Elektroindustrie, Maschinenbau und Metalltuchfabrikation.
Was drei Bombenangriffe im Jahre 1945 begonnen haben, das wurde nach dem Krieg weitergetrieben: die Verschandelung der Stadt. Im Zuge des Wiederaufbaus durch Betonburgen, Glaskästen und vor allen Dingen dadurch, daß man es darauf anlegte, den Verkehr in das Zentrum hineinzuziehen, anstatt ihn rechtzeitig außen herumzuleiten. Von der schönen alten ehemaligen Freien Reichsstadt blieben nur noch wenige Zeugen übrig: die mächtige Marienkirche, die Nikolaikirche, das Tübinger und das Gartentor, das frühere Heiliggeistspital am Marktplatz, das Spendhaus, das ehemalige Neue Spital und der Königsbronner Pfleghof, der heute das Heimatmuseum beherbergt.
Der Marktplatz, der noch einen schönen Brunnen aufweist, ist durch Sparkasse, Banken, Kaufhäuser und nicht zuletzt durch das neue Rathaus wahrlich keine Zierde mehr. Den einst freien Blick auf das stolze Tübinger Tor hat man teilweise durch einen überdachten Fußgängersteg verstellt und die »Spinatschachtel«, ein grün angepinselter Versicherungsklotz, rundet das Bild dort ab.
Das Schönste an Reutlingen ist seine Lage zwischen Achalm und Georgenberg sowie seine günstige Ausgangstellung für unzählige Wanderungen an und auf der Alb.

1 Die Achalm, der Hausberg

Reutlingen – Achalm – Eningen / 2½ Std. / 350 m Auf- und 250 m Abstieg / mehr Sonne als Schatten

Vom Bahnhof spazieren wir rechts hinüber in die Fußgängerzone der Wilhelmstraße, durch diese am Marktplatz und am Geburtshaus des von seinen Zeitgenossen nicht verstandenen Nationalökonomen Friedrich List vorbei zur Marienkirche und weiter zum Burgplatz am Rande der alten Innenstadt. Es geht die Burgstraße hinaus und hinauf zum Höhenhotel, an dem wir links vorbei dem Achalmgipfel zustreben. Nach 150 Metern wenden wir uns rechts, um einem großen Wanderer unsere Reverenz zu erweisen: Dort liegt der Dichter Ludwig Finckh begraben, der in Reutlingen geboren und hier auf dem »schönsten Berg auf Gottes Erdboden« seine letzte Ruhestätte fand. »Leben heißt wandern« steht auf dem schlichten Grabstein.
Oben auf der Achalm findet man die Reste einer Burg, die etwa 1050 begonnen wurde, und zwar unter Egino I., der sich

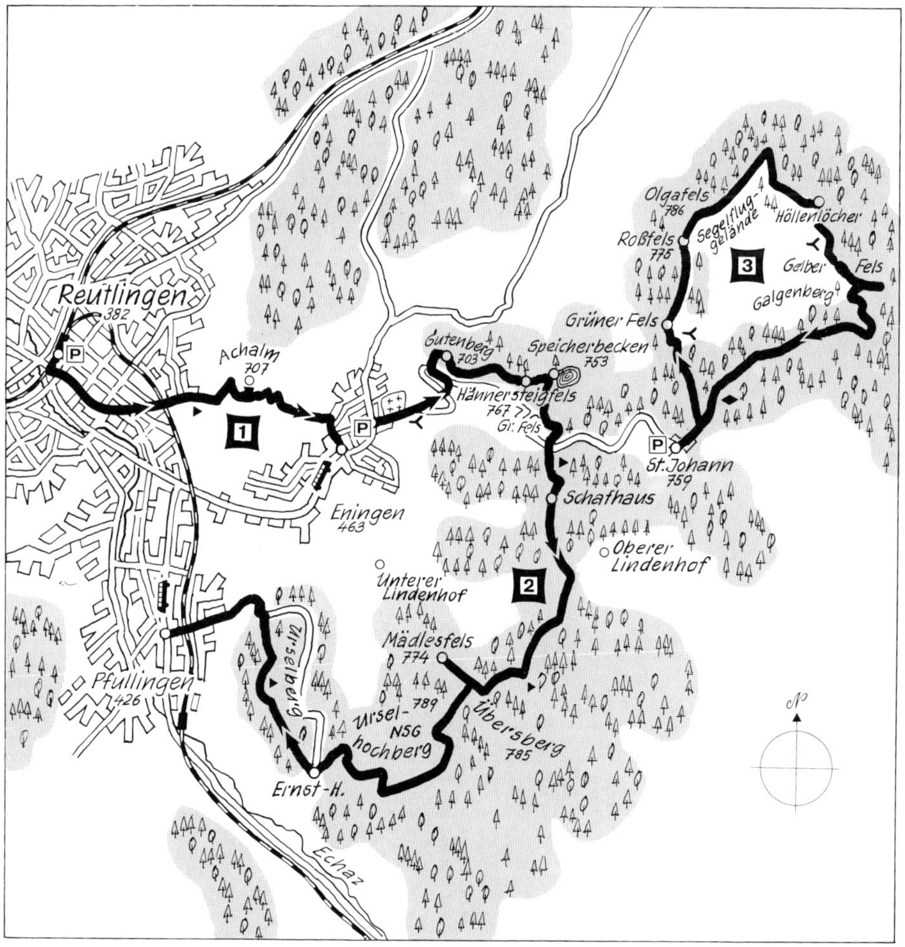

dann Graf von Achalm nannte. Von der Plattform des Turmes hat man eine überaus lohnende Aussicht auf Reutlingen und die umliegenden Orte, auf das Nekkarvorland und insbesondere auf die Bergkette des Nordrandes.
Eningens Einwohner waren zwischen 1600 und 1850 vornehmlich als Hausierer und Krämer tätig, die in halb Europa herum kamen. Der »Eninger Kongreß« war eine jährlich wiederkehrende Handelsmesse, die große Bedeutung hatte.

2 Höhenwanderung um Reutlingen

Eningen – Gutenberg – Eninger Weide – Übersberg – Ursulaberg – Pfullingen / 5 Std. / 250 m Auf- und 350 m Abstieg, Sonne und Schatten

Vom Eninger Friedhof steigen wir zum Gutenberg hinauf: Achalm, Eningen, Georgenberg und Albkette bieten sich wie auf dem Präsentierteller dar. Am Weiterweg zum Hännersteigle und zur Eninger Weide blüht im Mai das Blasse Knabenkraut (Orchis pallens), das wie alle Orchideenarten streng geschützt ist. Oberhalb des Hännersteigles stoßen wir auf das Oberbecken des Pumpspeicherwerkes der Stadt Stuttgart, dessen Unterbecken wir auf einer anderen Wanderung umwandert haben (s. Tour 24/2). Eine Schautafel erläutert die interessante Anlage.
Über das Erholungsgebiet »Eninger Weide« mit Wildgehegen, Spiel- und Rastplätzen kommen wir zur Straße nach St. Johann, die wir überqueren, um am Schafhaus und am Oberen Lindenhof vorbei zum Übersberg zu wandern. Bevor wir in der empfehlenswerten Gaststätte einkehren, machen wir einen Abstecher zum nahen Mädlesfelsen, einem der schönsten Aussichtspunkte der Reutlinger Alb. Zwischen Achalm und Georgenberg liegt Reutlingen mit den »Trabanten« Pfullingen und Eningen. Von hier aus kann man auch sehr schön den tafelförmigen Aufbau der Alb mit den immer wieder gleich hohen Bergstufen studieren, entstanden durch die harten Weißjuraschichten und die zwischengelagerten weichen Mergelschichten.
Vom »Übersberger Hof« gehen wir abwärts zum Sattel am Urselhochberg, den wir auf einem herrlichen Weg südlich umwandern. Wir kommen dann zur Elisen-Hütte und weiter zur Ernst-Hütte, von der aus man das Echaztal überblikken kann. Hinten an der Bergkante sieht man das Schloß Lichtenstein hoch über dem Talgrund. Wir gehen zunächst noch ein Stück eben über den Urselberg und dann rasch hinunter nach Pfullingen.

3 Panoramawanderung ums Roßfeld

St. Johann – Roßfeld – Höllenlöcher – Gelber Fels – St. Johann / 3 Std. / kaum Höhenunterschiede, Sonne und Schatten

Eine mühelose, aber sehr empfehlenswerte Randwanderung führt uns über die Felsen rund um das Roßfeld und das Ermstal zwischen Metzingen und Urach. Von St. Johann gehen wir hinüber zum Wanderparkplatz am Forsthaus und dann durch schönen Hochwald zum ersten Felsen, dem Grünen Fels, hinaus. Drunten liegen Glems, das Unterbecken des Pumpspeicherwerkes sowie das Albvorland. Wir ziehen weiter über das Roßfeld mit herrlichen Buchengruppen und dem Segelflugplatz. Danach geht es über den Roß- und Olgafels. Schön ist der Blick auf Metzingen und seine Weinberge, den Berggrat zwischen »Täle« und Uracher Tal, sowie auf die Ruine Hohenneuffen. Bald biegen wir nach Südosten ab, um über dem Ermstal zum Sonnenfelsen zu gelangen. Wer einen »Flachmann« dabei hat, der muß hier einen ausgeben: 777 Meter über dem Meer! Keinen Schnaps zur Stärkung braucht man, um in die Höllenlöcher hinabzusteigen. Es ist völlig ungefährlich, und man sollte sich den Abstecher nicht entgehen lassen! Entstanden sind diese Spalten wie alle anderen Höllenlöcher (s. Tour 24/3) am Albrand.
An der Kante wandern wir weiter talein und gehen nach einiger Zeit über einen schmalen Grat hinaus zum Gelben Felsen, von dem aus man schön auf den Hohenurach und Urach schauen kann. Noch einen hübschen Aussichtspunkt besuchen wir über dem Maisental, wo wir zusätzlich den Fohlenhof und den Rutschenfelsen erblicken (s. Tour 25/1). Dann geht es über den Galgenberg nach St. Johann zurück.

Sehenswertes

Reutlingen Marienkirche mit spätgotischem Heiligen Grab und berühmtem Taufstein ■ Spendhaus ■ Heimatmuseum ■ Tübinger Tor ■ Gartentor

Eningen Erholungsgebiet »Eninger Weide«

Freizeitangebot

Reutlingen Freibad ■ Hallenbäder ■ Angeln ■ Minigolf ■ Reiten ■ Tennis ■ Rollschuh- bzw. Eislaufbahn ■ Naturtheater

Eningen Freibad ■ Minigolf ■ Tennis ■ Reiten

Verkehrsmittel

Reutlingen Bahn: Stuttgart – Tübingen ■ Busverbindungen in alle Richtungen

Eningen Bus: Urach, St. Johann/Bleichstetten, Stadtbus nach Reutlingen

Karten

L 7520 Reutlingen, L 7522 Urach

Die Achalm, ein durch Erosion entstandener Zeugenberg, ist Reutlingens Hausberg. Weit schweift der Blick vom Mädlesfels hinaus ins Land: Eningen im Vordergrund, links und rechts von der Achalm neue Reutlinger Stadtviertel.

31 Echaztal

Dem Lichtenstein zu Füßen

Das Wahrzeichen des Echaztales und ein Wahrzeichen der Schwäbischen Alb schlechthin ist das Schloß Lichtenstein, das kühn auf einem Felsen steht, der steil aus dem Hang vor dem Trauf aufragt. Es ist nicht der Lichtenstein aus Wilhelm Hauffs gleichnamigem Roman, dieses Schloß ist erst 1840/42 als »deutsche Ritterburg im edelsten Stil des Mittelalters« erbaut worden. Die Lichtensteiner, die nichts mit den Liechtensteinern zu tun hatten, kamen aus dem Fehlatal (s. Tour 36/2) und bauten südlich des jetzigen Schlosses eine Burg, die mehrmals zerstört wurde, so 1311 im Reichskrieg und 1377 während des Städtekrieges nach der Schlacht bei Reutlingen. Der letzte Lichtensteiner starb 1687 im Türkenkrieg, das Geschlecht erlosch. Fortan gehörte der Platz den Wirtenbergern, und heute lebt dort Herzogin Gabriele von Urach.

Tief drunten im Tal liegt Honau, durchflossen von der glasklaren Echaz, die nur wenige hundert Meter entfernt im Tobel hervorquillt. Was Wunder, daß sich im Dorf einige Wirte ganz auf Forellen spezialisiert haben, die mit den berühmten Honauer Kartoffeln serviert werden.

Talab folgt auf Unterhausen, das zusammen mit Honau und Holzelfingen die

»Eine deutsche Ritterburg im edelsten Stil des Mittelalters«: Schloß Lichtenstein von 1842.

heutige Gemeinde Lichtenstein bildet, Pfullingen mit seiner Martinskirche von 1463, an der manches restauriert und wieder halbwegs zurechtgerückt wurde. Dabei stellte sich heraus, daß die jetzige Kirche vier Vorgängerinnen hatte: eine Holzkirche von 650, eine karolingische Saalkirche von 800, eine romanische Kirche mit Querschiff von 950 und eine romanische Basilika von 1150.

Kunstgeschichtler geraten ins Schwärmen ob der Reste des ehemaligen Clarissinenklosters: das Maßwerk, Wandmalereien, eine romanische Türe, ein Sprechgitter, durch das sich die Nonnen nach Genehmigung durch die Äbtissin unter Aufsicht zweier Schwestern mit Besuchern unterhalten, diese aber nicht sehen konnten.

Pfullingen und Reutlingen sind heute zusammengewachsen, jedoch stoßen nicht Wohngebiete aneinander. Man könnte meinen, dies spiegle die alte Erbfeindschaft wider: Die Pfullinger sollen nämlich einstens den Reutlingern die Glocken gestohlen haben, und man hat sie deshalb mit der Bezeichnung »Glokkenstehler« gebrandmarkt.

1 »Klassische« Punkte der Reutlinger Alb

Pfullingen – Schönberg – Wackerstein – Nebelhöhle – Lichtenstein – Honau / 4 Std. / 250 m Auf- und Abstieg, meist schattig

Von der Stadtbus-Endstation Ahlsberg steigen wir hinauf auf die »Wanne«, eine Hochfläche mit schöner Aussicht von West bis Ost; dort findet alle zwei Jahre ein großes Turnfest, das »Schwaben-Bergfest« statt, wo sich auch schon ein baden-württembergischer Ministerpräsident als Kirschkern-Weitspucker betätigt hat. Weiter geht es hinauf auf den Schönberg mit dem Aussichtsturm, der im Volksmund »Unterhose« genannt wird. Leider ist der Turm wochentags meist verschlossen, so daß man – will man die weitreichende Aussicht genießen – am Wochenende hinaufwandern muß.

Über die Hochfläche des Schönbergs und durch das Sättele kommen wir hinauf zum Wackerstein mit dem Gedenkkreuz. Drunten zieht die sogenannte Stuhlsteige von Pfullingen herauf zur Hochfläche. Beim Weiterweg ist etwas Vorsicht am Platze, weil es teilweise über felsige Stellen geht. Über eine schöne Wiesenfläche kommen wir bald zum Wald, in dem sich die Nebelhöhle verbirgt. Obwohl der Abstieg – und insbesondere der Aufstieg! – in die als Naturdenkmal geschützte, über 300 Meter lange Höhle etwas mühselig ist, sollte man sich nicht vom Besuch abhalten lassen. Angeblich hat sich Herzog Ulrich von Württemberg nach seiner Vertreibung im Jahre 1519 hier versteckt, so jedenfalls steht es in Hauffs »Lichtenstein«.

Nun gehen wir wieder einmal den Albrandweg in entgegengesetzter Richtung, zunächst zum Kalkofen mit dem Skilift, dann zum Gießstein über Unterhausen und weiter an der Traufkante über dem Echaztal entlang hinüber zum Lichtenstein. Man versäume nicht, vor der Besichtigung des Schlosses an der Brücke vorbei im Bogen leicht aufwärts zu einer Felskanzel zu steigen, von der aus man den schönsten Blick auf das romantische Bauwerk hat.

Nach Verlassen des Burggartens geht es um die Schloßmauer herum zur Geologischen Pyramide, die den Aufbau der Schwäbischen Alb demonstriert und mit vielen Versteinerungen geschmückt ist. Drüben vor dem Trauf hat man Wilhelm Hauff ein Denkmal gesetzt. Zum Dank dafür, daß er den Lichtenstein weltberühmt gemacht hat, darf er von hier auf das Schloß, das Tal und die Berge schauen. Beim Abstieg in den Tobel führt ein Stichweg zur Ruine des früheren Lichtensteins, der 1377 zerstört wurde; gehen Sie auf alle Fälle dort hinaus!

Steil steigen wir hinunter zur Quelle der Echaz im Tobel und wandern hinaus nach Honau. Im Bach tummeln sich die Forellen, die wir nachher »blau« oder »nach Müllerin Art« genießen sollten; dazu ein Viertel Remstäler Riesling, das ist ein guter Abschluß für eine solche Wanderung!

2 Über die Traifelbergfelsen zum Mädlesfels

»Bahnhof« Lichtenstein – Traifelberg – Locherstein – Holzelfingen – Ruine Greifenstein – Eckfels – Göllesberg – Übersberg – Imenberg – Spinnerei / 4½ Std. / 100 m Auf- und 300 m Abstieg, besonders empfohlen bei der Herbstfärbung

Heute muß man »Bahnhof« Lichtenstein in Anführungszeichen setzen, weil

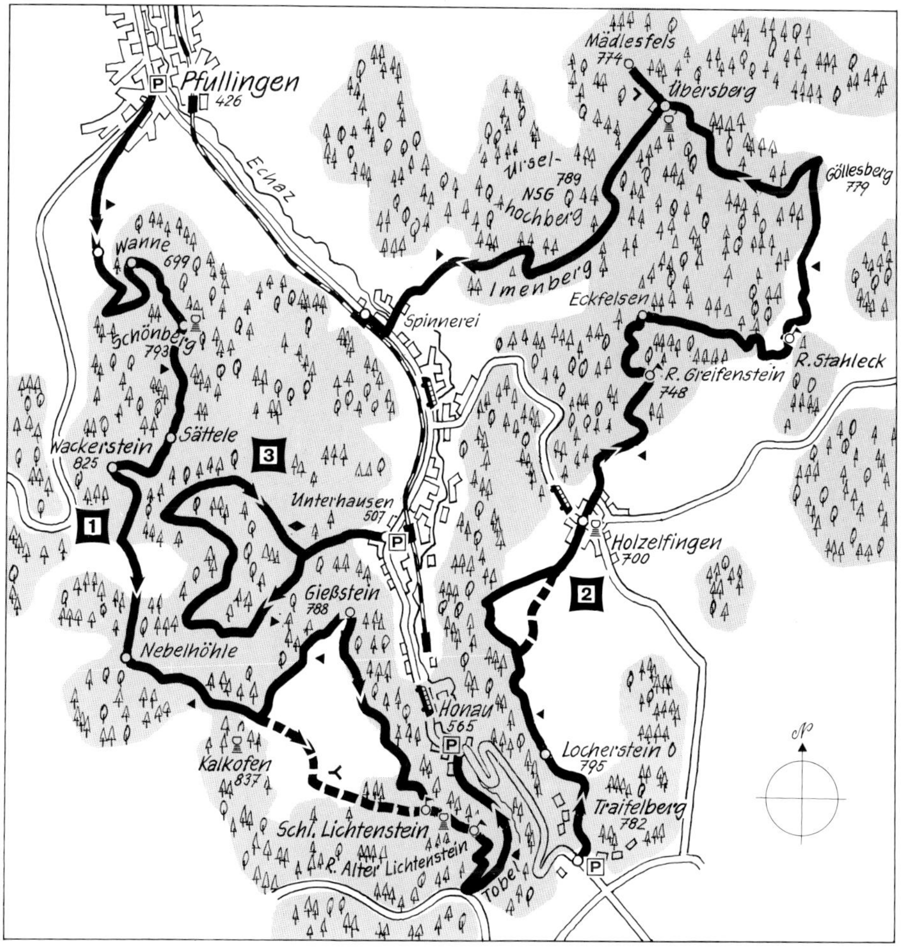

Der Wackerstein ist einer der größten Schwammstotzen der Alb; das Kreuz gemahnt an gefallene Bergkameraden.

es den Bahnhof seit Jahren nicht mehr gibt. Früher führte eine Bahnlinie von Reutlingen nach Schelklingen bzw. Ulm und erklomm den Steilhang der Alb auf einer Zahnradstrecke zwischen Honau und dem Bahnhof Lichtenstein. Diese interessante Strecke fiel vor einigen Jahren der Einstell- und Abrißeuphorie der Bundesbahn zum Opfer; heute wäre sie wahrscheinlich eine Touristenattraktion!
Durch die Villenkolonie Traifelberg steigen wir hinauf zum Locherstein, dem Lichtenstein direkt gegenüber. Hier beginnt eine einzigartige Panoramawanderung über viele Felsen an der Kante des Honauer und des Zellertales bis hin zum Mädlesfelsen. Wir wandern dabei bis zum Übersberger Hof immer auf dem Nordrandweg. Nach den Traifelbergfelsen gehen wir durch Holzelfingen und am Steilabfall entlang zur Ruine Greifenstein, zum Zeller Eckfelsen, zur Ruine Stahleck, von der man praktisch nichts mehr sieht. Vorbei am Hof Stahleck und an der Landhaussiedlung Göllesberg erreichen wir den Übersberger Hof und den Mädlesfels, die wir auch schon auf einer anderen Wanderung berührt haben (s. Tour 30/2).
Wieder wandern wir hinunter zum Sattel am Urselhochberg, auf halber Höhe um diesen herum und dann vom Imenberg ins Tal hinab zur Spinnerei.

3 Augen auf: Ammoniten!

Unterhausen – Reißenbachtal – Unterhausen / 2 Std. / 170 m Auf- und Abstieg, Sonne und Schatten

Vom Ortsteil Oberhausen der Teilgemeinde Unterhausen der Gemeinde Lichtenstein – so kompliziert ist das! – wandern wir westlich ins stille Reißenbachtal hinein ziemlich eben bis zur Quelle. Dann steigen wir am Talschluß den Nordhang durch die Wacholderheide bis zur halben Höhe hoch und gehen im Wald um den Won herum. Wer auf diesem Wege die Augen offenhält, kann als schönes Andenken einen Ammoniten mit nach Hause nehmen! Im nächsten Schluchtwinkel, durch den wir dann wieder ins Tal hinuntersteigen, kann man die Funde sogar noch waschen, und den Händen tut es auch gut, denn man wird beim Wühlen und Klopfen ziemlich schmutzig.

Sehenswertes

Pfullingen Martinskirche mit 700 Jahre altem Taufstein, Epitaphe und Predella ▪ Rathäuser ▪ Klosterkirche ▪ »Pfullinger Hallen«, im Jugendstil erbaute Festhalle mit Wandbildern von Hölzel-Schülern ▪ Stadtgeschichtliches Museum

Lichtenstein Schloß Lichtenstein

Freizeitangebot

Pfullingen Hallenbad ▪ Freibad ▪ Tennis ▪ Reiten ▪ Segelfliegen ▪ Schießen ▪ Minigolf ▪ Langlaufloipen

Lichtenstein Hallenbad ▪ Freibad ▪ Tennis ▪ Reiten ▪ Skilifte ▪ Langlaufloipen

Verkehrsmittel

Pfullingen Stadtbus nach Reutlingen ▪ Bus: Stuttgart, Gammertingen, Bad Buchau, Bodensee, Schelklingen, Stetten unter Holstein

Lichtenstein Wie Pfullingen, nur ohne Stadtbus Reutlingen

Karte

L 7520 Reutlingen

32 Gönningen/ Mössingen

Zwischen Roßberg und Farrenberg

Als Kolumbus nach Amerika kam, soll der erste Mensch, der ihm dort begegnete, ein Gönninger Samenhändler gewesen sein. Diese etwas übertriebene Geschichte weist auf die Bedeutung des Samenhandels hin, der Gönningen seit dem 17. Jahrhundert bis nach Übersee bekanntgemacht hat. Heute hat dieses Gewerbe dort nicht mehr die ganz große Bedeutung, trotzdem ist der Ort ein Blütenwunder, und man versäume nicht, während der Tulpenzeit den dortigen Friedhof zu besuchen.
Während Gönningen seit der Gemeindereform zu »Reutlingen 2« geworden ist, wurde Mössingen zur Stadt; ihm wurden Öschingen, Talheim, Belsen und Bad Sebastiansweiler einverleibt. Besonders interessant ist die auf einer kleinen Anhöhe bei Belsen liegende Kapelle, ein romanischer Bau aus der zweiten Hälfte des 12. Jahrhunderts. Bad Sebastiansweiler, draußen an der Bundesstraße 27 gelegen, weist die stärksten Schwefelquellen im Lande auf. Daß das neue Gebäude gegenüber dem Mössinger Bahnhof die Verwaltung einer Kupfermine sei, ist allerdings ein Trugschluß: Es ist das neue Rathaus.

Sehr beliebt ist das neue Freizeitgelände bei Gönningen, wo in alten Tuffbrüchen Seen angelegt wurden.

1 Zur Tulpenblüte nach Gönningen

Gönningen – Genkingen – Roßberg – Gönningen / 3 Std. / 330 m Auf- und Abstieg, viel Schatten

Am neuen Freizeitgelände, das mit seinen Seen auf dem Areal ehemaliger Tuffsteinbrüche angelegt wurde, wandern wir das Wiesaztal aufwärts zur Genkinger Talmühle und nach Genkingen, das auf der Europäischen Wasserscheide Rhein/Donau liegt. Früher floß das Regenwasser vom Süddach des Rathauses zum Schwarzen Meer, das des Norddaches in die Nordsee; heute gelangt beides in die Kläranlage, an der wir beim Aufstieg vorbeigekommen sind.
Hier in Genkingen treffen wir auf den Nordrandweg, dem wir über den Rinderberg bis zum turmgekrönten Roßberg folgen. Die Aussicht von dort droben auf den Albrand und das Vorland ist besonders schön; an klaren Tagen reicht sie aber auch bis zum Schwarzwald, ja bis zu den Alpen.
Vom Gasthaus steigen wir hinunter aufs Roßfeld, und wem die Wanderung zu kurz ist, dem sei ein Gang auf die schöne Fläche westlich des Roßberges empfohlen. Man kehrt dann zur Fahrstraße zurück, biegt dort nach Norden ab und steigt von der Schluchtspitze ziemlich rasch nach Gönningen ab.

2 »Schusternägele« und »Baurabüble«

Gönningen – Gielsberg – Pfullinger Berg – Barmkapf – Stöffelberg – Gönningen / 4 Std. / 300 m Auf- und Abstieg, Sonne und Schatten

Wieder wandern wir am Freizeitgelände hinaus, wählen aber von dort den Weg unter der Landstraße hindurch in ein stilles, waldiges Tal, das uns zur Hochfläche beim Wanderparkplatz führt. Wir machen einen kleinen Abstecher zum Trauf über der Stuhlsteige, zum sogenannten »Ruoffseck«. Rechts drüben sind Wackerstein und Schönberg, die wir von einer anderen Wanderung (s. Tour 31/1) kennen, drunten liegt Pfullingen, und zwischen Georgenberg und Achalm breitet sich Reutlingen weit ins Vorland aus.
Nun geht es wieder zurück zum Parkplatz und hinauf auf den Gielsberg, wo man beim Abstieg auf den Pfullinger Berg einen wunderbaren Blick auf den Roßberg und die vielfältigen Berg- und Talformen ringsum hat. Bald sind wir auf der weiten Ebene des Pfullinger Berges, auf der im Frühjahr Frühlingsenzian (Gentiana verna) und Traubenhyazinthe (Muscari botryoides) in Massen blühen; für die Schwaben sind dies »Schusternägele« und »Baurabüble«.

Von der Kante beim Barmkapf sieht man schön hinüber zum Roßberg und hinunter nach Gönningen. Bald sind wir auch auf dem Stöffelberg, wo man die Reste einer großen Burg findet, die ursprünglich den Grafen von Achalm gehörte, 1100 aber an die Ritter von Stöffeln kam, die vorher auf der Alteburg zwischen Gönningen und Reutlingen saßen. Die Burg, die 1300 von den Württembergern erworben wurde, fiel 1377 im Städtekrieg in Schutt und Asche. Schön ist auch hier die Aussicht, insbesondere auf das Vorland mit Tübingen im Mittelgrund, erkennbar an den abscheulichen Hochhäusern im Wohngebiet Waldhäuser. Vom Stöffelberg steigt man auf kurzem Wege nach Gönningen hinunter.

3 Orchideen-Wanderung

Öschingen – Hirschhäusle – Bolberg – Filsenberg – Meisenbühl – Hohbarn – Öschingen/ 3 Std. / 300 m Auf- und Abstieg im Schatten

Von Öschingen wandern wir nach Osten, am Freibad vorbei ins Öschenbachtälchen, wo wir am Hirschhäusle auf den Nordrandweg treffen, der vom Roßberg herunterkommt. Dort findet man im Wald allenthalben schöne Marksteine mit dem Abtstab und den Buchstaben CP für »Closter Pfullingen«. Hier beginnt ein ziemlich happiger Aufstieg zum Bolberg, der uns aber mit einer Aussicht belohnt, bei der man vor lauter Schauen und Staunen schnell die Mühe vergißt.

Nächstes Ziel ist der unter uns liegende Filsenberg, auf dessen Fläche sich der Meisenbühl erhebt. Wenn man vom Waldrand zum Parkplatz hinüberwandert, dann fällt im Mai gleich hinter dem Schild »Landschaftsschutzgebiet« die überraschend große Zahl von violetten Blüten auf: Es ist das Kleine Knabenkraut (Orchis morio), auch Salep-Knabenkraut oder Narrenkäppchen genannt. Am Nordwesthang des hinter dem Parkplatz aufsteigenden Meisenbühls findet man das sehr seltene Brand-Knabenkraut (Orchis ustulata) und das Blasse oder Bleiche Knabenkraut (Orchis pallens). Eine ganz andere Art von Erdorchidee ist das Große Zweiblatt (Listera ovata). Wer sucht, wird hier noch viele andere seltene Pflanzen entdecken, sei es auf der Fläche des Filsenberges oder im Wald des Hohbarn, über den wir nach Öschingen zurückwandern.

4 Kornbühl – Dreifürstenstein – Farrenberg

Talheim – Kornbühl mit Salmendinger Kapelle – Dreifürstenstein – Hirschkopf – Farrenberg – Talheim / 5½ Std. / 320 m Auf-, 220 m Ab-, 150 m Auf- und 250 m Abstieg, jeweils meist im Schatten

Der fast schon als Zeugenberg vor dem Albrand stehende Farrenberg bildet eine

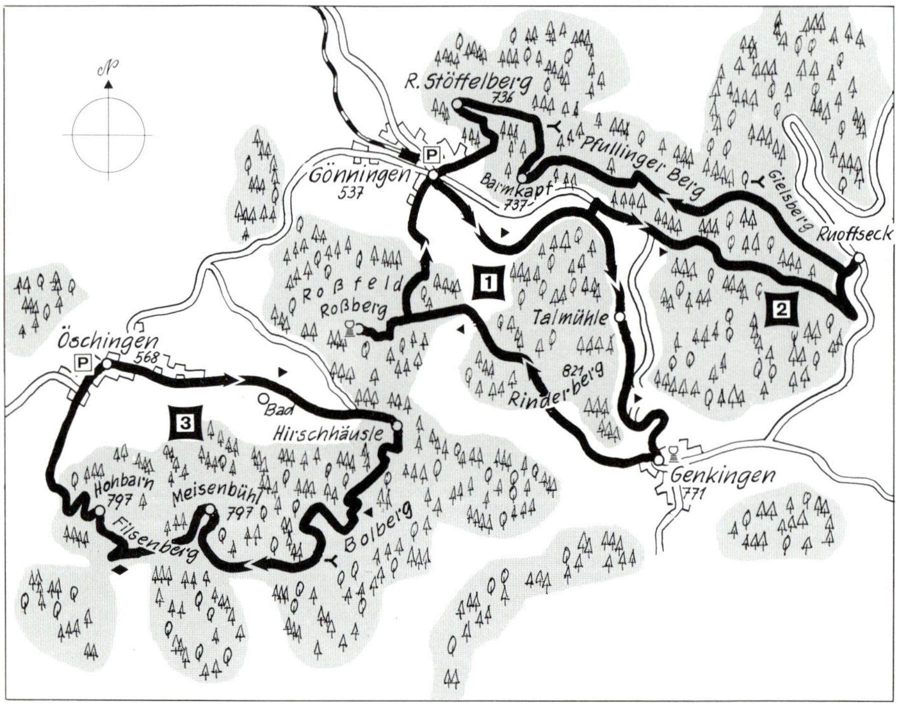

Zu Füßen der Salmendinger Kapelle werden noch nicht alle landwirtschaftlichen Arbeiten maschinell erledigt.

weite Talbucht, in die wir von Talheim hineinwandern. Dabei kreuzen wir den Albrandweg, der vom Bolberg und Riedernberg herunterkommt und nach Westen auf den Hirschkopf zuläuft. Wir ziehen nach Süden ins Wangenbachtälchen hinein und hinauf auf die Hochfläche, wo wir unvermittelt vor dem Kornbühl stehen, der sich über der weiten Ebene des Heufeldes erhebt. Wir können wegen der schönen Rundsicht einen Abstecher machen hinauf zur Salmendinger Kapelle aus den Anfängen des 16. Jahrhunderts mit den drei Pestkreuzen.
Völlig eben geht es hinaus zum Dreifürstenstein, wo einst Württemberg, Hohenzollern und Fürstenberg zusammenstießen. Dort sollen sich die drei Fürsten von Zeit zu Zeit getroffen haben, um – jeder auf seinem Territorium – Streitigkeiten beizulegen. Wirklich einmalig ist hier die Aussicht, die nach Südwesten hin vom Hohenzollern beherrscht wird. Dies ist wirklich einer der schönsten Plätze am Albnordrand.
Wir wandern nun ein Stück auf dem Nordrandweg, bleiben dann aber an der Nordkante des Hirschkopfes, steigen dort ab auf den Straßenpaß Talheim – Belsen und auf der anderen Seite wieder hinauf zum Farrenberg mit dem Segelfluggelände. Auch hier gibt es wieder viel zu sehen, wenn wir am Nordrand des Berges entlanggehen, um dann von der Flughalle über die Fahrstraße nach Talheim hinunterzuwandern.

Sehenswertes

Gönningen Schöne Fachwerkhäuser ■ Tulpenblüte

Mössingen Spätgotische Kirche mit schöner Steinkanzel

Belsen Kapelle St. Maximus und St. Johannes aus dem 12. Jahrhundert mit rätselhaftem Figurenschmuck

Freizeitangebot

Gönningen Freizeitgelände mit Bade- und Paddelmöglichkeit

Öschingen Freibad

Mössingen Freibad ■ Hallenbad

Verkehrsmittel

Gönningen Stadtbus Reutlingen

Mössingen Bahn: Tübingen – Hechingen ■ Bus: Reutlingen, Tübingen, Hechingen

Karten

L 7520 Reutlingen, L 7720 Albstadt

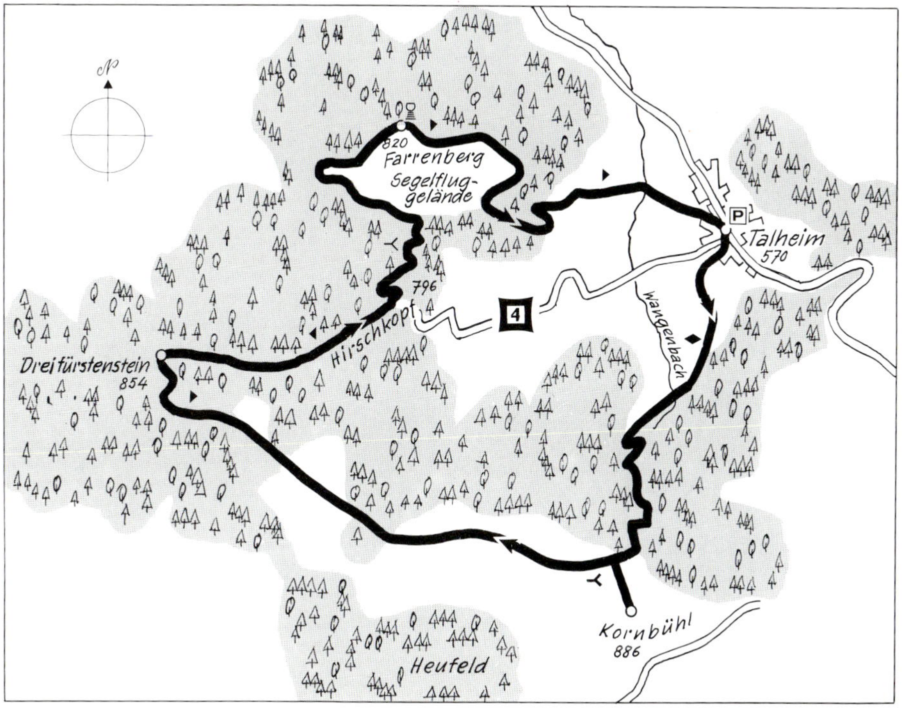

33 Sonnenbühl

Die Entstehung der Albhöhlen

Auf der Schwäbischen Alb gibt es drei verschiedene Höhlentypen. Da ist einmal die reine Wasserhöhle, deren einzige Vertreterin die Wimsener Höhle (s. Tour 28/1) ist. Zum anderen haben wir Höhlen, die sich im Übergang von der Wasserhöhle zur Trockenhöhle befinden; hierzu zählt als bekannteste die Falkensteiner Höhle (s. Tour 21/3). Und schließlich sind da die reinen Trockenhöhlen, wie wir sie überall auf der Alb, besonders schön aber auf den Gemarkungen von Genkingen und Erpfingen – heute Sonnenbühl – finden: die Nebelhöhle (s. Tour 31/1) sowie die Bärenhöhle.

Es wurde bei vorhergehenden Wanderungen schon öfter darauf hingewiesen, daß die Alb immer mehr verkarstet: Oberflächenwasser, das sehr stark kohlendioxydhaltig ist, dringt in das rissige Kalkgestein ein und wandelt den an sich unlöslichen kohlensauren Kalk in wasserlöslichen doppeltkohlensauren Kalk um. Dadurch werden die Risse erweitert, es entstehen Spalten, Klüfte, große Hohlräume, in denen ganze Flüsse verschwinden, wie beispielsweise die Donau bei Immendingen (s. Tour 47/1).

Bei der Wasserhöhle verläßt ein schon recht stattliches Flüßchen die Höhlenöffnung; so kann man die Wimsener Höhle mit einem großen Kahn befahren. Bei anderen Höhlen ist entweder das Wasseraufkommen gering oder aber der Höhlenboden ist so zerklüftet, daß das Wasser noch tiefer sinkt. In der Falkensteiner Höhle fließt ein Höhlenbach, der aber vor dem Ausgang versickert und weiter unten im Tal als mehr oder weniger starke Quelle hervortritt; die Höhlenöffnung selbst ist meist trocken. Doch diese Trockenheit kann trügerisch sein: Während der Schneeschmelze oder nach länger anhaltenden Regenfällen sind die Spalten und Klüfte im Höhlenboden zu klein, um die Wassermassen aufzunehmen, so daß der Höhlenbach aus dem Höhlentor austritt. Daß dieser Anstieg des Wasserspiegels zuweilen recht schnell vonstatten gehen kann, haben unbedachte Leute schon mehrmals erfahren müssen, wie bei der Falkensteiner Höhle (s. Tour 21/3) und beim Mordloch (s. Tour 11/3) erwähnt wurde.

Trockenhöhlen findet man zumeist in den höheren Regionen der Alb, in Kuppen, die von Tälchen umschlossen sind, wo also das Einzugsgebiet für Sickerwasser nicht besonders groß ist. Die Bärenhöhle beispielsweise war vor langer Zeit auch eine Wasserhöhle, was man an den Gesteinformungen, an den Auswaschungen sehen kann. Durch Erosion entstand im Laufe der Jahrmillionen eine Kuppe, der Höhlengang wurde an zwei Stellen aufgeschnitten, der Zufluß des Höhlenbaches unterbrochen.

Das Sickerwasser, das in die Höhle eindringt, tropft von der Höhlendecke auf den Höhlenboden. Dabei setzt sich der im Wasser gelöste Kalk wieder ab, es

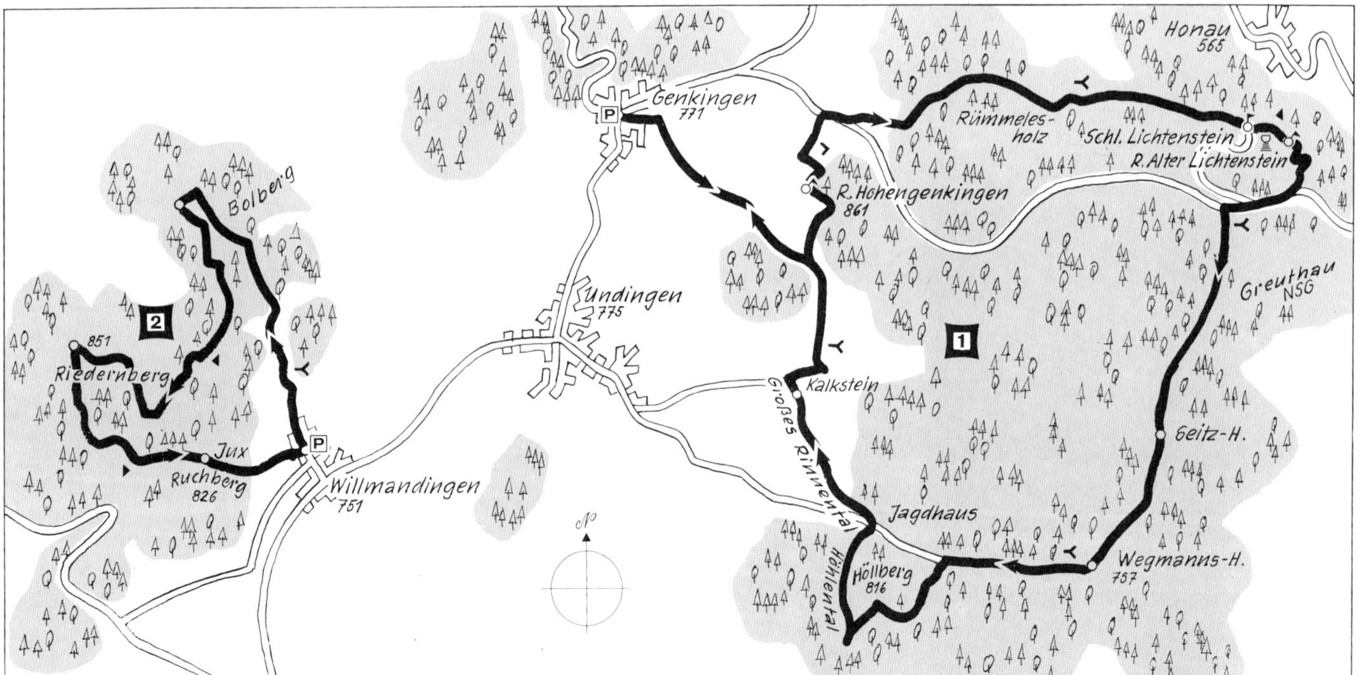

In der 1949 entdeckten Bärenhöhle bei Erpfingen fand man eine große Zahl versinterter Bärenskelette aller Altersstufen.

entstehen die Tropfsteine, und zwar von der Decke hängend die immer kleineren, zuweilen hohlen Stalaktiten, auf dem Boden aufbauend die größeren Stalakmiten. Die Größenunterschiede ergeben sich dadurch, daß der Tropfen beim Auftreffen auf den Boden zerplatzt, sich also auf einer größeren Fläche verteilt, während er an der Decke einen sehr kleinen Abreißpunkt oder -ring hat. Je größer die Höhe ist, die der Tropfen herunterfällt, desto dicker wird der Stalagmit, da das Wasser über eine größere Fläche zerspritzt.

1 Wo die Höhlenbären hausten

Genkingen – Ruine Hohengenkingen – Schloß Lichtenstein – NSG Greuthau – Bärenhöhle – Genkingen / 5½ Std. / nur geringe Höhenunterschiede, Sonne und Schatten

Wir wollen nicht – wie üblich – von Genkingen aus direkt zum Schloß Lichtenstein wandern, sondern einen Abstecher zu einem sehr schönen, ziemlich unbekannten Plätzchen auf der Alb machen: zur Ruine Hohengenkingen. Von dieser Burg findet man zwar nur noch geringe Reste, aber der Blick vom Waldrand auf der Südseite des Berges und von dem Bänkchen oben an der Ruine ist sehr hübsch. Anschließend geht es abwärts, über die Landstraße und am großen Steinbruch vorbei hinüber zum Schloß Lichtenstein. Von dort wandern wir wie bei Tour 31/1 an der Geologischen Pyramide bzw. am Hauff-Denkmal und der Ruine Alter Lichtenstein vorbei hinunter zu der Schluchtspitze des Echaztobels, dann aber nach rechts und durch das sehr schöne Naturschutzgebiet Greuthau in die Hochwälder um Seitz- und Wegmanns-Hütte. Am Waldende, wo wir links abbiegen, um über den Höllberg zu wandern, sehen wir rechts drüben eine Jagdhütte, in der ein wanderfreudiger Bundeskanzler oft seine Wochenenden verbracht hat.
Im Höllberg befindet sich die Bärenhöhle, Fortsetzung der schon seit 1834 bekannten Karlshöhle, die im Jahre 1949 dadurch entdeckt wurde, daß ein Höhlenführer beobachtete, wie Fledermäuse in einem Loch unter der Decke verschwanden. Als man der Sache nachging, fand man eine größere Zahl von Skeletten, insbesondere von Bären, darüber hinaus aber auch von über 20 heute ausgestorbenen Tierarten. Diese lagen in fast weißen Hallen mit wunderbaren Tropfsteingebilden, die man – leider – mit Drahtzäunen vor dem Raubtier Mensch schützen mußte.
Nun geht es hinunter ins Höhlental, durch dieses rechts hinauf ins Große Rinnental, von dem aus wir einen Abstecher auf den botanisch interessanten Kalkstein machen, wo man an den Felswänden Sonnenröschen (Helianthemum nummularium), Steinbrech-(Saxifraga) und Mauerpfefferarten (Sedum), auf den Wiesen und Matten Orchideen und viele Wiesenblüher finden kann. Auf dem gleichen Weg, den wir von Genkingen zum Hohengenkingen herausgewandert sind, kehren wir ins Dorf zurück.

2 Über den Nordrandweg vom Bolberg zum Riedernberg

Willmandingen – Bolberg – Riedernberg – Willmandingen / 3 Std. / je zweimal 100 m Auf- und Abstieg, viel Schatten

Von Willmandingen wandern wir nördlich zu dem großen Steinbruch aufwärts und über eine schöne, weite Fläche in den Wald und zum Bolberg hinaus. Wir haben den Berg auf diesem Wege einfacher erklommen wie bei Tour 32/3, als wir auf dem Albrandweg vom Hirschhäusle heraufschnaufen mußten. Vom Bolberg aus marschieren wir diesmal auf dem Albrandweg weiter durch den Ausläufer des Seebachtales hinunter zum Wanderparkplatz am Öschinger Weg und wieder hinauf auf den Riedernberg. Am Trauf entlang geht es hinaus zum Aussichtspunkt Heidenburg, dessen Name sicherlich von der hallstattzeitlichen Fliehburg stammt, deren Reste man da und dort im Wald findet.

Drunten im Tal liegt Talheim. Schaut man über das Dorfzentrum hinaus an den direkt dahinter liegenden Berg mit dem eigenartigen Namen Salmessen, so entdeckt man unterhalb des Waldrandes ein modernes, flaches Gebäude. Dort endet der 24 Kilometer lange Stollen, in dem die zweite Bodenseewasserleitung verlegt ist, mit dem die Trinkwasserversorgung von vielen hunderttausend Menschen sichergestellt wird. Der Stollen, in dem sich ein Rohr von 255 Zentimeter Durchmesser befindet, beginnt bei Veringendorf (s. Tour 37) im Lauchert-tal.

Beim Abstieg vom Riedernberg kann man im April zahlreiche Leberblümchen (Hepatica nobilis) finden. Über das zwischen Riedernberg und Ruchberg liegende Gewand Jux kehren wir an den Ausgangspunkt zurück.

Sehenswertes

Genkingen Wehrkirche mit einem Turm von 1110 ▪ Nebelhöhle

Erpfingen Bärenhöhle

Willmandingen Wandmalereien in der Kirche

Freizeitangebot

Genkingen Tennis ▪ Skilifte ▪ Langlaufloipe

Undingen Reiten ▪ Tennis ▪ Drachenfliegen ▪ Skilift ▪ Langlaufloipe

Erpfingen Hallenbad ▪ Freibad ▪ Minigolf ▪ Sommerbobbahn ▪ Wildpark ▪ Märchenpark ▪ Campingplatz ▪ Skilift

Willmandingen Tennis (Halle u. Freiland)

Verkehrsmittel

Genkingen, Undingen, Willmandingen und Erpfingen Bus: Reutlingen

Karten

L 7520 Reutlingen, L 7720 Albstadt

Willmandingen, ein – fast – verträumtes Albdorf.

34 Jungingen/ Burladingen

Die Europäische Wasserscheide

Wie schon beim Tal der Großen Lauter (s. Tour 27) erwähnt wurde, ziehen nur wenige Bäche und Flüßchen über die Albhochfläche nach Süden hin zur Donau. Ganz seltene Ausnahmefälle bilden Bäche oder mehr Rinnsale, die auf der Hochfläche entspringen und nach Norden, zum Neckar hin, fließen. Einer dieser Bäche ist der Zipfelbach, der das Randecker Maar (s. Tour 19/3) aufgeschnitten hat. Die meisten Flüßchen, die im Neckar münden, haben ihre Quellhorizonte tief am Fuße des Alb-Nordrandes, in den untersten Schichten des Weißen Jura am Übergang zu den wasserundurchlässigen Schichten des Weißjuramergels.
Während man beim Oberflächenwasser die Wasserscheide Rhein/Donau sehr genau bestimmen kann – an der Bundesstraße 465 zwischen Urach und Münsingen wird dieser Punkt durch eine Tafel markiert (s. Tour 26/1) –, ist dies bei den unterirdischen Wasserläufen nicht immer klar. Durch Färbeversuche weiß man aber an vielen Stellen, wo das Wasser herkommt, das zu Füßen des Alb-Nordrandes hervortritt. So stammt das Wasser des Brühlbaches, der den Uracher Wasserfall (s. Tour 25/1) bildet, aus der Gegend von Würtingen. Die Echazquelle (s. Tour 31/1) fördert Wasser zutage, das in die Hochfläche bis hin nach Kohlstetten und Ohnastetten einsickert.

Es gibt am Alb-Nordrand einige ganz eigenartige Talschlüsse. Beispielsweise endet am ehemaligen Bahnhof Lichtenstein (s. Tour 31/2) eine Talwanne direkt am Albtrauf. Dies war früher, als die Alb einerseits noch nicht so stark verkarstet, andererseits der Nordrand durch die schnell fließenden Neckar-Zuflüsse noch nicht so weit abgetragen war, das Tal der Großen Lauter, die viel weiter nach Norden reichte als heutzutage. Die Echaz hat der Lauter beim Traifelberg buchstäblich das Wasser abgegraben. Das gleiche Schicksal erlitt die Lone (s. Tour 6/2) durch die Fils bei Geislingen und auch das Hasental (s. Tour 13/1) wurde durch die Lauter bei Gutenberg »geköpft«.
Vorläufer dieser Erscheinung sehen wir in mehreren Albtälern. So knabbert beispielsweise der Kocher das Brenztal, die Starzel das Fehlatal, die Eyach das Schmeietal, die Schlichem das Bäratal und bei Spaichingen die Prim das Tal des Faulenbaches an. Zwischen Jungingen und Burladingen befindet sich die Wasserscheide Rhein/Donau.

1 Traufwanderung über dem Killertal

Beuren – Dreifürstenstein – Schild – Beuren / 3½ Std. / 170 m Auf- und Abstieg, viel Schatten

Die heutige Wanderung bietet zwei Höhepunkte, und zwar einmal die Aussicht von der Traufkante, insbesondere vom Dreifürstenstein, zum anderen die Beurener Heide, ein wacholderbestandenes Orchideenparadies. Von Beuren steigen wir zunächst gemächlich bis zum Rauzenfeld, dann ziemlich steil zum Dreifürstenstein empor, wo uns das Panorama mit den Höhenmetern, die wir erkämpfen mußten, schnell aussöhnt. Eine Orientierungstafel veranschaulicht, was man sieht – auch was man sehen könnte, wenn es ganz klar wäre. Da wir viel Zeit haben, sollten wir uns diese herrliche Landschaft in aller Ruhe ansehen, sie auf uns wirken lassen. Auch auf dem Weiterweg zum Schild und einem eventuellen Abstecher zum Weilerwaldkopf haben wir genügend Gelegenheit, Täler und Höhen zu schauen.

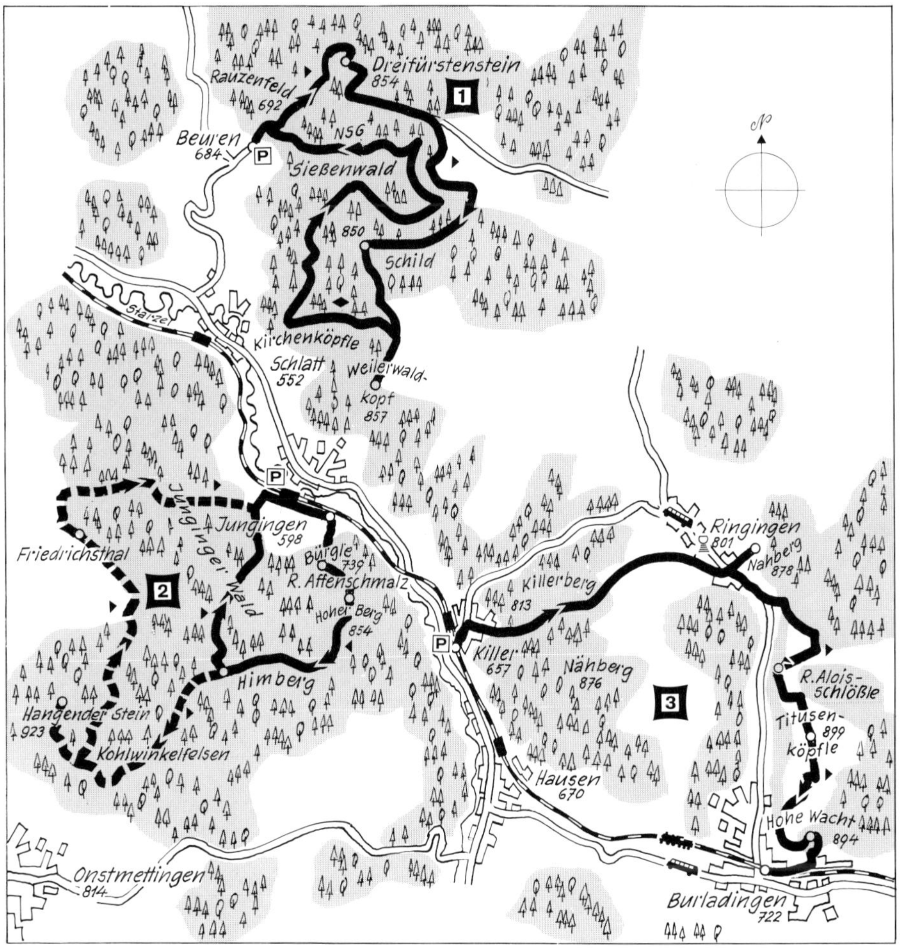

Wenn wir dann abgestiegen sind, können wir entweder gerade innerhalb des Waldes am Fuße des Steilabfalles auf einem Berg- und Talweg oder aber auf einem Teersträßchen zunächst über Feld, dann durch den Sießenwald um das Tälchen des Heiligenbaches herumwandern, um zur Beurener Heide zu gelangen, einem herrlichen Fleckchen Erde unweit unseres Ausgangspunktes.

2 Über den Steilabfall des Himbergs

Jungingen – Hoher Berg – Himberg – Jungingen / 2½ Std; bei Ausdehnung bis zum Hangenden Stein 3½ Std. / 260 m Auf- und Abstieg, viel Schatten

Dies ist wieder einmal eine Tour für die Ankurbelung des Kreislaufes, denn wir steigen von Jungingen aus ziemlich flott auf in Richtung Hoher Berg. Am Waldrand rechts, auf dem Bürgle, findet man die spärlichen Überbleibsel der Ruine Hohenjungingen, auch Ruine Affenschmalz genannt. Weiter geht es im Zickzack aufwärts zur Schutzhütte auf dem Hohen Berg und dann an der Steilkante des Himbergs entlang, wobei man immer den Hohenzellern vor Augen hat. Bald steigen wir wieder ab in den Junginger Wald und nach Jungingen.

Wem die Wanderung zu kurz ist und wer den anstrengenden Aufstieg nicht gleich wieder verschenken möchte, der kann am Trauf weitergehen bis zum Hangenden Stein, einem riesigen Felsblock, zu dem man über kleine Stege kommt, mit denen tiefe Felsspalten überbrückt werden. Auch hier haben wir wieder die gleiche Erscheinung wie bei den verschiedenen Höllenlöchern, daß nämlich die Randfelsen auf den weichen Mergelschichten ins Rutschen kommen und eines (un-)schönen Tages in die Tiefe plumpsen werden.

Vom Hangenden Stein können wir entweder im Kohlwinkel absteigen und über Friedrichsthal und den Junginger Wald zurückwandern. Dabei muß man dann aber nochmals etwa 150 Meter aufsteigen, weshalb vorgeschlagen wird, wieder am Trauf zurückzukehren, um vom Himberg aus abzusteigen.

3 Aloisschlößle und Titusenköpfle

Killer – Ringingen – Aloisschlößle – Titusenköpfle – Hohe Wacht – Burladingen / 3 Std. / 170 m Auf- und Abstieg, Sonne und Schatten

Zwischen Jungingen und Burladingen liegen die Dörfer Killer und Starzeln.

Das Bächlein, das im Tal fließt, ist die Starzel, jedoch nennt man das Tal Killertal. Wir wandern von Killer hinauf und erreichen die Hochfläche zwischen Killerberg und Nähberg. Auf dem fast ebenen Weg kommen wir binnen kurzem nach Ringingen, das am Rande des ziemlich flachen Heufeldes liegt, über das sich nur zwei Berge erheben: der Bühlberg mit den beiden Kuppen sowie der Kornbühl mit der Salmendinger Kapelle (s. Tour 32/4). Wir steigen durchs Dorf aufwärts zum Fuße des Nahberges, auf dem sich die Ruine und der wiederhergestellte Bergfried der Burg der Herren von Ringingen befinden, von dem aus man schön über die Albhochfläche sieht. Da wir später aber auch noch zu eindrucksvollen Aussichtspunkten kommen, können wir es uns sparen, dort hinaufzusteigen.
Wir überqueren die von Burladingen heraufkommende Straße und biegen am Waldrand beim Kruzifix in eine kleine Waldstraße ein, der wir bis zur ersten Kehre folgen. Dort befindet sich ein aufgelassener kleiner Steinbruch, in dem man mit Geduld und scharfem Auge vielleicht noch eine schöne Versteinerung finden kann. Im Wald steigen wir zu einem breiteren Waldweg hinauf, den wir aber sehr schnell wieder verlassen, um rechts hinüber an die Kante zu gehen, wo sich etwas unterhalb die kaum mehr sichtbare Ruine Ringelstein befindet, die Aloisschlößle genannt wird. Hier lebte im 14. Jahrhundert Heinrich von Killer, dem auch die Burg Hohenjungingen gehörte (s. Wanderung 2), an die Sie sich sofort erinnern, wenn Sie den Namen »Affenschmalz« hören. Den Namen bekam die Burgstelle von einem früheren Besitzer, einem Ringinger Bauern mit dem Vornamen Alois. So ist es auch bei dem Titusenköpfle, zu dem wir bald kommen: Dieses erhielt seinen Namen von einem Burladinger Bauern, dem der kleine Berg gehörte, von dem man die Albhochfläche schön überblickt.
Drüben an der Kante des Fehlatales – wir sind irgendwo über die Wasserscheide gewandert – stehen wir auf der Hohen Wacht hoch über Burladingen, das in den letzten Jahrzehnten außerordentlich gewachsen ist und seinen Aufschwung der großen Trikotagen-Industrie verdankt, die auf der Südwestalb weit verbreitet ist. Von den spärlichen Resten der Burg, die einmal hier oben gestanden hat, steigen wir steil ab ins Dorf.

Sehenswertes

Jungingen In der Kirche Holzbildwerke aus der Renaissance

Killer Eigenartige Kirche, deren Turm von 1567 niedriger ist als das Langhaus von 1776

Freizeitangebot

Burladingen Hallenbad ■ Tennis ■ Minigolf ■ Skilifte

Verkehrsmittel

Jungingen, Killer, Burladingen Bahn und Bus: Gammertingen, Sigmaringen, Hechingen

Karte

L 7720 Albstadt

Blick von der Europäischen Wasserscheide bei Burladingen auf Starzeln, Killer und den Dreifürstenstein mit dem Felsabsturz.

35 Trochtelfingen/ Mägerkingen

Gelungene Altstadtkonservierung

Was sich beim Vorbeifahren auf der Umgehungsstraße eher als ländliche Idylle ausnimmt, war ehedem Residenzstadt: der Sitz der Grafen von Werdenberg, einem einst mächtigen Geschlecht. Dies bezeugt nach außen hin die starke Befestigung der Stadt Trochtelfingen, von der auch heute noch Teile bestehen, insbesondere der Hohe Turm, der ursprünglich zwei Stockwerke höher war. Das Werdenbergsche Schloß, das etwa um 1480 erbaut wurde, ist eine spätgotische Anlage mit Staffelgiebeln und einem achteckigen Treppenturm. In der nahen Martinskirche, deren älteste Bauteile auf das 13. Jahrhundert zurückgehen, befindet sich eine Madonna von 1430, die der Ulmer Schule zugeschrieben wird. Der Marktplatz des Städtchens, der in seiner Gesamtheit unter Denkmalschutz steht, ist ein Schmuckstück, Paradebeispiel für eine gelungene Altstadtkonservierung. Selten sieht man im süddeutschen Raum so viele Fachwerkhäuser vereint wie hier in Trochtelfingen, wo der findige Ochsen-Wirt »Speisen im Fachwerk« serviert und seinen Gästen von Zeit zu Zeit Dichterlesungen und Konzerte anbietet.

Unterhalb von Mägerkingen ist in den letzten Jahren ein künstlicher See entstanden, der in erster Linie als Fremdenattraktion dienen soll. In ihm spiegelt sich das auf steilem Felsen stehende ehemalige Dominikanerinnen- und spätere Benediktinerkloster Mariaberg, heute

Wen reizt es nicht, dieser typisch schwäbischen Einladung ins behäbige Fachwerk-Gasthaus zu folgen? Trochtelfingen kann sich glücklich preisen, einen solch prachtvollen Stadtkern zu besitzen.

eine Heil- und Pflegeanstalt. Sehr schön ist die kleine Barockkirche von Michael Beer, dem wir schon in Zwiefalten (s. Tour 20) begegnet sind. Dort findet sich eine Pieta aus dem 14. und eine St. Anna selbdritt aus dem 16. Jahrhundert.

1 Durch die Trochtelfinger Haid

Trochtelfingen – Burgkapelle – Trochtelfinger Haid – Steinhilben – Trochtelfingen / 3 Std. / geringe Höhenunterschiede, Sonne und Schatten

Von der Trochtelfinger Christi-Ruh-Kapelle steigen wir den Stationenweg hinauf auf den Burgberg, auf dem nur noch ein Graben an eine ehemalige Burg erinnert, die 1422 erstmals genannt wurde, von der man aber nicht mehr weiß, wer sie wann erbaut hat und wann sie wie zerstört oder abgetragen worden ist. Die Burgkapelle, ein 1666 von der Gräfin Franziska von Fürstenberg gestifteter Rundbau, birgt einen Marienaltar mit einer auf Wolken und einer Mondsichel thronenden Madonnenstatue.
Nun wandern wir wieder ein Stück bergab und östlich um den Burgberg herum. Dort entspringt die Seckach, die unterhalb Mägerkingen in die Lauchert mündet. Bald biegen wir in ein Seitentälchen ab und erreichen das Naturschutzgebiet Trochtelfinger Haid, wo seltene Pflanzen zu sehen sind; insbesondere befindet sich dort eines der wenigen Vorkommen des Steinröschens (Daphne cneorum), ein sehr streng geschütztes Seidelbastgewächs.
Auf einem schönen, aussichtsreichen Weg erreichen wir bald Steinhilben, dessen Name offensichtlich auf die ehedem hier vorhandenen sechs Hülben zurückgeht. Hier stand einst ein Jagdschloß der Herzöge von Württemberg, von dem aber praktisch nichts mehr vorhanden ist.
An der Ittenhalde vorbei wandern wir hinunter nach Trochtelfingen, das wir bei der Erhardskapelle erreichen.

2 Blick über Kuppenalb und Flächenalb

Mägerkingen – Neuban – Augstberg – Steinhilben – Trochtelfingen – Mägerkingen / 4½ Std. / 170 m allmählicher Auf- und Abstieg, viel Sonne

Wir wandern von Mägerkingen im Seckachtal hinauf ins Landschaftsschutzgebiet Neuban, wo uns schöne Wacholderbestände und eine hübsche Aussicht über die Albhochfläche erwarten, die bei klarem Wetter bis zu den Alpen reichen kann. Bald sind wir beim Augstbergturm, den wir über der Waldkuppe nordöstlich vom Neuban schon längst entdeckt haben. Da der hölzerne Aussichtsturm immer geöffnet ist, kann man den Rundumblick auch werktags genießen. Orientierungstafeln zeigen, daß das Panorama bei klarem Wetter die ganze Alpenkette umfaßt. Schön ist auch die verschiedenartige Ausformung der Kuppenalb von Osten bis Südwesten und der Flächenalb zwischen Südwest und Ost. Die Flächenalb war im Jungtertiär vom Molassemeer bedeckt, das die Kuppen dort einebnete. Die Grenze zwischen Kuppen- und Flächenalb war demgemäß das Ufer dieses Binnenmeeres, die sogenannte Klifflinie, die wir schon bei Heldenfingen (s. Tour 5/3) besucht haben. Diese verläuft etwa 3 Kilometer südlich des Augstberges von Südwest nach Nordost.
Unser Weiterweg bringt uns nach Steinhilben und wieder hinunter ins Seckachtal nach Trochtelfingen, von wo wir am Westhang südlich zur kunsthistorisch interessanten Hennensteinkapelle gelangen, die aber nur sonntags geöffnet ist, da zu viele Kirchen und Kapellen in den letzten Jahren geplündert wurden. Diese Kapelle, auch Nikolauskapelle genannt, wurde etwa Anfang des 14. Jahrhunderts errichtet. Spätromanische Wandmalereien zeigen Szenen aus dem Alten und Neuen Testament, Plastiken von 1480 stellen die Heiligen Katharina, Konrad und Georg, Maria mit dem Jesuskind sowie den Namenspatron, den Heiligen Nikolaus, dar.
Ein steiler Abstieg führt uns in Kürze nach Mägerkingen zurück.

3 Zum Kloster Mariaberg

Mägerkingen – Mariaberg – Bronnen – Gammertingen / 2 Std. / keine nennenswerten Höhenunterschiede

Von Mägerkingen gehen wir hinunter zum neu angelegten See, wo Lauchert und Seckach zusammenfließen. Vor uns sehen wir schon die Kirche des ehemaligen Klosters Mariaberg, zu dem wir bald gelangen. Wenn wir Glück haben, kön-

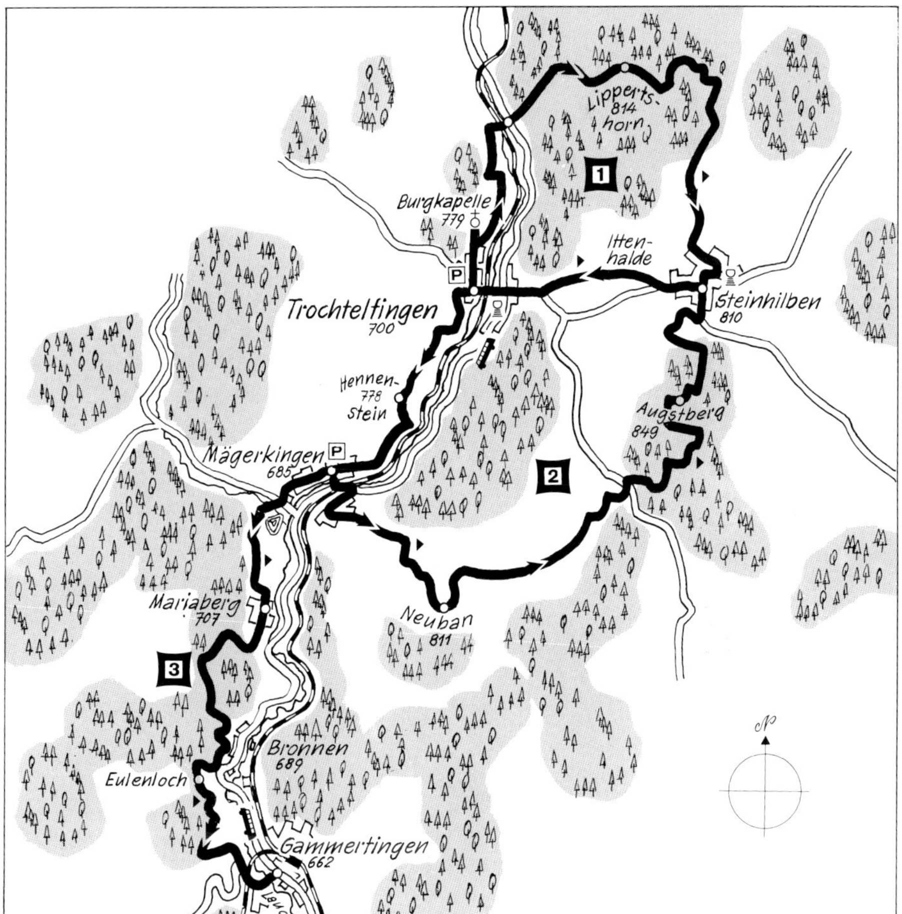

Der Hohe Turm, ein Teil der Stadtbefestigung von Trochtelfingen, und das Werdenberg-sche Schloß mit seinen Staffelgiebeln.

nen wir dort vielleicht ein Konzert besuchen. Hin und wieder werden nämlich sonntags Kammermusik- und Orgelkonzerte geboten, deren Erlös den Mariaberger Heimen zufließt, die in den ehemaligen Klostergebäuden und in den weiter oben am Berg gelegenen Neubauten untergebracht sind. Es ist recht interessant, einmal da hinaufzuwandern, zumal wir somit auch auf den schöneren Weg kommen, der uns nach Bronnen führt und wir ein Stück Fußmarsch auf der vielbefahrenen Bundesstraße 313 vermeiden können.
In Bronnen ist die Josefskapelle sehenswert, allerdings muß man sich den Schlüssel hierfür beim Kirchendiener holen. Unterhalb der Kapelle stand bis 1660 ein Schloß, das Georg Schenk von Stauffenberg 1579 erbaute, gegen das aber das Kloster Mariaberg vor dem Reichskammergericht zu Felde zog, weil es auf klostereigenem Grund und Boden stand. Nach mehr als 20jährigem Prozeß erhielten die Ordensvertreter Recht und wurden 1602 ermächtigt, das Schloß wieder abreißen zu lassen.
Wir steigen nun von Bronnen aus zur Hochwacht hinauf, wo man einen schönen Blick auf das Dorf und die Kapelle hat. Bald erreichen wir das Eulenloch, eine Höhle mit einem kleinen Eingang, der aber zu einer verhältnismäßig großen Halle mit Nebengängen hinabführt. Man sollte eine Taschenlampe dabeihaben, wenn man sich auf Entdeckungsreise begeben will.
Auf dem kurzen Wegstück bis Gammertingen kommen wir noch am Weihfelsen vorbei, zu dem wir über einen Steg gelangen. Von dem kleinen Pavillon – auf schwäbisch: »Belvedèrle« – hat man eine hübsche Aussicht auf unser Endziel Gammertingen.

Sehenswertes

Trochtelfingen Denkmalgeschützter Stadtkern mit alten Befestigungsanlagen ■ Schloß ■ gotische Stadtkirche mit Chor und Turm von 1322 ■ Erhardkapelle aus dem 14. Jahrhundert ■ Burgkapelle ■ 7 km nördlich im Weiler Haid Kapelle mit Plastiken von Jörg Syrlin d. J. von 1490 ■ Hennensteinkapelle

Bronnen Barockkapelle von 1708, erbaut vermutlich von Franz Beer, Altarbild von Spiegler

Mariaberg Klostergebäude und Kapelle von Franz Beer

Freizeitangebot

Mägerkingen See mit Angel- und Bademöglichkeit ■ Tennis ■ Fahrradverleih ■ Kutschfahrten

Verkehrsmittel

Trochtelfingen, Mägerkingen, Bronnen Bus: Gammertingen, Reutlingen

Karte

L 7720 Albstadt

36 Gammertingen

Im Herzen Hohenzollerns

Vom Herzen Hohenzollerns, des nicht mehr existierenden Ländchens, zu sprechen ist etwas problematisch, hatte doch die vormalige preußische Provinz, die von Koblenz aus verwaltet wurde, eigentlich zwei Herzen: Hechingen mit der Burg Hohenzollern, Sitz der Fürstenlinie Hohenzollern-Hechingen, und Sigmaringen mit dem Schloß der Linie Hohenzollern-Sigmaringen.
Rein geographisch könnte man aber Gammertingen als Herz Hohenzollerns bezeichnen, wenn man die etwas seltsame Form des Gebildes betrachtet: Hohenzollern nahm sich aus wie ein ziemlich ausgefranster Bumerang, der vom Schwarzwald bis nahe an den Bodensee reichte. Das »Herz« Gammertingen lag am Knick des preußischen Bumerangs.
Gammertingen war einst eine alemannische Siedlung, worauf die Endung -ingen hinweist. Ein 1902 hier entdecktes Fürstengrab enthielt neben vielen anderen Beigaben einen goldplattierten Helm, der einer der hervorragenden Funde aus der Frühgeschichte Deutschland ist und den man im Sigmaringer Schloß besichtigen kann. Der Ort sah im Laufe seiner Geschichte viele Herrschaften: die Grafen von Achalm, die Welfen, die Grafen von Gammertingen, jene von Grüningen, dann die von Veringen. Es folgten die Grafen von Rechberg, Graf Ulrich von Württemberg, die Herren von Bubenhofen und die Freiherren von Speth; letztere besaßen Gammertingen sowie das nahe Hettingen mehr als 300 Jahre und traten es 1827 an die Hohenzollern ab. Das Land Hohenzollern überdauerte noch das Dritte Reich und hörte erst auf zu existieren, als der Südweststaat, das heutige Baden-Württemberg, gegründet wurde. Viel Geschichte, wenig Zeugen: eine malerische Kirche mit Staffelgiebeln am gotischen Turm, der Innenraum klassizistisch nüchtern. Das ehemals Spethsche Schloß wurde 1776 von dem berühmten französischen Architekten Michel d'Ixnard erbaut. Dieser war auch der Baumeister der Kuppelkirche in St. Blasien im Schwarzwald.

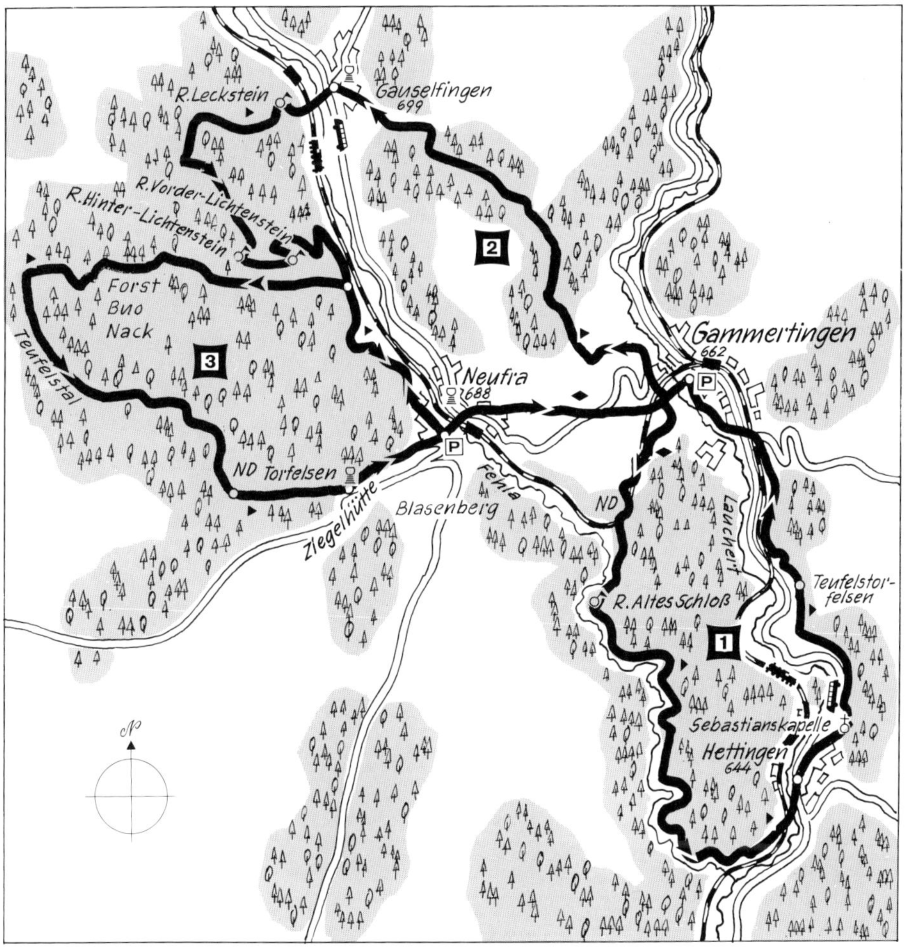

1 Romantische Täler und kühne Felsen

Gammertingen – Fehlatal – Hettingen – Teufelstorfelsen – Gammertingen / 3½ Std. / keine größeren Höhenunterschiede, überwiegend schattig / wegen der Flora beste Wanderzeit Mitte April

Vom Gammertinger Schloß aus durchqueren wir den wenig ansprechenden Teil des Städtchens – ein zusammengestoppeltes Industrie- und Gewerbegebiet. Hinter der Ortsumgehungsstraße aber wird es schön. Vorbei an einer kleinen Feldkapelle, die unter einer riesigen, als Naturdenkmal geschützten Buche steht, geht es hinunter zum Wanderparkplatz im Fehlatal, wo uns die Straße auf sehr angenehme Weise entläßt. Links droben liegt das Alte Schloß, die Ruine einer Burg, deren Geschichte sich im Dunkeln verliert. Wir folgen dem Bächlein, das sich in vielen Windungen meist durch Wiesen schlängelt und lustig sprudelnd über kleine Schwellen hüpft. Die Fehla vereinigt sich am Ende des stillen Tales mit der Lauchert und strebt mit

Das Wasser war Baumeister des Teufelstorfelsens bei Gammertingen.

dieser zusammen der Donau zu. Im lichten Frühlingswald blüht und duftet der Seidelbast (Daphne mezerum), am Waldrand stehen die großen blauen Blüten der Küchenschelle (Pulsatilla), und auf den Wiesen leuchten die Gelbsterne (Gagea arvensis). Laucherttalaufwärts erreichen wir Hettingen, wo wir an der Marienkapelle von 1582 vorbei zum Felsenbergschloß hinaufsteigen, um über den Josefsweg durch ein Meer von Küchenschellen zur Sebastianuskapelle von 1612 hinunterzuwandern. Ein letzter kurzer Aufstieg führt uns über einen blauen Teppich von Leberblümchen (Anemone hepatica) zum Teufelstorfelsen, der einen hübschen Ausblick ins Tal bietet. Zurück nach Gammertingen kommen wir entweder durch das Teufelstor selbst oder aber über einen Hangweg, der langsam ins Laucherttal hinunterleitet.

2 Zu den Lichtensteinen

Gammertingen – Gauselfingen – Ruinen Lichtenstein – Neufra – Gammertingen / 4½ Std. / keine größeren Höhenunterschiede, Sonne und Schatten

Von Gammertingen wandern wir am westlichen Talhang auf eine für die Kup-

Pyramidenorchis (Anacamptis pyramidalis)

Bienenragwurz (Ophrys apifera)

Blasses Knabenkraut (Orchis pallens)

penalb typische Fläche hinauf, auf der ebene Felder mit bewaldeten Hügeln abwechseln. Bald geht es hinunter ins Fehlatal, das wir in Gauselfingen queren, um in ein Seitentälchen einzubiegen, auf dessen Bergflanken rechts die Ruine Leckstein und links die Burgstelle Hasenfratz liegen. Über den Burren erreichen wir dann die Wegteilung unterhalb der beiden Ruinen Lichtenstein. Wir wenden uns nach rechts und kommen zur Ruine Hinter-Lichtenstein, anschließend zur Ruine Vorder-Lichtenstein. Die Verbindung der Erbauer dieser beiden Burgen mit denjenigen des Alten Lichtenstein (s. Tour 31/1) ist ganz sicher; etwas unsicher ist jedoch, ob das Lichtensteiner Geschlecht hier seinen Ausgang nahm, wofür aber manches spricht. Schön ist der Ausblick von der Ruine ins Fehlatal, in das wir anschließend hinuntersteigen, um nach Neufra zu wandern.

In der Pfarrkirche von Neufra finden sich einige Renaissance-Grabmäler der Herren von Speth, denen auch das Schlößchen gehörte, das wieder schön restauriert wurde. In der Muttergotteskapelle von 1591 steht ein Flügelaltar aus der Renaissance. Vom Dorf steigen wir hinauf zur Hochbergkapelle, die allerdings meist verschlossen ist, weil auch sie schon von Räubern heimgesucht wurde. Über eine freie Fläche, von der aus wir weit über die Alb sehen können, kehren wir nach Gammertingen zurück.

3 Durch den Forst Buo Nack

Neufra – Forst Buo Nack – Teufelstal – Neufra / 3½ Std. / meist schattig

Wir gehen von Neufra aus talaufwärts und biegen links in das Waldtal ein, durch das ein Forststräßchen herunterkommt. Dieses führt uns in den Forst Buo Nack. Diese Bezeichnung, die man in der amtlichen topographischen Landkarte L 7720 Albstadt findet, klingt mehr chinesisch als älblerisch. Die Nachforschungen nach der Herkunft dieses Namens bleiben so mystisch wie der Name selbst: das zuständige Forstamt, das mit Fachleuten besetzt ist, die zum Teil schon 30 Jahre lang dort auf dem Posten sind, mußte passen; man habe diese Bezeichnung zwar auch schon auf der Karte gesehen, in der Literatur sei sie aber nicht zu finden. Wie dem auch sei, diese Waldwanderung ist ganz besonders schön. Sie führt uns südlich an der Doppelkuppe vorbei, auf der die in Wanderung 2 erwähnten Ruinen Vorder- und Hinter-Lichtenstein stehen. Bald kommt von dort der bezeichnete Wanderweg herunter, dem wir bis zum Ausläufer des Teufelstales folgen.

Das Teufelstal macht seinem Namen wirklich keine Ehre: Ein idyllischer Froschteich mit Seerosen, Pfeilkraut und Rohrkolben findet sich am Anfang, unzählige Gelbe Fingerhüte (Digitalis grandiflora) säumen im August den Weg abwärts durch das sehr stille Tal, da und dort Wolfseisenhut und Silberdisteln; und wer die Augen aufmacht, findet interessante Orchideen, wie etwa Stendelwurzen (Epipactis), und zwar die braunrote (atrorubens) und die violette (purpurata). Bei der Ziegelhütte erreichen wir die Landstraße, der wir das kurze Stück bis nach Neufra folgen.

Sehenswertes

Gammertingen Neues Schloß von 1776 (heute Rathaus) ■ Klassizistische Kirche von 1804 ■ Amtshaus aus dem 18. Jh.

Hettingen Felsenbergschloß von 1720 ■ Stadtkirche St. Martin mit Grabmälern der Speth, spätgotischem Sakramentshaus und Wandmalereien ■ Marienkapelle von 1582 und Sebastianuskapelle von 1612

Neufra Pfarrkirche mit Grabmälern der Speth ■ Muttergotteskapelle von 1591 ■ Hochbergkapelle von 1751

Freizeitangebot

Gammertingen Freibad ■ Tennis ■ Angeln ■ Fahrradverleih

Verkehrsmittel

Gammertingen Bahn: Hechingen, Sigmaringen ■ Bus: Hechingen, Sigmaringen, Reutlingen, Riedlingen, an den Bodensee

Hettingen Bahn: Sigmaringen, Gammertingen ■ Bus: Reutlingen, Sigmaringen, Gammertingen

Neufra, Gauselfingen Bahn: Hechingen, Sigmaringen ■ Bus: Hechingen, Gammertingen

Karte

L 7720 Albstadt

37 Veringenstadt/ Veringendorf

»Spare in der Zeit, so hast Du in der Not«

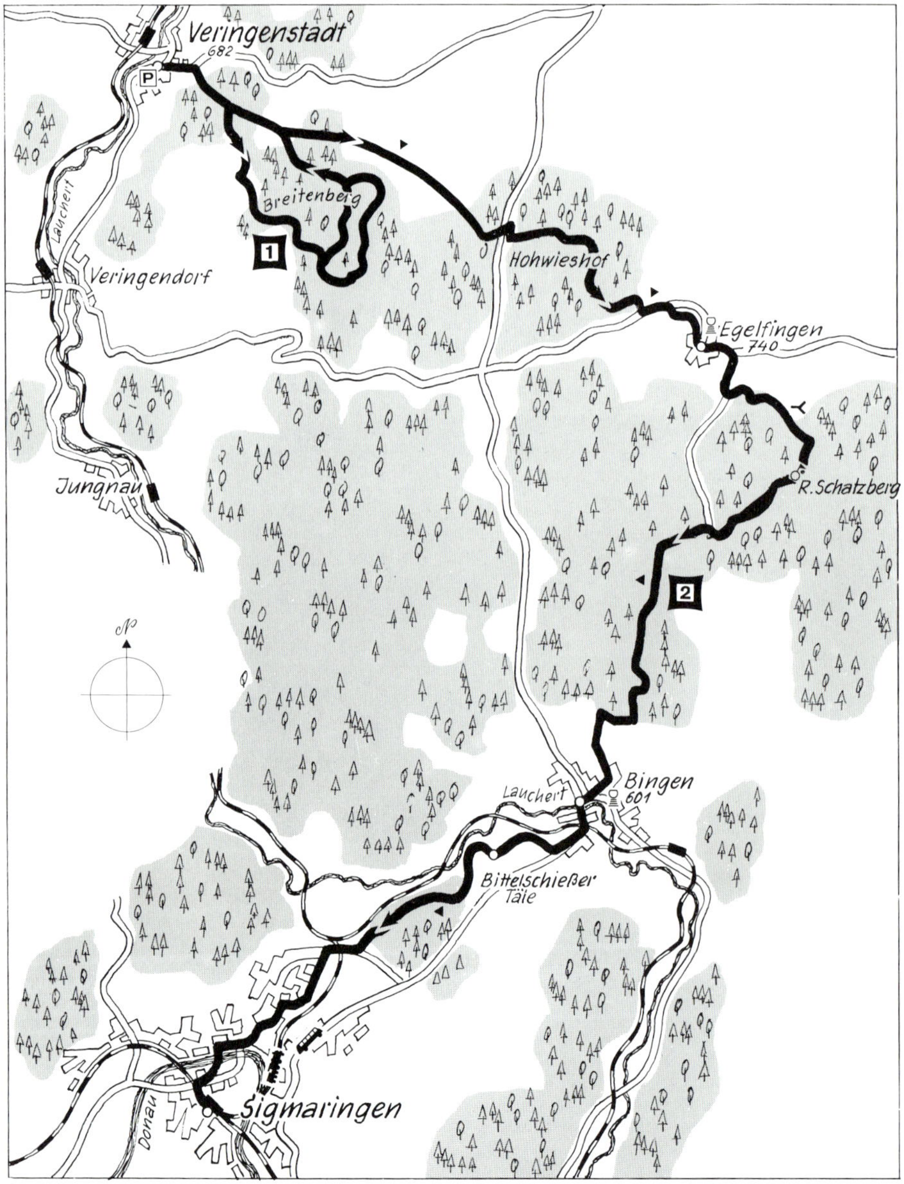

Es ist anzunehmen, daß es dieses deutsche Sprichwort zur Zeit der letzten Grafen von Veringen noch nicht gegeben hat, denn die Zimmersche Chronik berichtet: »Durch grossen unfall und unsorgsams, liederlichs hausen neben aim grossen pracht sein sie nach und nach umb alle ihre güeter kommen und in ein solche armuet gerathen, das man sagt, es haben die letzten grafen von Veringen die settel ab den rossen genommen und ins stettle zu Veringen verkauft.«
Auch das gemeine Volk im mittleren Laucherttal war die längste Zeit nicht mit Glücksgütern gesegnet, und erst in der Nachkriegszeit siedelte sich die Industrie dort an, so daß wenigstens ein

In den Höhlen um Veringenstadt, wie hier in der Nikolaushöhle, wurden bedeutende vorgeschichtliche Funde gemacht.

Teil der Einwohner nicht mehr über Feld fahren mußte, um sein Brot zu verdienen.
Veringenstadt liegt im Umlauf der Lauchert um einen Berg, auf der die Ruine der Burg der Grafen von Veringen zu finden ist. Einige schöne alte Häuser säumen die Hauptstraße des Städtchens. Im alten Rathaus ist ein Heimatmuseum untergebracht, das derjenige besuchen möge, dem Folterwerkzeuge keinen allzu großen Schauer den Rücken hinunterjagen. Auf der Lauchertbrücke sitzt ein grimmiger Neandertaler von der Sorte, die einst die Höhlen im Burgberg bewohnt hatten; er wird von der Bevölkerung liebevoll »Nandi« genannt. In der Ruine der Veringer Grafenburg steht die romanische Peterskapelle. In der neugotischen Pfarrkirche finden wir unter anderem zwei Plastiken von Jörg Syrlin d.J., dem wir schon in Ulm und Blaubeuren begegnet sind; eine Heilige Familie wird Martin Schaffner zugeschrieben.
Veringendorf, einige Kilometer talabwärts, hat eine doppeltürmige Kirche, Überbleibsel einer dreischiffigen Basilika aus dem 11. Jahrhundert. Von der ersten Kirche erhalten sind die Nebenapsiden sowie ein Teil des gewölbten Chores, während die Hauptapsis durch einen quadratischen gotischen Chor ersetzt wurde.

1 Anschauliche Heimatgeschichte

Rundwanderweg östlich von Veringenstadt
2 Std. viel Schatten

Vor einigen Jahren wurde bei Veringenstadt ein interessanter heimatgeschichtlicher Rundwanderweg eingerichtet, der über drei Dinge informiert. Zum einen wird eine verlassene Siedlungsstätte aus dem späten Mittelalter erläutert; diese gehörte zunächst zum Kloster Zwiefalten, später den Grafen von Veringen und wurde aufgegeben, weil ein Teil der Bewohner einer Seuche erlag, während die anderen innerhalb der Mauern des nahen Städtchens Schutz suchten. Zum anderen wird der auf der Alb früher sehr verbreitete Bohnerzabbau erläutert; die im Tage- und Untertagebau gewonnenen Erze wurden in der Lauchert gewaschen und in den Hüttenwerken von Thiergarten (s. Tour 38/4) oder Laucherttal geschmolzen. Schließlich wird noch ein Schwammriff des Weißen Jura gezeigt, in dem versteinerte becher- und tellerförmige Schwämme, Bryozoen und Kalkalgen eingeschlossen sind. Dieses Riff befindet sich auf der Ostseite des Lauchertgrabens, einem 80 bis 90 Meter tiefen und 4 bis 5 Kilometer breiten Gebirgseinbruch, der sich im bekannten erdbebenauslösenden Zollerngraben (s. Tour 40) fortsetzt.

2 Über die Ruine Schatzberg nach Sigmaringen

Veringenstadt – Egelfingen – Ruine Schatzberg – Bingen – Sigmaringen / 5½ Std. / 150 m allmählicher Aufstieg, sehr viel Schatten

Von Veringenstadt aus wandern wir über einen einsamen Weg durch Feld und Wald nach Egelfingen, einem kleinen Flecken weit »vom Schuß«. Noch weiter aus der Welt ist die Ruine Schatzberg, deren Gründung im Dunkel liegt. 1267 wird ein Konrad von Schatzberg genannt, aber in der Folge wechselten die Besitzer der Burg häufig, bis sie schließlich 1442 zerstört wurde. Eine weite Waldwanderung führt uns nach Bingen, das man »Binken« ausspricht. In der Dorfkirche befinden sich vier berühmte

Gemälde von Bartholomäus Zeitblom und fünf Heiligenfiguren von Jörg Syrlin aus dem 15. Jahrhundert.
Der Weiterweg geht das Laucherttal aufwärts, und bald sind wir im Bittelschießer Täle mit einer großen, hallenartigen Höhle, die oben offen ist und in der leider öfter Feuer angebrannt werden, so daß die Wände schwarz sind. Oben an der Kante der Klamm befindet sich im ehemaligen Rundturm der Burg Bittelschieß eine Kapelle. Schnell sind wir in Sigmaringen, jedoch müssen wir ein großes Neubauviertel durchqueren, bis wir an die Donau hinunterkommen, um in die Innenstadt zu gelangen.

Sehenswertes

Veringenstadt Neugotische Kirche St. Nikolaus mit Schnitzwerken von Jörg Syrlin d. J. und Martin Schaffner ■ Burgkapelle St. Peter mit Malereien von Hans und Jakob Strüb von 1515 ■ Heimatmuseum

Veringendorf Pfarrkirche St. Michael mit Teilen aus dem 11. Jh., mit einem Kruzifix aus dem 13. Jh.

Bingen Pfarrkirche Mariae Himmelfahrt mit Gemälden von Bartholomäus Zeitblom und Schnitzwerken von Jörg Syrlin d. J. sowie Martin Schaffner

Freizeitangebot

Veringenstadt Tennis ■ Angeln ■ Kleinschwimmhalle

Verkehrsmittel

Veringenstadt, Veringendorf Bahn: Sigmaringen, Hechingen ■ Bus: Sigmaringen, Meersburg, Hechingen, Reutlingen, Stuttgart

Bingen Bus: Riedlingen, Sigmaringen, Reutlingen

Karte

L 7920 Sigmaringen

Stille Wanderwege sind es, die die Wälder und Tälchen auf der Albhochfläche durchziehen.

38 Sigmaringen

Europäische Geschichte und Politik

Auf steilem Felsen hoch über der Donau steht stolz das Schloß der Fürsten von Hohenzollern-Sigmaringen. Das Gebäude, dessen älteste Teile wohl über 1000 Jahre alt sind, bekam von jedem Geschlecht, das es bewohnte, etwas hinzugefügt. Und es waren viele Geschlechter. Von den ersten Herrschaften weiß man heute nicht einmal mehr den Namen, aber sie waren stark genug, 1077 der Belagerung durch den Gegenkönig Rudolf von Schwaben erfolgreich zu trotzen. Dann erst folgten die Grafen von Sigmaringen, wohl eine Nebenlinie der Helfensteiner, die wir von Geislingen (s. Tour 11) und Wiesensteig (s. Tour 13) her kennen. Nachfolger der Sigmaringer waren die Grafen von Hirschberg, die die Stadt gründeten und von denen der goldene Hirsch im Wappen des heutigen Fürstenhauses stammt. Dann lösten sich die Grafen von Montfort, die Habsburger, die Wirtemberger und die Werdenberger (s. Tour 35) ab. Nach deren Aussterben kamen die Zollern, die auch heute noch hier sitzen. Allerdings ist es nicht mehr die württembergische Linie, die im Gefolge der Revolution von 1848 abdankte, sondern es sind die königlich-preußischen Hohenzollern.

Vielfältig waren die Einflußmöglichkeiten der Sigmaringer auf die europäische Politik. Da war zunächst Fürst Karl Anton von 1858 bis 1862 unmittelbarer Vorgänger von Bismarck als preußischer Ministerpräsident. Sein Sohn Karl wurde 1866 als Carol I. zum Fürsten von Rumänien gewählt und 1881 zu dessen König proklamiert. Ein anderer Sohn heiratete die Infantin von Portugal und Herzogin von Sachsen, eine Tochter war mit Don Pedro V. von Portugal vermählt, eine andere wurde durch die Heirat mit Graf Philipp von Flandern Urgroßmutter des heutigen Königs der Belgier, Baudoin. Und schließlich hätte ein weiterer Sohn sogar König von Spanien werden können, jedoch verzichtete er des lieben Friedens willen darauf; trotzdem kam es aber zum deutsch-französischen Krieg 1870/71.

Im Jahre 1944 sollte in Sigmaringen nochmals europäische Politik gemacht werden: von September 1944 bis April 1945 residierte die Vichy-Regierung des Marschalls Pétain im Schloß, während Fürst Friedrich Viktor von Hohenzollern auf Schloß Wilflingen, etwa 15 Kilometer nordöstlich von hier, interniert wurde.

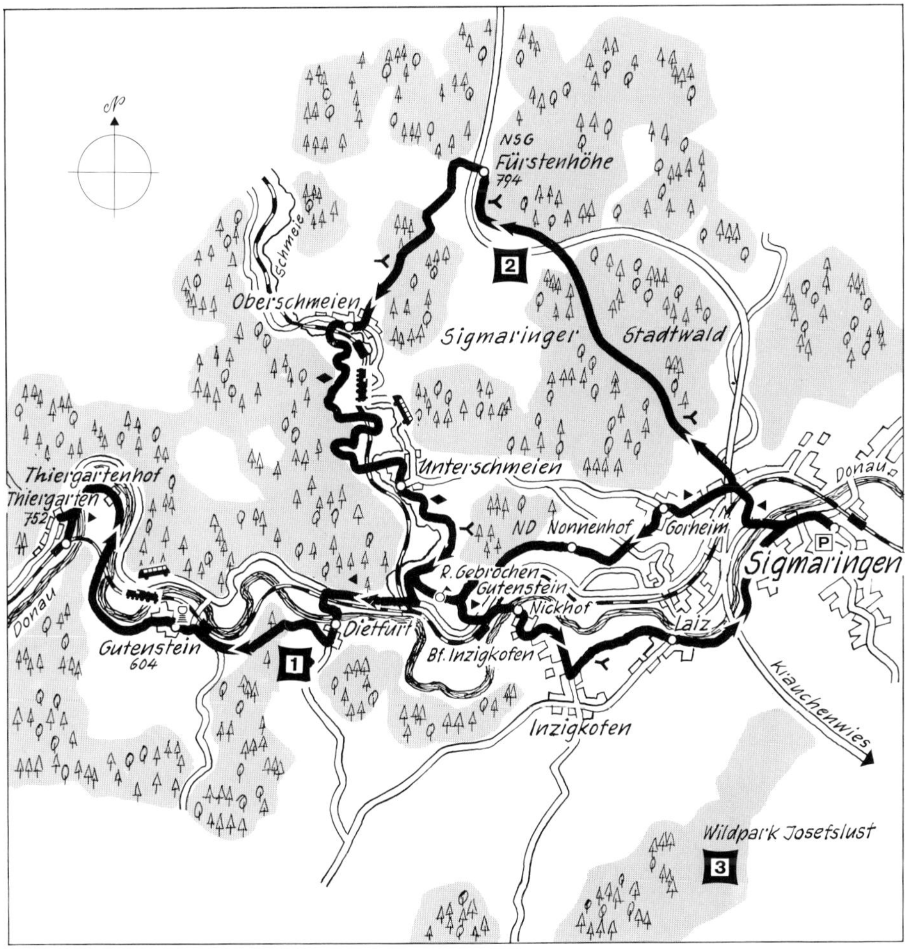

1 Auf dem Südrandweg nach Thiergarten

Sigmaringen – Dietfurt – Gutenstein – Thiergarten / 3½ Std. / 100 m Auf- und Abstieg, mehr Schatten als Sonne

Diese Wanderung führt uns flußaufwärts in die Ausläufer des Durchbruchs der Donau durch die Schwäbische Alb. Sie vermittelt einen Vorgeschmack dessen, was uns später erwartet, wenn wir zwischen Mühlheim und Thiergarten unterwegs sind (s. Touren 44 und 45).

Von Sigmaringen wandern wir hinüber in den auf der Nordseite des Flusses gelegenen Stadtteil Gorheim, über dem sich die Gebäude des 1303 als Franziskanerklause gegründeten Klosters erhe-

ben. Auf einem Treppenweg erreichen wir schnell unser Tagespensum an Aufstieg beim Nonnenhof und dem nicht weit davon entfernten mächtigen erratischen Block. Erratische Blöcke sind ortsfremde Steine, die von Gletschern über weite Strecken transportiert worden sind.
Unser nächstes Ziel ist die Aussichtskanzel bei der Ruine Gebrochen Gutenstein, die auf einer spitzigen Felsnadel vor der Bergkante steht. Drunten im Tal mündet die von Albstadt herunterkommende Schmeie in die Donau, und die Bahnlinien von Donaueschingen und Stuttgart verlaufen ab hier gemeinsam nach Sigmaringen weiter. Man sieht auch die weit geschwungene Straßenbrücke, über die wir gleich wandern werden, um dann auf das andere Donauufer und nach Dietfurt zu gelangen, wo sich nur wenige Häuser um einen Felsen gruppieren, auf dem der Bergfried der gleichnamigen Burgruine aufragt.
Die Donauschleife beim Teufelslochfelsen schneiden wir dadurch ab, indem wir über einen kleinen Bergrücken nach Gutenstein wandern. Dort steht ein Schlößchen, das einst dem berühmten »Malefizschenken«, das heißt dem Grafen Castell gehörte. Von Gutenstein bis Thiergarten bleiben wir jetzt am Ufer der Donau, auch wenn der Südrandweg beim Tunnel über den Bergrücken verläuft. So kommen wir zum Thiergartenhof mit der St.-Georgs-Kirche aus dem 17. Jahrhundert. Sie soll gemäß der Zimmerschen Chronik sieben Türen gehabt haben, weil die Ritter der umliegenden Burgen so zerstritten waren, daß keiner dem anderen den Vortritt beim Betreten der Kirche habe einräumen wollen. Schließlich erreichen wir über die Donau das kleine Dorf Thiergarten, dessen Name vom Wildpark der nahen Burg Falkenstein herrührt. Hier stand von 1671 bis 1863 ein fürstenbergisches Eisenwerk, in dem die Bohnerze der Schwäbischen Alb verhüttet wurden.

2 Von der Fürstenstadt über die Fürstenhöhe in den Fürstenpark

Sigmaringen – Fürstenhöhe – Oberschmeien – Unterschmeien – Gebrochen Gutenstein – Inzigkofen – Laiz – Sigmaringen / 5½ Std. / 230 m Auf- und 180 m Abstieg, meist allmählich, viel Schatten

Von Sigmaringen geht es wieder über die Donau und ab der Bundesstraße 32 bzw. der Brauerei bis zur Fürstenhöhe immer nordwestlich durch den Sigmaringer Stadtwald. Die Fürstenhöhe, wo wir auf die neugebaute Bundesstraße 463 stoßen, ist aus zwei Gründen bemerkenswert: Einmal sieht man bei klarem Wetter weit über die Alb, übers Schwäbische Oberland und bis zu den bayerischen und Schweizer Bergen; zum anderen befindet sich ein Naturschutzgebiet in der Nähe, in dem man seltene Orchideen, insbesondere den Frauenschuh findet. Leider haben die Autofetischisten des Straßenbauamtes einen Teil der Bestände zerstört.
Nun steigen wir hinunter ins abgelegene Schmeietal, wandern von Oberschmeien nach Unterschmeien und kurz vor Erreichen des Donautales hinauf zur Aussichtskanzel bei der Burg Gebrochen Gutenstein. Gleich geht es dann wieder abwärts zum Bahnhof Inzigkofen, über die Donau und durch den Nickhof nach Inzigkofen. Am steilen Südufer der Donau hat Fürst Anton Alois von Hohenzollern-Sigmaringen einen wunderbaren Park anlegen lassen, durch den wir zum ehemaligen Franziskanerinnenkloster gelangen. Die Gebäude, die heute als Volkshochschulheim dienen, wurden von Michael Beer errichtet.
Weiter geht es hinunter zur Donau, durch Laiz und am Fluß entlang zurück nach Sigmaringen. Von dieser Seite aus hat man den schönsten Blick auf das stolze Fürstenschloß.

3 Im Wildpark Josefslust

Wanderzeit beliebig einteilbar / fast ausschließlich Schatten

Auch wenn der fürstliche Wildpark Josefslust nicht mehr zur Schwäbischen Alb zählt, so gehört er doch zu Sigmaringen. Man sollte es nicht versäumen, einmal gemütlich durch die ausgedehnten Wälder zu schlendern, Damwild und Wildschweine in ihren Gehegen zu beobachten, den Wildenten auf den Weihern zuzuschauen. Da der Park sehr groß ist und sich über den eingefriedeten Teil hinaus nach Südwesten hin ausdehnt, kann man stundenlang wandern und sich an den unterschiedlichen Waldformationen erfreuen.

Sehenswertes

Sigmaringen Schloß mit berühmten Sammlungen (größte Waffensammlung Europas, Museum schwäbischer Kunst, Marstallmuseum) ■ Stadtkirche St. Johannes ■ Ehemaliges Kloster Hedingen ■ St.-Josefs-Kapelle ■ Heimatmuseum

Freizeitangebot

Sigmaringen Freibad ■ Angeln ■ Boccia ■ Minigolf ■ Reiten ■ Tennis ■ Camping

Inzigkofen Tennis

Dietfurt, Gutenstein, Thiergarten Reiten ■ Angeln

Verkehrsmittel

Sigmaringen Bahn: Stuttgart – Friedrichshafen, Ulm – Freiburg ■ Bus und Bahn: Gammertingen, Hechingen ■ Bus: in die umliegenden Orte

Ober- und Unterschmeien Bahn: Sigmaringen, Albstadt

Dietfurt, Gutenstein, Thiergarten, Laiz, Inzigkofen Bus: Sigmaringen

Karte

L 7920 Sigmaringen

Imposant steht das Sigmaringer Fürstenschloß auf hohem Felsen über der Donau. Von hier wurden seit dem 11. Jahrhundert Politik und Geschichte Europas vielfältig beeinflußt.

39 Hechingen

Schwäbische Preußen oder preußische Schwaben

Die ersten Anfänge des zollerischen Grafengeschlechts liegen etwas im dunkeln. Man vermutet, daß die Burchardinger ihre Vorläufer waren, die sich etwa ab 1100 Grafen von Zolre nannten. Ein Graf dieses Namens war mit Herzog Friedrich I. von Staufen verwandt. Der 1201 verstorbene Graf Friedrich III., Vertrauter der Kaiser Barbarossa und Heinrich VI., erheiratete sich 1191 die Burggrafschaft Nürnberg und war fortan Burggraf Friedrich I. Dessen Söhne teilten sich 1227 den Besitz: Konrad III. übernahm die Burggrafschaft Nürnberg, Friedrich IV. die schwäbischen Stammgüter. Die fränkische Linie war katholisch, die schwäbische evangelisch. Aus der fränkischen Linie gingen die Kurfürsten von Brandenburg, die preußischen Könige und die deutschen Kaiser hervor.
Die schwäbische Linie teilte sich im Laufe der Zeit in die Fürstenhäuser Hohenzollern-Hechingen, Hohenzollern-Sigmaringen und Hohenzollern-Haigerloch. Die Haigerlocher starben aus, die beiden anderen Häuser regierten bis 1849, traten dann aber die Souveränität an die preußischen Verwandten ab, die seit 1695 ein altes Erbrecht auf Hohenzollern hatten. Die Hechinger Linie endete 1869, die Sigmaringer mischten noch eine Zeitlang in der europäischen Politik mit (s. Tour 38), leben jetzt aber zurückgezogen in und um ihre frühere Residenz.
So wurden durch Nachwehen der Revolution von 1848 und per Erbschaft einige tausend Schwaben zu Preußen. Ein echter Preuße fragte einmal einen »Muß-Preußen« gönnerhaft, ob er denn gerne Preuße geworden sei. Der Schwabe nickte bedächtig mit dem Kopf und raunzte: »Dene Riedlinger, dene Donderwetter, hätte mer's au gönnt!«
Burg Hohenzollern, Landmarke und Markenzeichen der Schwäbischen Alb, steht stolz auf einem Zeugenberg vor der Hochfläche. »Zoller« bedeutete im Althochdeutschen Bergkegel, und so nimmt man an, daß die Form des Berges den Namen des Geschlechtes bestimmte. Die 1267 zum ersten Mal genannte Zollerburg wurde verschiedentlich zerstört. Die jetzige Burg ließ König Friedrich Wilhelm IV. in dem Stil erbauen, wie man sich im Zeitalter der Romantik eine mittelalterliche Ritterburg vorstellte.
Der Hohenzollern wird hoffentlich nie mehr durch kriegerische Ereignisse Schaden nehmen, doch wird er hin und wieder mal von Erdbeben durchgeschüttelt, wie zum Beispiel am 3. September 1978, wobei schwere Schäden entstanden.
Über diese Erdbebentätigkeit wird in Tour 40 noch zu berichten sein.

1 Burg Hohenzollern

Hechingen – Burg Hohenzollern – Hechingen / 3½ Std. / 375 m Auf- und Abstieg, Hauptsteigung im Schatten

Nach alten Darstellungen stand in Hechingen ein großes Fürstenschloß im Renaissancestil, das aber 1812 wegen Baufälligkeit abgebrochen worden ist. Das noch bestehende klassizistische Schloß dient heute als Bankgebäude. Die ehemalige Stiftskirche St. Jakob, die es Goethe auf seiner Reise in die Schweiz angetan hatte, wurde von Michel d'Ixnard gebaut, der eine Zeitlang Hofbaumeister war. Ein besonders kostbares Schmuckstück deutscher Renaissance ist die ehemalige Franziskaner-Klosterkirche St. Luzen, der leider eine Brauerei ziemlich nahegerückt ist.
Nach einem kleinen Rundgang durch die Stadt wandern wir südöstlich durch Neubauviertel zum Friedhof und dann auf den Bergkegel zu, den die Burg Hohenzollern krönt. Auf diesem Weg haben wir ausgiebig Gelegenheit, uns mit der Silhouette vertraut zu machen. Dabei fällt uns unter Umständen auf, daß eine Fahne über dem Schloß weht. Dies bedeutet, daß Kronprinz Louis Ferdinand auf der Burg weilt.

Der richtige Aufstieg beginnt etwa am

Waldrand. Da er zeitweise ziemlich steil ist, wird empfohlen, auf der Straße nach oben zu wandern, denn diese ist für den allgemeinen Fahrzeugverkehr gesperrt. In Serpentinen und Spiralen erreicht man den Schloßhof. Es empfiehlt sich, eine Führung mitzumachen. In der evangelischen Kapelle sind seit 1952 die Särge der Preußenkönige Friedrich Wilhelm I., der »Soldatenkönig«, und

Stolz erhebt sich auf einem Zeugenberg zwischen Albtrauf und Hechingen die Burg Hohenzollern.

Friedrich II., besser bekannt als »Friedrich der Große« oder »Alter Fritz«, aufgebahrt.
Sicherlich ist die Schloßführung recht interessant, genau so schön ist aber die Aussicht, die es gratis gibt. Für die Rückkehr nach Hechingen wählen wir den gleichen Weg, den wir gekommen sind.

2 Hohenzollerns Schokoladenseite

Boll – Hangender Stein – Backofenfelsen – Zeller Horn – Mariazell – Boll / 3½ Std. / 410 m Auf- und Abstieg, viel Schatten

Von Boll wandern wir hinaus nach Friedrichsthal. Vor uns erhebt sich die steile Wand des Hohen Berges und des Himberges, an deren Traufkante wir auch schon entlanggewandert sind (s. Tour 34/2). Da wir auf diese Höhe hinauf müssen, können wir uns vorstellen, was im Bärentäle und im Kohlwinkel auf uns zukommt; doch es ist nur halb so schlimm, wie wir dies immer festgestellt haben, wenn wir nach der Mühe durch eine vortreffliche Aussicht verwöhnt worden sind.
Oben angekommen, wandern wir weitgehend eben zum Hangenden Stein, den wir über kleine Stege erreichen, da er durch tiefe Felsspalten vom Trauf abgesetzt ist. Keine Angst, er stürzt aller Voraussicht nach erst in ein paar tausend Jahren in die Tiefe. Beim Weiterweg sehen wir in ganz besonders große Spalten, Höllenlöcher, die wir ja aus der Neuffener und Uracher Gegend schon kennen. Vom Backofenfelsen sieht man den Hohenzollern bereits sehr schön. Jedoch Geduld, es kommt noch eindrucksvoller! Links drüben steht auf dem Raichberg der Sendeturm des Südwestfunks, nicht weit davon ist das »Nägele-Haus«, wo wir einkehren können. Durch eine kleine Wacholderheide gehen wir eine Stufe tiefer und wandern auf das Zeller Horn hinaus, von wo sich die Burg Hohenzollern phantastisch präsentiert.
Auf einem ziemlich kurzen Zickzackweg steigen wir zum renovierten Kirchlein Mariazell ab, das 1776 auf den Grundmauern einer gotischen Kapelle erbaut wurde. Drunten im Tal liegt Boll, das wir schnell erreichen.

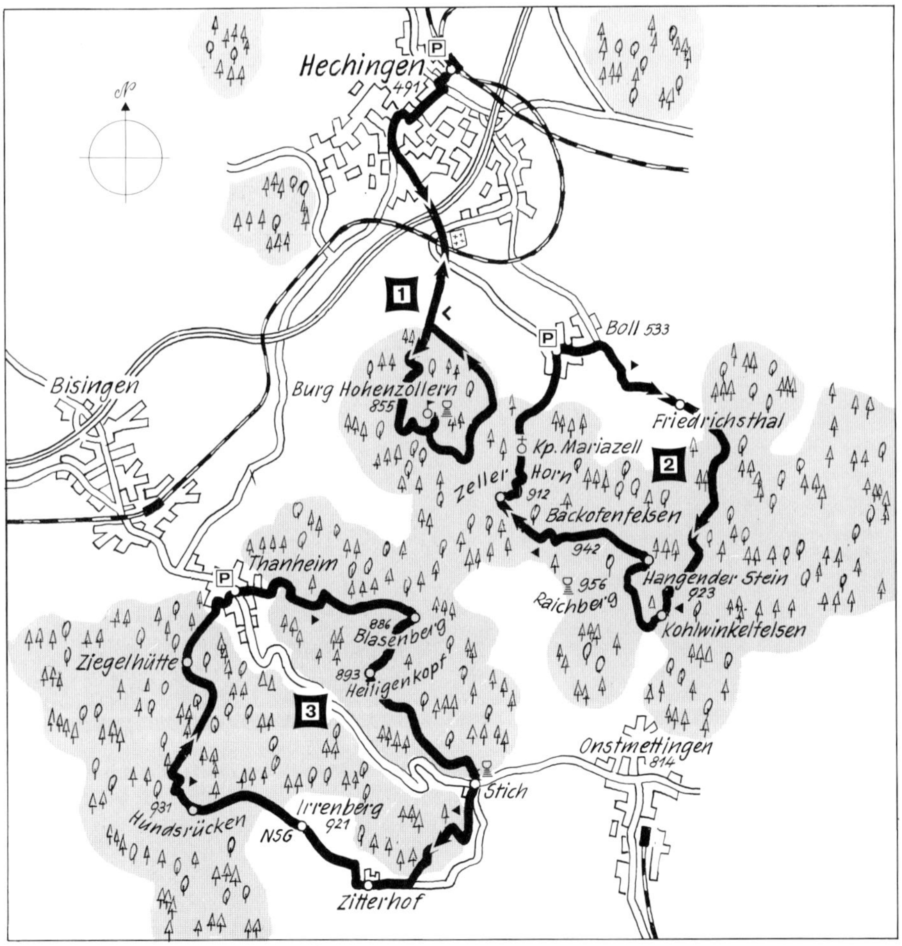

3 Heiligenkopf und Irrenberg

Thanheim – Blasenberg – Heiligenkopf – Stichwirtshaus – Irrenberg – Hundsrücken – Thanheim / 4 Std. / 300 m Auf- und Abstieg, viel Schatten

Wir wollen uns die Burg Hohenzollern heute einmal von Südwesten aus ansehen und wandern deshalb von Thanheim zum Blasenberg hinauf. Droben treffen wir auf den Nordrandweg, dem wir ein gutes Stück folgen. Zunächst ist da der Heiligenkopf, an dem die Straße Bisingen – Onstmettingen die Hochfläche erklimmt. Die Straße ist vor einigen Jahren total abgerutscht und hat den ganzen Wald mit in die Tiefe gerissen. Dies ist dem Knollenmergel zuzuschreiben, der wasserundurchlässig ist und ganz schmierig wird, so daß die draufsitzenden Schichten nach längeren Regenperioden keinen Halt mehr haben. Schuld an solchen Unglücken hat aber meist der Mensch, der durch den Bau von Straßen und Häusern das Gleichgewicht der Erdformationen stört.
Beim Stichwirtshaus überschreiten wir die Straße und wandern zum Zitterhof hinauf und hinaus zum Irrenberg, an dessen Südabhang sich ein Naturschutzgebiet mit bemerkenswerter Flora befindet. Über einen bewaldeten Grat erreichen wir den Hundsrücken, von dem wir durch viel Wald nach Thanheim absteigen.

Sehenswertes

Hechingen Stiftskirche St. Jakob ■ Franziskaner-Klosterkirche St. Luzen ■ Heiligkreuzkapelle beim Friedhof ■ Heimatmuseum ■ Hohenzollerisches Landesmuseum ■ Burg Hohenzollern

Freizeitangebot

Hechingen Freibad ■ Tennis ■ Golf

Verkehrsmittel

Hechingen Bahn: Stuttgart – Sigmaringen, Haigerloch – Gammertingen ■ Bus: Tübingen, Rottweil, Gammertingen und in umliegende Gemeinden

Thanheim Bus: Hechingen (beschränkt nach Onstmettingen)

Karten

L 7718 Balingen, L 7720 Albstadt

40 Albstadt

Wo die Erde bebt

Im letzten Kapitel wurde darauf hingewiesen, daß die Burg Hohenzollern hin und wieder von Erdbeben erschüttert wird, die im sogenannten Zollerngraben entstehen.
Durch die Hebung der Alpen und des Schwarzwaldes dürfte hier vor etwa 30 Millionen Jahren ein Grabenbruch entstanden sein, der infolge der Kontinentaldrift noch immer nicht zur Ruhe gekommen ist, ja wohl nie zur Ruhe kommen wird. Durch den ungeheuren Druck entstehen in der Erdrinde gewaltige Spannungen, die sich in schwächeren Bereichen entladen. Grabenbrüche sind solche schwachen Bereiche, hier finden Entspannungen statt, hier entstehen die größten Erschütterungen.
Der Zollerngraben beginnt bei Bitz östlich von Ebingen und verläuft über Onstmettingen, den Raichberg, den Hohenzollern, Zimmern und Wessingen bis nach Weilheim bei Hechingen. Die Breite des Grabens beträgt etwa 2 Kilometer, seine Länge knapp 20 Kilometer, seine Tiefe rund 10 Kilometer. Ein starker Querbruch besteht zwischen Onstmettingen und Hausen im Killertal. Im Tertiär hat sich der Graben um etwa 100 Meter abgesenkt, jedoch steht er heute deutlich über der ihn umgebenden Landschaft. Diese Graben- oder Reliefumkehr hängt mit der Schichtung des Kalkgebirges zusammen.
Im September 1978 war das letzte große Erdbeben, das beträchtliche Zerstörungen in Ebingen, Tailfingen, Onstmettingen, auf der Burg Hohenzollern und in anderen Orten zur Folge hatte. Es dürfte – zusammen mit langen Regenfällen – auch der Auslöser für den gewaltigen Erdrutsch am Heiligenkopf (s. Tour 39/3) gewesen sein.
Albstadt, wie Ebingen zusammen mit einer Anzahl eingemeindeter Dörfer heute heißt, ist ein Zentrum der Trikotagenindustrie, das nach Ende des letzten Krieges seinen Aufschwung nahm, nachdem das andere große Wirkereizentrum Sachsen für uns ausgefallen war. Damals wurden viele Familienbetriebe gegründet, in denen die Oma spulte, der Opa die Maschinen schmierte, die Mutter wirkte, die Tochter nähte und der Vater die Waren verkaufte. Die meisten dieser Kleinstbetriebe sind aber auf der Strecke geblieben, desgleichen auch eine Reihe großer Firmen.
Zwei Spezialitäten Ebingens müssen hier noch genannt werden: Die eine ist die Herstellung von Nadeln und Platinen für die Wirkerei- und Strickereiindustrie, die andere die Waagenfabrikation, die hier durch den in Onstmettingen auf-

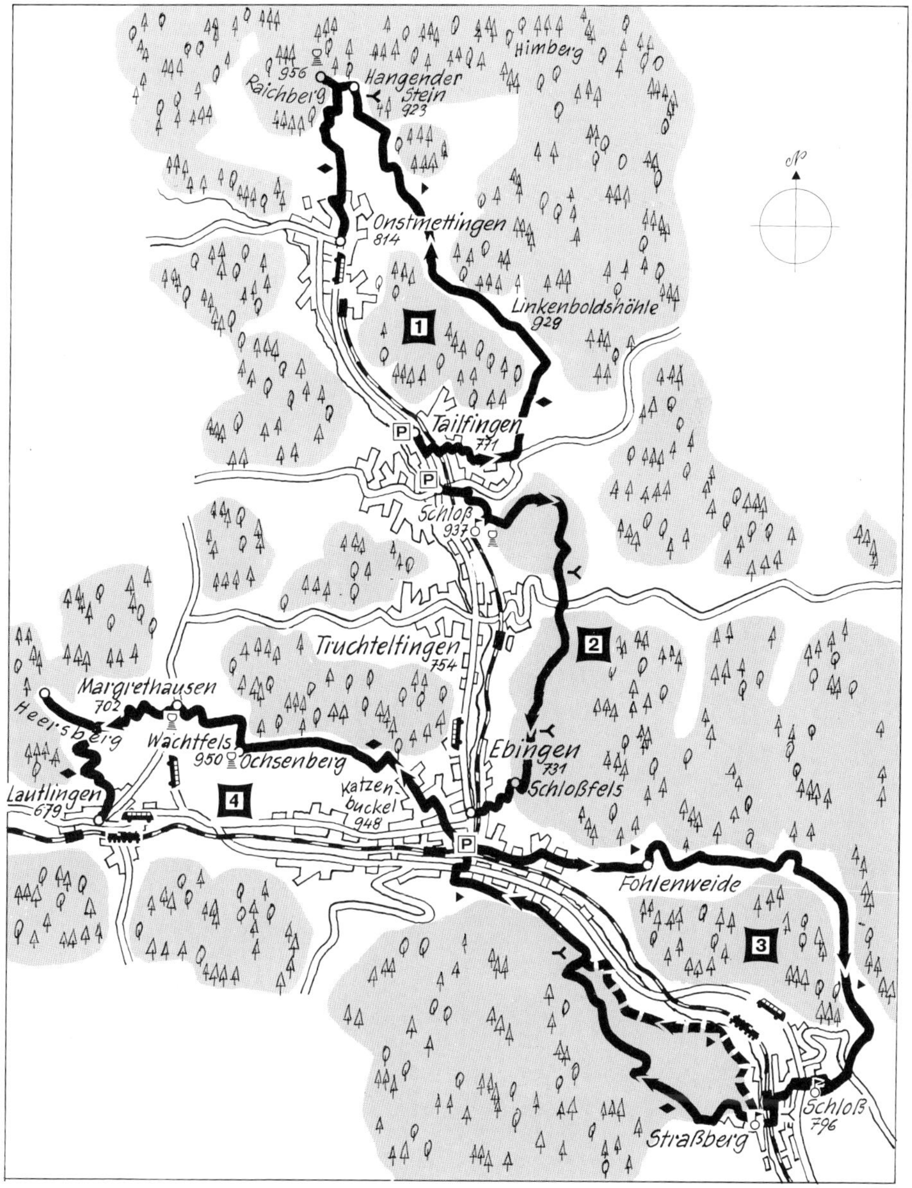

gewachsenen Pfarrer Philipp Matthäus Hahn initiiert und sehr stark gefördert wurde.

1 Auf dem Zollerngraben zum Raichberg

Tailfingen – Linkenboldshöhle – Raichberg – Onstmettingen / 3½ Std. / 150 m Auf- und Abstieg, sehr viel Sonne

Wir tanzen nicht auf dem Vulkan, sondern wandern über das Erdbebenzentrum der Schwäbischen Alb. Das ist ganz ungefährlich, denn selbst wenn es ein Erdbeben gäbe, würde sich dies wahrscheinlich nur durch ein Grollen bemerkbar machen, und auch das nur, wenn es besonders stark ist.

Von Tailfingen aus wandern wir am Osthang des Schmeientales empor auf die Hochfläche und sind dort schon im Zollerngraben. Im Grabenbereich befinden sich einige runde Bergkuppen, die durch harte Riffkalke gebildet wurden, die weniger schnell verwittern als der sie umgebende Kalkmergel. Am Umspannwerk vorbei geht es zur Linkenboldshöhle, einer 220 Meter langen Tropfsteinhöhle. In ihr muß man sich vorsehen, denn der Linkenbold ist kein linkischer, sondern ein böser Kobold, der zwar versteinert ist, die Besucher aber mit einer bösen Fratze mustert.
Weiter verläuft der Weg zur Straße Onstmettingen – Hausen. Wir sollten nicht versäumen, etwa 500 Meter auf der Straße links abwärts zu laufen, da man im Steinbruch auf der rechten Seite sehr deutlich den Grabenbruch erkennen kann, wenn man die Gesteinsschichten miteinander vergleicht. Dann kehren wir zum Wanderweg zurück und ziehen nach links weiter. Kurz vor der Traufkante stoßen wir auf den Nordrandweg, der vom Himberg herkommt, gehen zum Hangenden Stein und zum Backofenfelsen, biegen dort links ab und wandern zum Nägele-Haus und zum Raichbergturm, von dem man eine herrliche Sicht in alle Richtung, insbesondere nach Süden über die Hochfläche bis hin zu den Alpen hat. Zu unserem Ziel Onstmettingen ist es dann nur noch ein kurzes Stück Wegs.

Die vom Raichberg im Hintergrund herunterfließende Schmeie biegt in Ebingen zu Füßen des Schloßfelsturmes nach Osten zur Donau ab.

2 Über den Schloßfels nach Ebingen

Tailfingen – Schloß – Schloßfels – Ebingen / 2½ Std. / 170 m Auf- und 220 m Abstieg, Sonne und Schatten

Wir steigen von Tailfingen wiederum am östlichen Talhang hoch, dieses Mal aber auf den Schloßberg, von dem aus man ins Tal hinuntersieht. Es ist keine reine Freude, was man da erblickt, denn es springt einem der Landverbrauch förmlich ins Auge. Erfreulicherweise ändert sich aber bald die Szene, denn auf der Fläche ist noch viel Natur, sieht man einmal vom Betrieb auf dem nahen Fluggelände Degenfeld bei Bitz ab. Hier begegnet man auch wieder einmal dem Gelben Enzian und anderen seltenen Pflanzen. Über die Straße Truchtelfingen – Bitz und weiter durch eine beruhigende Landschaft geht es in den Wald und hinauf zum Aussichtsturm auf dem Ebinger Schloßfels, der ein umfassendes Panorama bietet: besonders schön über Ebingen, das Eyachtal hinaus in die Balinger Berge; zum Osten hin sieht man den Bussen, nach Norden und Nordosten erscheinen u.a. der Augstberg- und der Sternbergturm. Im Süden aber präsentiert sich bei klarem Wetter wieder einmal die gesamte Alpenkette.
Ein steiler Zickzackweg leitet uns hinunter nach Ebingen.

3 Links und rechts des Schmeietales

Ebingen – Fohlenweide – Straßberg – Ebingen / 5 Std. / 140 m Aufstieg, 180 m Ab- und Aufstieg, 130 m Abstieg, sehr viel Schatten

Das wird eine schöne Runde für Leute, die eine stille Wanderung lieben. Still von der Landschaft her, hoffentlich auch still in der Luft; die heulenden Flugzeuge über dem nahen Truppenübungsplatz Heuberg sind manchmal zum Heulen!
Von Ebingen geht es hinauf auf die Hochfläche bei der Fohlenweide. Ohne größere Höhenunterschiede führt der Weg dann über Feld und durch Wald im weiten Bogen zur Burg Straßberg, einem interessanten, trutzigen Bau, dessen älteste Teile aus dem 12. Jahrhundert stammen. Nun wandern wir hinunter ins gleichnamige Dorf mit einer Kirche von 1740, in der sich ein schönes Grabmal befindet.
Wer nicht noch einmal die ganze Steigung erklimmen will, der kann auf halber Höhe am Talhang des Schmeietales nach Ebingen zurückwandern. Schöner ist es aber, hinaufzusteigen auf die Hochfläche südlich des Tales, wo man auf Straßberg mit seiner Burg, auf das gegenüberliegende Winterlingen und weit über die Albhochfläche sehen kann. Nicht weit von der Grenze des Truppenübungsplatzes entfernt wandern wir auf Ebingen zu und schließlich in den Ort hinunter.

4 Ochsenberg und Heersberg

Ebingen – Ochsenberg – Margrethausen – Heersberg – Lautlingen / 3½ Std. / 180 m Auf-, 210 m Ab-, 260 m Auf- und 290 m Abstieg, halb Sonne, halb Schatten

Das ist doch allerhand, was einem da zugemutet wird: Zweimal auf- und zweimal absteigen! So mag wohl manch einer denken. Trotzdem lieber Wanderfreund, wird diese Berg- und Tal-Wanderung guten Gewissens empfohlen, führt sie uns doch in botanisch sehr interessante Gebiete auf dem Kreuzbühl und auf dem Heersberg. Durch ein großes Neubaugebiet steigen wir unterhalb des Schnecklesfelsen empor zum Katzenbuckel und wandern hinüber zum Ochsenberg. Nachdem wir einen Abstecher zum Aussichtspunkt Wachtfels gemacht haben, geht es hinunter nach Margrethausen mit dem ehemaligen Frauenkloster von 1699. In steilem Zickzack steigen wir hinauf auf den Heersberg mit einer sehr schönen Wacholderheide. Für den Abstieg wählen wir den interessanten Muliweg, der an einem Kreuz vorbei nach Lautlingen führt.

Sehenswertes

Ebingen Giebel der Alten Schule von 1717 mit Glockenturm, ehemals auf einem Torturm ■ Städtische Galerie ■ Aquarium

Freizeitangebot

Ebingen Wellen-Hallenbad ■ Freibad ■ Tennis ■ Reiten ■ Skilifte ■ Langlauf-Loipen
Tailfingen Hallenbad ■ Reiten ■ Tennis
Onstmettingen Reiten

Verkehrsmittel

Ebingen Bahn: Stuttgart – Sigmaringen ■ Buslinien in alle Richtungen, alle Stadtteile von Albstadt sind durch den Stadtbus miteinander verbunden

Karten

L 7718 Balingen, L 7720 Albstadt

41 Balingen/ Eyachtal

Habsburg, Zollern, Stauffenberg

Die Schalksburg zwischen Balingen und Lautlingen ist neben dem Hohenzollern die wohl bedeutendste Burg der Südwestalb, auch wenn nur noch spärliche Reste davon übriggeblieben sind. Die auf einer sehr schwer einnehmbaren Berginsel gelegene Burg erscheint im 9. Jahrhundert zum ersten Mal, und zwar als Herrschaftssitz der Habsburger. Damit dürfte auch die Zugehörigkeit der romanischen St.-Michaels-Kirche im nahen Burgfelden zum elsässischen Kloster Ottmarsheim zusammenhängen. Erst um 1250 kam die Burg an die Grafen Zollern, um 1403 mit der gesamten Herrschaft Schalksburg an Württemberg.

Die Michaelskirche in Burgfelden ist eine der ältesten Kirchen Württembergs. Der jetzige Kirchenbau dürfte aus dem 11. Jahrhundert stammen. Es ist aber nachgewiesen, daß an dieser Stelle vorher schon zwei andere Kirchen gestanden haben. Besonders interessant sind die Fresken, die 1891 entdeckt wurden. Diese gehen auf die Zeit der Erbauung des Kirchleins zurück und scheinen von den gleichen Künstlern zu stammen, die die Kirchen in Ober- und Unterzell auf der Insel Reichenau ausgemalt haben.

Das Schloß von Lautlingen war Sitz der Grafen Stauffenberg, von denen zwei, nämlich Claus und Berthold, nach dem Attentat auf Hitler im Jahre 1944 hingerichtet wurden. Eine 1957 eingeweihte Kapelle gedenkt der beiden Widerstandskämpfer. Heute ist im Schloß eine bedeutende musikhistorische Sammlung untergebracht, während die Grafenfamilie hoch über dem Ort auf dem Tierberg lebt. Lautlingen ist seit der Kreis-, Gemeinde- und sonstigen Reformation Teil der »synthetischen« Albstadt.

Balingen gehörte um 850 dem Markgrafen Eberhard von Friaul, der das Dorf seiner Tochter Judith übergab; diese war mit einem Zollern verheiratet. 1255 gründeten die Zollern die Stadt, verkauften sie aber 1403 an Württemberg. Das Balinger »Zollernschloß« wurde erst erbaut, als Balingen mit den Zollern nichts mehr zu tun hatte. Es beherbergt heute ein hochinteressantes Waagenmuseum, das von der großen Waagenindustrie am Ort zeugt.

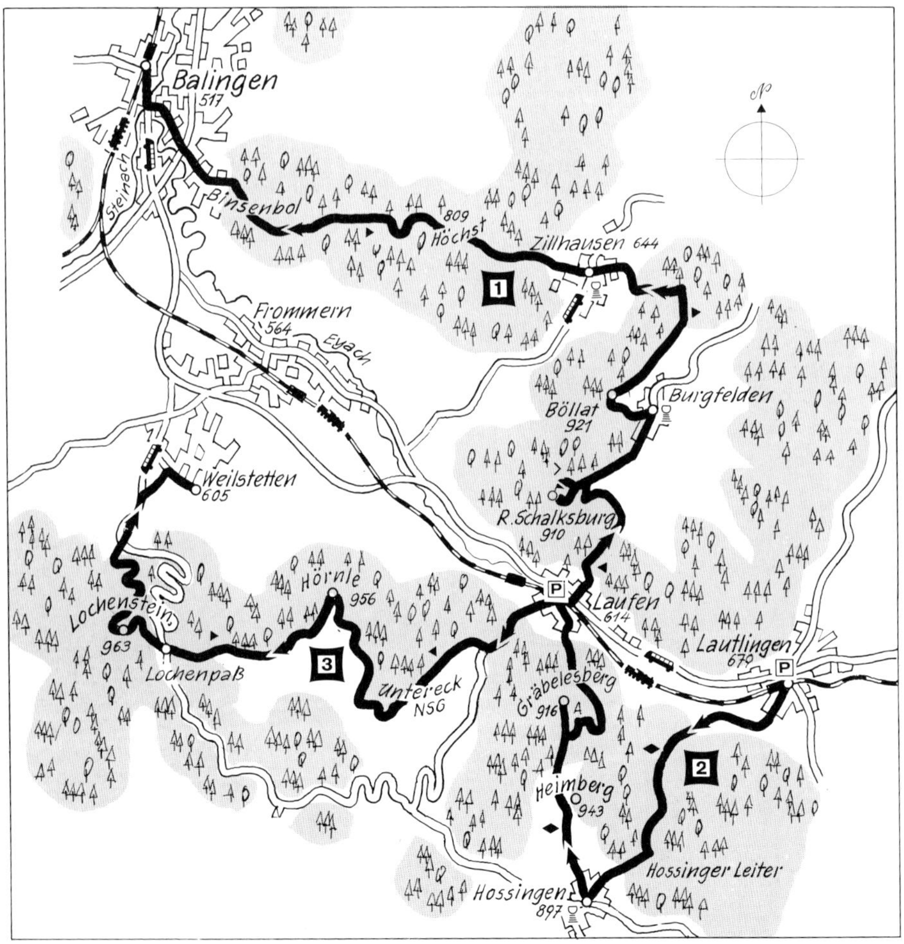

1 Schalksburg und Böllat

Laufen – Schalksburg – Burgfelden – Böllat – Zillhausen – Balingen / 4 Std. / 300 m Auf-, 280 m Ab-, 140 m Auf- und 260 m Abstieg, Sonne und Schatten

Von Laufen, wo uns noch die gesamte Energie für einen schönen Wandertag zur Verfügung steht, nehmen wir den Hauptaufstieg in einem Zuge und lassen den Schweiß vom Wind trocknen, der uns auf dem Aussichtsturm der Schalksburg umweht. Ganz besonders eindrucksvoll ist von hier der Blick ins Ey-

Eine moderne Landmarke ist der neue Fernmeldeturm auf dem Plettenberg, den wir hier vom Böllat aus sehen. Im Hintergrund die Höhenzüge des Schwarzwalds.

achtal, aus dem wir heraufgestiegen sind, auf die gegenüberliegenden »Balinger Berge«, wie man eigentlich die ganze Gegend heißt. Südwestlich sind die Steilabstürze des Hörnle, wo wir mit etwas Glück bei Wanderung 3 Gemsen sehen können. Im Norden ist der Böllat, zu dem wir nachher kommen werden. Man lasse es nicht dabei bewenden, nur auf den Turm zu steigen, sondern man sollte von dort auch nach Südwesten gehen, wo besonders eindrucksvolle Felspartien neue Talblicke ermöglichen; und wenn man dann nach Nordwesten wandert, eröffnet sich wieder eine neue Perspektive, auf Balingen und das Vorland.
Über einen schmalen Grat kommen wir nach Burgfelden, sehen uns die Michaelskirche an und gehen dann hinaus zum Böllat, einem einmaligen Aussichtsbalkon. Sehr schön sind von dort die ersten Tausender der Alb zu sehen, wobei der neue Sendeturm auf dem Plettenberg eine moderne Landmarke ist. Am Trauf geht es nach Norden und dann ziemlich rasch hinunter nach Zillhausen. Wer dort im bekannten »Weinhaus Landerer« »hängenbleibt«, der möge den Rest der Wanderung per Balinger Stadtbus zurücklegen. Willensstarke oder Alkoholgegner nehmen noch den zweiten Anstieg zum Höchst; schöne Blicke auf den Trauf sind der Lohn dafür. Dann geht es durch Wald abwärts bis nach Balingen.

2 Über die Hossinger Leiter zum Gräbelesberg

Lautlingen – Hossingen – Laufen / 2½ Std. / 220 m Auf- und 300 m Abstieg, Sonne und Schatten

Der Weg, den wir zum Aufstieg auf die Albhochfläche benützen, war früher für viele Hossinger tägliche Not, um das tägliche Brot zu verdienen. Sie stiegen auf der hölzernen Hossinger Leiter über eine Felswand hinunter, um an den Arbeitsplatz im Tal zu gelangen, und nach des Tages Müh und Plage ging es dann abends wieder hinauf zur Schlafstelle. Unbeschwert von solchen Nöten wandern wir von Lautlingen in den schönen Schluß des Brunntales und steigen über die Hossinger »Leiter« – heute eine bequeme Eisentreppe – rasch zum Trauf hinauf. Dort könnte man gleich rechts abbiegen, um zum Heimberg zu gelangen. Wir empfehlen den Weg über Hossingen, weil man dort einmal das nette Heimatmuseum besichtigen kann, das einen interessanten Einblick in das Leben der Älbler früherer Tage gibt; zum anderen ist der Weg von Hossingen zum Heimberg, auch wenn er über eine Teerstraße führt, aussichtsreicher. Kommt man zur richtigen Zeit – Mitte April –, dann blühen auf dem Heimberg viele Küchenschellen (Pulsatilla vulgaris).
Beim Weiterweg zum Gräbelesberg queren wir einige große Schanzen. Der Berg war einst eine Fliehburg, die nach drei Seiten durch gewaltige Felsabstürze, nach der vierten durch die künstlichen Befestigungen geschützt wurde. Der Ausblick vom Gräbelesberg hat hochalpinen Charakter, und man muß das selbst erlebt haben, weil eine Beschreibung die Szenerie nicht eindrucksvoll genug wiedergeben kann.
Drunten im Tal liegt Laufen, das Ziel unserer Wanderung.

3 Natur, Natur, Natur

Laufen – NSG Untereck – Hörnle – Lochenstein – Weilstetten / 3½ Std. / 360 m Auf- und Abstieg, jeweils im Schatten / Empfohlen insbesondere für Juni (Orchideenblüte!)

Wo bleibt denn die Natur, werden Sie fragen, wenn Sie auf der Landstraße Laufen – Tieringen zum Wald hinaufwandern müssen. Doch halt, schauen Sie nur links und rechts in den Straßengraben und an die Böschungen: Lauter Orchideen (zumindest im Juni); da gehen einem schier die Augen über!
Und bald sind wir auch im Bannwaldgebiet »Untereck«, einem regelrechten Urwald, wo wir uns über umgestürzte Baumriesen zum Trauf hinauf arbeiten. Es ist ein verwunschenes Stück Alblandschaft mit sehr alten Eibenbeständen, hierzulande eine Seltenheit. Farne, Flechten, Springkraut, Felsstürze, hüpfende Wässerchen, Vogelgezwitscher, Stille. Und wer sich sehr ruhig verhält, kann in der Frühe auf dem Weiterweg zum Hörnle in den Felsabstürzen zum Eyachtal Gemsen beobachten. Diese wurden vor dem Krieg im Feldberg-Gebiet ausgesetzt und haben sich seither so stark vermehrt, daß sie von dort nicht nur in den Nordschwarzwald, sondern auch zur Alb gezogen sind.
Das Hörnle ist eine typisch schwäbische Untertreibung, denn es ist ein regelrechtes Horn, wie wir am Ende unserer Wanderung, von Weilstetten aus, sehen werden. Auch hier haben wir – wie überall auf dem Nordrandweg – eine herrliche Aussicht ins Vorland, allerdings auf eine sehr zersiedelte Landschaft. Weiter geht es am Trauf entlang hinüber zum Lochenpaß und hinauf auf den mächtigen Lochenstein mit einem der raren Gipfelkreuze der Schwäbischen Alb. Der Blick ist noch umfassender: ins Vorland und hinüber zum ersten Tausender der Alb, dem Schafberg, hinter dem der Fernmeldeturm auf dem Plettenberg aufragt.
Beglückt von vielen neuen Eindrücken steigen wir hinunter nach Weilstetten, über dem sich Lochenstein und Hörnle steil erheben.

Sehenswertes

Balingen Stadtkirche aus dem 15. Jh. ■ Friedhofskirche aus dem 11. Jh. ■ Siechenkapelle von 1440 ■ Zollernschloß ■ Heimat- und Waagenmuseum ■ Eckenfelder-Museum ■ Gemäldegalerie im Rathaus

Zillhausen Pfarrkirche von 1838

Weilstetten Bühlburg, ein herrschaftliches Fachwerkhaus

Burgfelden St.-Michaels-Kirche mit berühmten Fresken

Lautlingen Musikhistorische Sammlung ■ Stauffenberg-Gedächtnisstätte

Freizeitangebot

Balingen mit Stadtteilen Stadthalle Balingen ■ Hallen- und Freibäder ■ Kunsteisbahn ■ Reiten ■ Tennis ■ Squasch ■ Langlaufloipen

Verkehrsmittel

Balingen Bahn: Stuttgart – Friedrichshafen ■ Bus: Basel, Tübingen, Stadtverkehr in die umliegenden Gemeinden

Laufen und Lautlingen Bahn und Bus: Balingen, Ebingen

Burgfelden und Hossingen Bus: Ebingen

Karten

L 7718, L 7918 Spaichingen

42 Schömberg/ Tieringen

Die ersten Alb-Tausender

Wandert man auf dem Alb-Nordrandweg von Nordosten nach Südwesten, so werden die Berge allmählich immer höher. Auf der Etappe zwischen Laufen an der Eyach und Ratshausen überschreitet man zum ersten Mal die 1000-Meter-Grenze, der man sich langsam, aber sicher nähert: Hörnle (956 m) – Lochenstein (963 m) – Schafberg (1000 m). Die Berggruppe im Dreieck Balingen – Laufen – Schömberg ist der wohl massivste Gebirgsstock der Schwäbischen Alb, auch wenn der Höhenunterschied zum Albvorland mit etwa 300 bis 350 Metern gleich ist wie den ganzen Nordrand entlang: das Vorland wird ebenfalls höher, von Aalen mit 430 Metern bis Schömberg mit 675 Metern.

Auf der Etappe von Laufen nach Ratshausen gibt es zwei krasse Gegensätze. Da ist einmal das urtümliche Bannwaldgebiet Untereck (s. Tour 41/3), zum anderen das riesige Loch des Kalksteinbruchs auf dem Plettenberg, in dem das Rohmaterial für das Zementwerk Dotternhausen gewonnen wird. Seit neuerer Zeit steht neben dem Steinbruch ein »Reklame-Bauwerk« für Zement: der 158 Meter hohe Fernmeldeturm der Post.

Schömberg am Fuße des Plettenberges ist ein altes Städtchen, das wahrscheinlich von den Zollern gegründet wurde. Kommt man auf der Bundesstraße 27 von Balingen her, liegt der Ort malerisch an der Hangkante zum Schlichemtal; die alte Stadtmauer, auf der Haus um Haus aufsitzt, ist dabei schön zu sehen.

Tieringen liegt auf der Europäischen Wasserscheide: Schlichem, Neckar und Rhein fließen zur Nordsee, Bära und Donau zum Schwarzen Meer. Tieringen war auch die Heimat des bekannten schwäbischen Mundartdichters Matthias Koch, der einmal schrieb: »Heut send mer spaziere, no sait mei kleine Lies: ›O Vadder, guck, do leit jo der Hemmel uf der Wies!‹ «.

Dies ist leider meist nicht mehr der Fall, da richtige Blumenwiesen recht selten geworden sind. Durch Überdüngung zwecks Ertragssteigerung breiten sich die gelben Teppiche des Löwenzahns – auf schwäbisch »Bettsoicher« – und die weißen des Kerbels aus. Wiesenblumen gibt es fast nur noch dort, wo die Bauern – aus welchen Gründen auch immer – die Bewirtschaftung eingestellt haben.

1 Rundwanderung über den Plettenberg

Schömberg – Dotternhausen – Plettenberg – Schömberg / 3½ Std. / 350 m Auf- und Abstieg, jeweils im Wald

Man mag es bedauern, daß der Plettenberg ausgehöhlt wird, um Zement zu gewinnen, der dann beispielsweise zum Bau von Fernmeldetürmen verwendet wird. Doch Zement braucht man einfach, jeder braucht ihn, für Häuser, für Straßen . . . Und deshalb muß man ja sa-

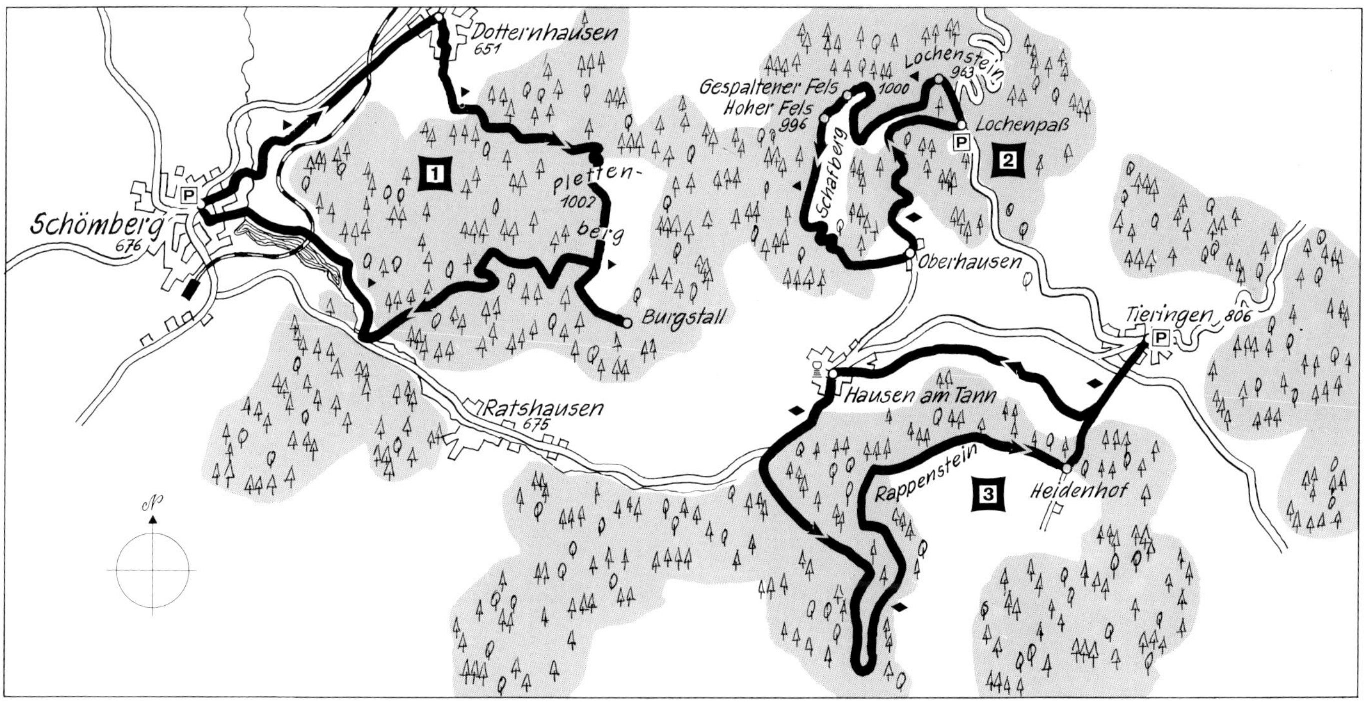

gen zum Abbau des Rohmaterials. Es ist zu begrüßen, daß man solche Fehler, wie einst am Hörnle bei Neuffen (s. Tour 23/1 und 24/1) nicht mehr begeht, wo dem Albtrauf weithin sichtbar Gewalt angetan wurde. Heute verlegt man die Steinbrüche in schwer einsehbare Seitentäler, und man versucht auch, den Transport der Steine zum Zementwerk weitgehend zu verstecken, so wie dies zum Beispiel beim neuen Zementwerk in Geisingen (s. Tour 46/3) geschehen ist.
Von Schömberg wandern wir hinunter ins Tälchen, überqueren die Schlichem und steigen den Stationenweg zur Palmbühlkapelle hinauf. Weiter geht es auf der alten Landstraße nach Dotternhausen. Links drüben sehen wir das große Zementwerk, in dem die Millionen abgefahrener Autoreifen verheizt werden, die im nahen Steinbruch lagern. Von Dotternhausen steigen wir immer in der Nähe der Materialseilbahn zunächst allmählich, dann steil hinauf zur Hochfläche des Plettenbergs mit dem leider nicht zugänglichen Turm und dem Steinbruch. Zwischen diesem und dem Trauf geht es dann nach Süden zum Schafhaus, und es lohnt sich, von hier aus einen Abstecher zum Südabsturz des Plettenberges gegen Ratshausen zu machen, über dem sich der Tann mit dem Fernmeldeturm erhebt. Direkt über Ratshausen sehen wir auch die beiden höchsten Berge der Alb, den Oberhohenberg und den Lemberg (s. Tour 45/1).
Wir kehren zum Schafhaus zurück, steigen hinunter zur Straße Schömberg – Tieringen und wandern am Schlichem-Stausee entlang nach Schömberg zurück.

2 Über den Schafberg

Lochen-Parkplatz – Lochenstein – Gespaltener Fels – Hoher Fels – Schafberg – Oberhausen – Lochen-Parkplatz / 2 Std. / 200 m Abstieg vom Schafberg nach Oberhausen, Aufstiege allmählich, viel Sonne

Vom Lochen-Parkplatz steigen wir zum Lochenstein mit seinem Gipfelkreuz auf und genießen die ausgedehnte Fernsicht, die an klaren Tagen zum Schwarzwald, in den Stuttgarter Raum und natürlich weit den Albrand entlang reicht. Gleich geht es wieder hinunter zum Parkplatz und an einem Rastplatz empor. Dort ist ein kleiner Brunnen, der immer Wasser spendet, was in einer solchen Lage auf der Alb eine Rarität ist. Jetzt steigen wir hinauf zum Gespaltenen Felsen, wo wir die 1000-Meter-Grenze erreichen. Auch hier sehen wir wieder einmal die rissige Felskante, die wir von verschiedenen »Höllenlöchern« her schon kennen. Wir folgen noch ein kleines Stück dem Nordrandweg und kommen zum Hohen Felsen, der direkt gegenüber dem Plettenberg liegt. Bald biegt der Randweg ab und leitet schnell hinunter auf den Sattel zum Plettenberg. Wir bleiben jedoch oben, wandern über die Fläche des Schafbergs nach Süden und steigen dann ziemlich steil hinunter nach Oberhausen.
Dieses Hofgut hat in der württembergischen Geschichte schon eine gewisse Rolle gespielt. Wilhelmine von Grävenitz, Mätresse des württembergischen Herzogs Eberhard Ludwig, mußte mit dem Verwalter dieses Gutes, einem Graf Würben, eine Scheinehe eingehen, da sich das Volk allmählich gegen die Willkür und gegen die schamlose Bereicherung der »Landverderberin« auflehnte. Der Herzog ernannte dann den Grafen zu seinem Landhofmeister und beorderte ihn an seinen Regierungssitz Ludwigsburg; auf diese Weise war die »Dame« auf legalem oder legalisiertem Wege wieder in greifbarer Nähe. Übrigens kaufte 1817 Hofrat Friedrich Cotta, Verleger Schillers und Freund Goethes, das Hofgut.
Von Oberhausen wandern wir zurück zum Lochen-Parkplatz. Auf dem Wenzelstein, dem kleinen Kopf links vor uns, sind die Reste einer zollerischen Burg gefunden worden. Es sei noch darauf hingewiesen, daß man beim Bau der neuen Lochenstraße und des Parkplatzes außerordentlich viele Versteinerungen gefunden hat. Wer also auf dieser Wanderung die Augen offenhält, der kann sehr wohl ein Andenken aufstöbern.

3 Einsame Höhen über der Wasserscheide

Tieringen – Hausen am Tann – Rappenstein – (Heidenhof) – Tieringen / 3½ Std. / 200 m Auf- und 110 m Abstieg, jeweils im Schatten

Von Tieringen aus laufen wir am Hang des Schlichemtales hinunter nach Hausen am Tann und über die Tannsteige hinauf auf den Rappenstein mit seiner schönen Aussicht auf die »Hinterfronten« von Plettenberg, Schafberg und Lochen. Von hier aus geht es über eine weite Fläche in die Nähe des einsam gelegenen Heidenhofs, dann steigen wir nach Tieringen hinunter. Der Weg zwischen dem Waldrand und dem Dorf, auf dem wir schon zu Beginn hergewandert sind, verläuft beinahe genau auf der Europäischen Wasserscheide.

Sehenswertes

Schömberg Alter Stadtkern mit Narrenbrunnen ■ Palmbühlkirche (Wallfahrtskirche)

Tieringen Dorfkirche von 1595

Freizeitangebot

Schömberg Tennis ■ Reiten ■ Angeln ■ Minigolf ■ Curling

Tieringen Hallenbad ■ Reiten ■ Minigolf ■ Skilift ■ Langlaufloipen ■ Feriendorf

Verkehrsmittel

Schömberg Bus: Rottweil (Basel), Balingen (Stuttgart)

Tieringen Bus: Balingen, Ebingen

Karten

L 7718 Balingen, L 7918 Spaichingen

Mächtiger Felsklotz mit herrlichem Panorama: der Lochenstein oberhalb von Balingen. Der Blick reicht vom Hohenzollern im Hintergrund weit ins Vorland hinaus bis hin zum Schwarzwald.

43 Großer Heuberg

Ins Abseits gedrängt

Zwischen Tuttlingen, Sigmaringen und Ebingen liegt der Große Heuberg. Im landläufigen Sinne spricht man nur vom Heuberg und meint den Truppenübungsplatz mit der Garnison in Stetten am kalten Markt. Der eigenartige Zuname des Dorfes rührt dabei nicht von der Unwirtlichkeit der Gegend her, sondern davon, daß hier früher im Winter der Hauptmarkt abgehalten worden ist.
Der ehemaligen Kleinstaaterei und Napoleon ist es zuzuschreiben, daß am Südrand des Großen Heubergs einst kuriose Grenzlinien anzutreffen waren. Reiste man von Donaueschingen (badisch) nach Ulm (württembergisch), so mußte man die Grenzen von Baden, Württemberg und Hohenzollern achtmal passieren; am schlimmsten war es zwischen Beuron und Sigmaringen.
Der Südrand des Großen Heubergs war Badens verlorener Zipfel. Was lag näher, als dort einen Truppenübungsplatz anzulegen? Und weil die Gegend so weit vom Schuß war – und leider immer noch ist –, richtete man im Dritten Reich ein Internierungslager ein. Oft konnte man hören: »Wenn Du nicht aufpaßt, dann kommst Du auf den Heuberg!« Der Heuberg ist für manche ein Begriff geworden, an den sie ungern denken, seien es nun Soldaten oder ehemalige Internierte. Anzumerken wäre noch, daß die abseitige Lage des Truppenübungsplatzes nicht zuletzt der Grund dafür war, daß hier um die Jahreswende 1944/45 das erste senkrecht startende Raketenflugzeug der Welt, die Bachem-Natter ausprobiert wurde. Dieses Geschoß erreichte in 7minütiger Flugdauer eine Höhe von 16000 Metern, für damalige Verhältnisse beinahe unvorstellbar!
All dies hat mit der Landschaft nichts zu tun. Hier haben wir es mit einem wunderbaren Wanderland zu tun, wo man noch stundenlang unterwegs sein kann, ohne jemanden zu treffen, sieht man einmal vom Donaudurchbruch ab. Doch es gibt sogar viele Schwaben, die noch nie hier waren, denn diese Gegend liegt im Abseits des öffentlichen Verkehrs. Für Autos erfolgte die Erschließung so richtig eigentlich erst vor wenigen Jahren, nachdem die Bodensee-Autobahn Stuttgart – Singen fertiggestellt war.

1 Über die höchsten Albberge

Wehingen – Lützelhalb – Deilingen – Oberhohenberg – Lemberg – Wehingen / 4½ Std. / 200 m Auf-, 150 m Ab-, 190 m Auf-, 90 m Ab- und Aufstieg sowie 240 m Abstieg, Sonne und Schatten

Wer den Vorspann liest, dem mag es mulmig werden ob des vielen Auf und Ab, und wer die Landkarte betrachtet, dem scheint es so, als schleiche die Katze hier um den heißen Brei. Mitnichten! Wir wollen nur die Spannung etwas steigern, den Naseweis wecken für die Wanderung über die höchsten Berge der Alb. Da das Umland selbst schon ziemlich hoch ist, schrumpfen die Tausender ohnehin zu bescheidenen Zweihundertern! Von Wehingen steigen wir hinauf auf die Lützelhalb, eine sehr schöne, sehr einsame Hochfläche, auf der nur der Fernmeldeturm etwas stört. Hinüber zum Sträßchen Tanneck – Deilingen und hinunter zu letzterem, dann sind wir geeicht für die höchsten Berge der Alb, die wir auf unserem Herweg schon öfter im Westen sehen konnten.
Von Deilingen geht es zunächst etwas eintönig über geteerte Sträßchen und voll der Sonne ausgesetzt bis zum Wanderparkplatz am Waldrand. Aber dann wird es schön: Durch prächtigen Wald mit herrlichem Baumbestand steigen wir hinauf auf den Oberhohenberg mit den Resten der Stammburg eines Zollerngeschlechts aus dem 12. Jahrhundert. Graf Albert von Hohenberg war Minnesänger, seine Schwester die Gattin Rudolf von Habsburgs. Schön ist der Blick ins Vorland mit Rottweil im Mittel- und dem Schwarzwald im Hintergrund.
Durch eine Senke geht es auf den Hochberg mit seinem aussichtsreichen Randweg, der trotz Warnungstafel ungefährlich ist, auch wenn das Gelände rechts des Weges senkrecht abfällt. Nach einer zweiten Senke wandern wir steil hinauf zum Gipfel des Lembergs mit dem eisernen Aussichtsturm, der so schön schwankt, wenn man ein wenig daran rüttelt. Höher geht es auf der Alb nun

Der höchste Punkt der Alb, der Lemberg, sieht vom Klippeneck aus nicht besonders hoch aus; er erhebt sich über Gosheim auch nur 166 Meter, doch das Dorf liegt selbst schon ziemlich hoch.

wirklich nicht mehr. Auch was der Lemberg an Aussicht zu bieten hat, ist eindrucksvoll, sei es nun der Albrand oder das Vorland.
Anschließend geht es schnell hinunter zum Wanderparkplatz, wo kurz davor links des Weges eine eigenartig geformte Kiefer steht. Vom Parkplatz marschieren wir auf halber Höhe des Lembergs hinüber zur Wunderfichte, wundern uns aber im Juni schon vorher über die vielen Orchideen links und rechts des Weges. Es sind hauptsächlich Mücken-Händelwurzen (Gymnadenia conopea) und Kuckucksblumen (Platanthera bifolia). Die Wunderfichte hat fünf Gipfel, der sechste ist abgebrochen. Solche Kandelaber entstehen meist entweder durch Wildfraß oder Blitzschlag.
Der Rückweg zum Ausgangspunkt Wehingen verläuft zum Teil auf dem Damm der ehemaligen Bahnlinie Spaichingen – Reichenbach am Heuberg. Dies ist das Fragment eines Konzepts, nach dem eine strategische Bahn über die gesamte Albhochfläche verlaufen sollte. Die Strecken Gerstetten – Amstetten – Laichingen und Münsingen – Kleinengstingen – Gammertingen gehörten ebenfalls zu diesem Plan. Wenn eine dieser Strekken überhaupt noch betrieben wird, dann gelegentlich für den Güterverkehr. Bei unserer Rückwanderung nach Wehingen sehen wir vor uns auf dem Ausläufer des Hohenbergs die Bürgle-Kapelle stehen.

2 Auf dem Nordrandweg zum Dreifaltigkeitsberg

Gosheim – Klippeneck – Dreifaltigkeitsberg – Spaichingen / 3½ Std. / 160 m Auf- und 330 m Abstieg, Sonne und Schatten

Wir bringen heute den letzten größeren Anstieg des Nordrandweges hinter uns, und es ist auch beinahe das letzte aussichtsreiche Stück der Traufwanderung. Von Gosheim steigen wir zur Kapelle hinauf, wo wir endlich die Straße verlassen können. Für das Ärgernis des Anfangs, angesichts einer klobigen, sich dauernd drehenden Radarantenne auf einer Straße gehen zu müssen, werden wir aber gleich durch einen sehr angenehmen, fast ebenen Weg voll entschädigt, der bald am Trauf entlangführt und wunderbare Blicke auf die Baaralb, die Baar und den Schwarzwald freigibt. Rauschen und Pfeifen am Himmel kündigt die Nähe des großen Segelflugplatzes Klippeneck an, an dem wir vorbeiwandern, um durch eine parkähnliche Landschaft die Wallfahrtskirche und das kleine Kloster des Claretiner-Ordens zu erreichen. Der schönen Kirche wurde ein abscheulicher Aussichtsturm aufgesetzt, und es sei verraten, daß man von der nur wenig entfernten Burgstelle Baldenburg genau die gleiche Aussicht genießen kann, ohne des Baumeisters sonderbaren Geschmack auch noch mit barer Münze honorieren zu müssen.
Wir gehen wieder ein Stück zurück, sehen mit einiger Beklommenheit zu, wie Drachenflieger sich hinausschwingen vor den Trauf, und steigen dann den Kreuzweg hinunter nach Spaichingen.

3 Die höchstgelegenen Dörfer der Alb

Böttingen – Königsheim – Ruine Granegg – Bubsheim – Böttingen / 3½ Std. / keine nennenswerten Höhenunterschiede, viel Sonne

Auf dieser Wanderung werden wir wiederum nicht besonders viele Wanderer treffen. Wir verlassen Böttingen mit der hübsch gelegenen Rundkapelle auf dem Alten Berg, wandern hinunter ins Schäfertal und hinauf zum Allenspacher Hof. Weiter geht es über eine schöne Landschaft nach Königsheim, wobei wir einen Abstecher zum Götzenaltar machen können. An der Traufkante zum Bäratal erreichen wir die Ruine Granegg hoch über Egesheim. Nächste Station ist Bubsheim mit dem gotischen Kirchlein von 1451. Vom am westlichen Ortsrand gelegenen Kirchberg haben wir eine umfassende Rundsicht. Dann geht es auf direkten Weg nach Böttingen zurück.

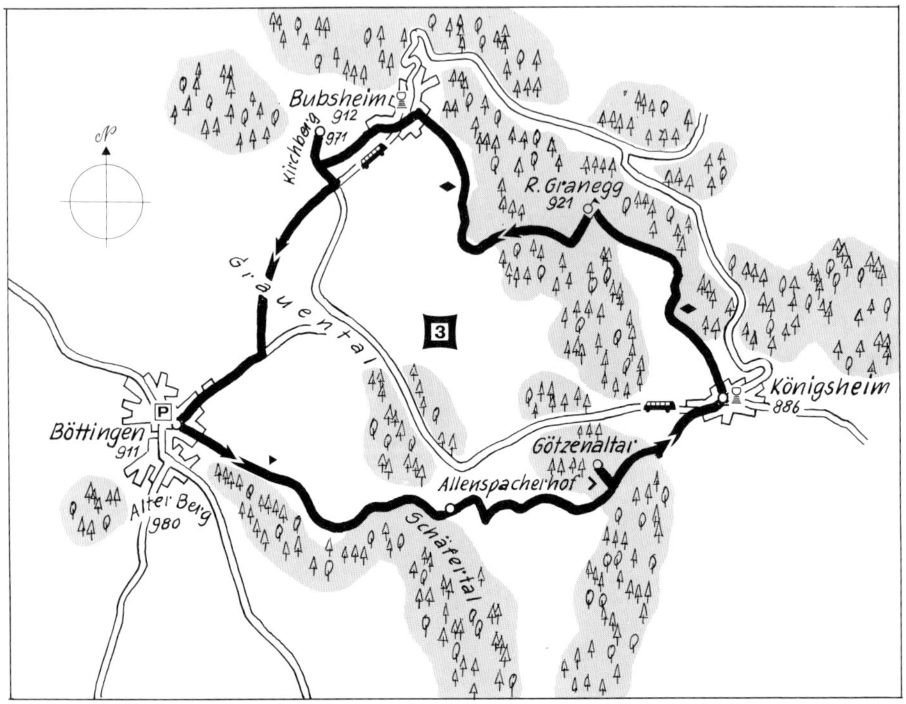

Sehenswertes

Wehingen Fronhofer Kirche von 1480 ■ Pfarrkirche St. Ulrich von 1738 ■ Bürglekapelle (umgebaut 1900)

Deilingen Spätgotische Pfarrkirche mit Barock-Querbau

Spaichingen Wallfahrtskirche auf dem Dreifaltigkeitsberg

Freizeitangebot

Wehingen Hallenbad ■ Reiten ■ Angeln

Deilingen Skilift

Spaichingen Freibad ■ Tennis ■ Minigolf ■ Drachenfliegen ■ Rollschuh- bzw. Eisbahn

Böttingen Skilift ■ Langlaufloipen

Verkehrsmittel

Wehingen Bus: Tuttlingen

Deilingen Bus: Spaichingen

Gosheim Bus: Tuttlingen, Rottweil

Spaichingen Bahn: Stuttgart – Konstanz ■ Bus: Rottweil, Tuttlingen, Trossingen, auf den Heuberg

Böttingen Bus: Spaichingen, Tuttlingen

Karte

L 7918 Spaichingen

44 Beuron

Der Donaudurchbruch durch die Alb

Im schönsten Teil des Donaudurchbruchs liegt zu Füßen des mächtigen, kreuzgekrönten Petersfelsen der ausgedehnte Komplex der Erzabtei Beuron. Im Jahre 1075 gründete hier der Edelfreie Peregrin ein Augustiner-Chorherrenstift, das 1687 zur Abtei erhoben wurde. 1694 bis 1705 erbaute der Vorarlberger Franz Beer die jetzt noch bestehenden, inzwischen aber erweiterten Klostergebäude. Die Kirche wurde 1732 bis 1738 von Matthias Scharpf im Vorarlberger Barockstil erbaut. Nach der Säkularisierung 1802 verödete die Abtei. Die beiden Benediktinermönche Maurus und Palcidius nahmen 1862 das Kloster auf Geheiß von Papst Pius IX. wieder in Besitz und leiteten einen steilen Aufschwung ein: 1868 Abtei, 1887 Erzabtei. Berühmt wurde Beuron durch die dort geleisteten Forschungsarbeiten auf den Gebieten der lateinischen Bibel, der Liturgie und der religiösen Kunst. Die Malkunst der sogenannten Beuroner Schule kann man am reinsten in der Kapelle St. Maurus im Felde, etwa ½ Gehstunde talabwärts, studieren.
Eine schöne gedeckte Holzbrücke von 1803 führt über die nahe Donau. Auf den Feldern rings um das Kloster arbeiten Mönche in ihren Kutten, steuern Mähdrescher und andere Maschinen.

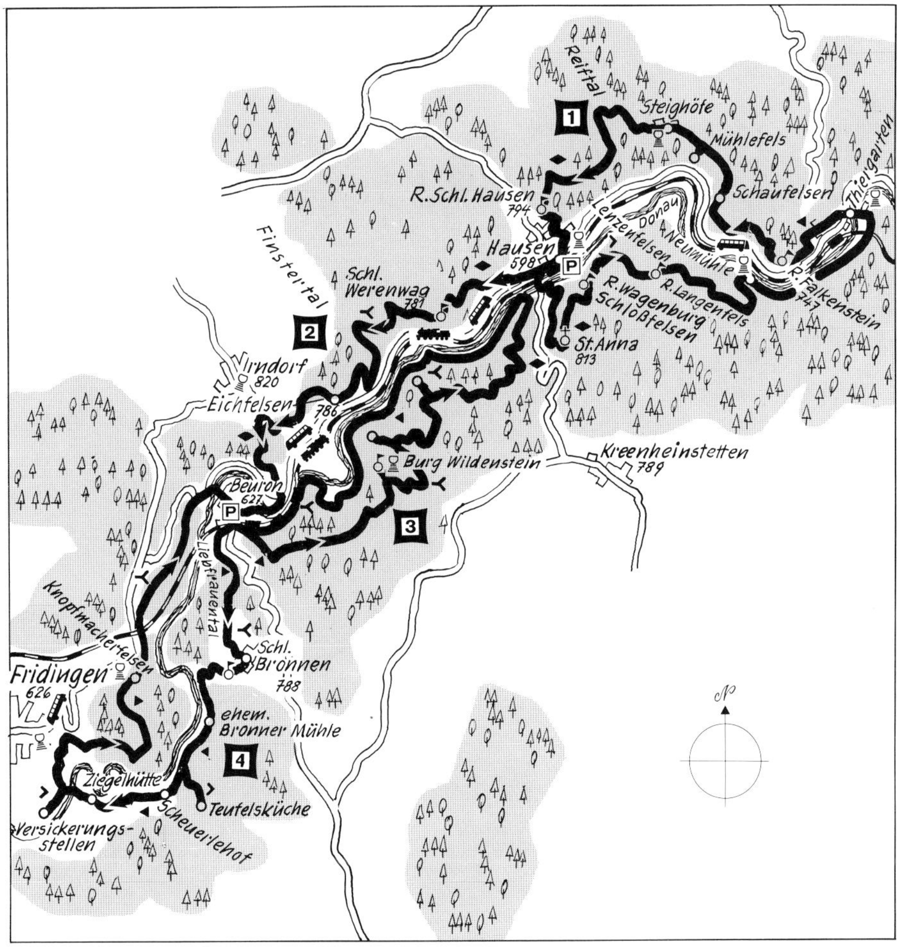

1 Burgen – Schlösser – Felsen

Hausen – Ruine Wagenburg – Ruine Langenfels – Neumühle – Thiergarten – Ruine Falkenstein – Schaufels – Steighöfe – Schloß Hausen – Hausen / 5½ Std. / 220 m Auf-, 200 m Ab-, 180 m Auf- und 200 m Abstieg, viel Schatten

Am westlichen Ortsende von Hausen überqueren wir die Donau und steigen ziemlich steil zur Hangkante mit den mächtigen Felsen auf, wo die Ruine der Wagenburg zu finden ist. Prachtvoll der Blick hinunter auf Hausen, auf die Ruine des gegenüberliegenden Schloßes Hausen, auf Schloß Werenwag und das Donautal auf- und abwärts! Auch der Lenzenfelsen und die nahe Ruine Langenfels sind Aussichtspunkte par excellence. Wie wir später vom gegenüberliegenden Schaufelsen sehen werden, tun sich unter uns die gleichen senkrechten Felswände auf wie dort drüben.
Wir steigen zur Neumühle ab und wandern der Donau entlang durch den Talgang hinunter nach Thiergarten, wo der Fluß wieder überquert wird. Nun geht es an großen Steinbrüchen vorbei empor zur Ruine Falkenstein, die seit einigen Jahren durch Privatinitiative restauriert wird. Die Grafen von Zimmern kauften diese Burg samt Thiergarten im Jahre 1516. Über das kühne Vorwerk, das auf steilem, kiefernbestandenem Felsen thront, schrieb Graf Zimmern in seiner Chronik, der Turm wackle bei starkem Sturm so sehr, daß eine auf dem Tisch stehende wassergefüllte Schüssel überschwappe!
Unser nächstes Ziel ist der Schaufelsen, den wir schon vom Lenzenfelsen aus betrachten konnten. Den grandiosen Ausblick von hier sollte man so lange wie möglich in sich aufnehmen. Schaut man in die steilen Schründe, sieht man allenthalben Kletterer an den Felsen kleben. Wer den Schwierigkeitsgrad des Schaufelsens beherrscht, ist fit für alpine Tou-

ren! Am Weiterweg zu den Steighöfen sollten wir noch einen kleinen Abstecher nach links zum Mühlefels machen, weil man von dort aus wunderbar donauaufwärts schauen kann. Nach den Steighöfen queren wir den Ausläufer des Reiftales, wandern hinüber zum Forsthaus und hinaus zur Ruine des Schloßes Hausen, das den Grafen Douglas gehört. Drunten liegt Hausen, drüben sind die Felsen der Wagenburg, und durch den Dobel windet sich kühn die Straße nach Ebingen hinauf. Ebenso kühn und steil leitet uns der Weg hinunter nach Hausen, wo wir im »Steinhaus« die verdiente Stärkung mit einem Viertele begießen.

2 Über den Nordrand des Durchbruchs

Hausen – Schloß Werenwag – Finstertal – Eichfelsen – (Irndorf) – Beuron / 3½ Std. / 180 m Auf-, 160 m Ab- und Aufstieg sowie 180 m Abstieg, jeweils im Schatten

Vom Bahnhof Hausen steigen wir zum ziemlich hoch oben liegenden Schloß Werenwag der Fürsten von Fürstenberg auf. Dieses Schloß ist nicht zu besichtigen, aber wir können von dem westlich direkt daneben aufragenden Schreifelsen ins Tal und auf die gegenüberliegenden Berge schauen. Weiter geht es über den Echofelsen, wo im Frühsommmer schöne Felsennelken (Dianthus) und von Juli bis Oktober Sonnenröschen (Helianthemum) blühen. Durch das Finstertal steigen wir zum Eichfelsen auf – wieder einmal ein Postkartenmotiv. Talabwärts über dem Kapuzinerfels liegt Schloß Werenwag, drüben Burg Wildenstein, drunten windet sich die Donau durch das Tal.
Wir wandern am Trauf weiter und bis zum Ortsrand von Irndorf am Hirschental entlang, durch das wir mit schönem Blick auf die mächtigen Felsen der anderen Talseite absteigen. Bald sind wir drunten, folgen ein Stück der Straße und erreichen über den Donausteg Beuron.

3 Über den Südrand des Durchbruchs

Beuron – Burg Wildenstein – Bandfelsen – Fachfelsen – Bischofsfelsen – Donautal – Beuron / 5½ Std. / 190 m Auf- und 220 m Abstieg, jeweils im Schatten

Diesmal nehmen wir uns die Südseite des mittleren Donaudurchbruchs vor, und zwar wandern wir über die Höhen talabwärts und auf der Talsohle wieder zurück. Zunächst einmal gehen wir auf dem Südrandweg steil hinauf zu der Stelle, wo einmal der Steighof gestanden hat. Von dort läuft es dann ohne viel Höhenunterschied hinüber zur Burg Wildenstein, einer 1077 erstmals genannten »Bilderbuch«-Burg, die vollständig erhalten ist. Die jetzigen Bauten stammen aus den Jahren 1513 und 1554, der Zeit, in welcher die Grafen von Zimmern die Burg besaßen. Sie starben 1594 männlicherseits aus, so daß die Burg in andere Hände überging; heute gehört sie den Fürstenbergern.
Die Randwanderung führt uns über einen ganzen Kranz von Aussichtsfelsen, einer schöner als der andere. Zuletzt steigen wir rasch zur Talsohle ab und folgen dem Lauf der Donau, vorbei am Donau-Haus und einer wilden Felsszenerie in der Flußschleife gegenüber der Kapelle St. Maurus im Felde, zurück nach Beuron.

4 Wo die Donau gurgelnd verschwindet

Beuron – Schlößchen Bronnen – (Jägerhaus) – Ziegelhütte – Knopfmacherfels – Beuron / 4½ Std. / mehr oder weniger allmähliche Auf- und Abstiege um 100 m (ausgenommen Schlößchen Bronnen – Donautal: sehr steil!)

Heute geht es von Beuron talaufwärts, an der Wassertretstelle vorbei ins Liebfrauental mit einer Lourdes-Grotte, hinauf zum Gallushof und zum Schlößchen Bronnen, das man allerdings nicht besichtigen kann. Es gehörte bis 1380 den Grafen Zollern-Schalksburg (s. Tour 41/1), später kam es an die Freiherren von Enzberg in Mühlheim (s. Tour 45), denen es noch heute gehört. Im Tausendjährigen Reich hatte sich hier die Reichsfrauenführerin eingenistet, und es hat ihr verständlicherweise dort so gefallen, daß sie das Anwesen für 50 Jahre gemietet hat. Absteigend ins Donautal kommen wir an einer großen Grotte vorbei, die sich im Bronnener Schloßfelsen befindet. Ein Stück donauaufwärts ist ein Wehr, an dem die Bronnener Mühle stand; sie wurde im Jahre 1960 durch einen Bergsturz mit Mann und Maus begraben. An Teufelsküche, Scheuerlehof und Ruine Kallenberg vorüber erreichen wir die Ziegelhütte, oberhalb derer sich die zweite Donauversickerung befindet (s. Tour 47/1). Auf der anderen Flußseite steigen wir hinauf zu einem herrlichen Felsen-Trio: Laibfelsen, Stiegelesfels (Küchenschellen im April!) und Knopfmacherfels, jeder mit seiner typischen Aussicht ein besonderes Erlebnis.
Vom Knopfmacherfelsen geht es dann am Talhang abwärts und vorbei an einem pavillonartigen Denkmal nach Beuron, wohin wir über die Holzbrücke gelangen.

Sehenswertes

Beuron Benediktinerabtei mit Wallfahrtskirche im Vorarlberger Stil ■ Gnadenkapelle sowie Kapelle St. Maurus im Feld im Beuroner Stil

Thiergarten St.-Georgs-Kapelle, kleinste Basilika Europas

Freizeitangebot

Beuron, Hausen, Thiergarten Bootsverleih ■ Klettern ■ Minigolf ■ Tennis ■ Reiten ■ Fliegen ■ Schwimmen

Verkehrsmittel

Beuron, Hausen, Thiergarten Bus: Sigmaringen, Tuttlingen

Karten

L 7918 Spaichingen, L 7920 Sigmaringen

Im felsenstarrenden Donaudurchbruch liegt die Erzabtei Beuron, bedeutende Stätte der Wissenschaft.

45 Fridingen/ Mühlheim

Gansnest und »St. Veit im Häfele«

»In ein freundliches Städtchen tret' ich ein . . .«, so beginnt Eduard Mörikes Gedicht »Auf einer Wanderung«, und dieses kommt einem unwillkürlich in den Sinn, wenn man durch den frühgotischen Torturm aus mächtigen Buckelquadern Mühlheim betritt. Schmucke Fachwerkhäuser, insbesondere das außergewöhnliche Rathaus von 1409, stehen an der Hauptstraße, die zum Schloß der Freiherren von Enzberg hinführt. Dieses Geschlecht stammt – dem Namen gemäß – von Enzberg zwischen Mühlacker und Pforzheim, wurde im Krieg mit den Schleglern besiegt, verließ seinen angestammten Platz und übernahm 1409 die Herrschaft über Mühlheim und die Umgebung, früher zollerischer Besitz. Im 30jährigen Krieg gingen bis auf zehn Überlebende alle Einwohner zugrunde, und im 18. Jahrhundert wurde der Ort von den Franzosen mehrmals geplündert.
In der nahen Altstadt, einem Weiler auf der anderen Seite der Donau, befindet sich die Galluskirche, Grablege der Freiherren von Enzberg. In der Nähe ist die Veitskapelle mit einer barocken Außenkanzel und dem »Schwarzen Altar«, auf dem sich außer dem Enzbergschen Wappen auch ein gotisches Holzbild befindet, das das Martyrium des heiligen Veit darstellt: »St. Veit im Häfele« nennen die Schwaben, was dem Vitus im Ölbad angetan wurde.

Hoch über dem Zusammenfluß von Bära und Donau, auf dem Gansnest, steht ein Aussichtsturm, von dem man den eigentlichen Beginn des Donaudurchbruchs sehr schön einsehen kann. Drunten liegt Fridingen, ein altes Städtchen, das 850 zum ersten Mal erwähnt wurde. 1372 von den Hohenbergern zur Stadt erhoben und der böhmischen Krone zum Lehen gegeben, 1381 bis 1688 bei den Habsburgern, im Dreißigjährigen Krieg fast dem Erdboden gleichgemacht – dies sind die Hauptdaten einer bewegten Vergangenheit, die nur wenige Zeugen hinterlassen hat. Selbst ein großer alemannischer Friedhof überlieferte nicht mehr viel, weil er Grabräubern zum Opfer gefallen war.

1 Geheimnisvolle Ruinen

Fridingen – Ruine Altfridingen – Ruine Mariahilf – Ruine Kallenberg – Fridingen / 3½ Std. / 170 m Auf- und Abstieg, viel Schatten

Von Fridingens Altstadt aus gehen wir über die Donau. Gleich hinter der Brükke befindet sich auf der linken Seite eine Kapelle mit einer Einsiedlerwohnung; hierbei handelt es sich um den Rest der ehemaligen Liebfrauenkirche. Wir steigen hinauf zur Ruine Altfridingen, den Überbleibseln einer mittelalterlichen Siedlung, von deren Schicksal aber nichts bekannt ist. Am Trauf über dem

Donautal wandern wir weiter zur Ruine Mariahilf. 1652 wurde hier eine Kapelle erbaut und 1754 durch eine Wallfahrtskirche ersetzt. Die Anziehungskraft der Kirche ließ aber bald nach, so daß sie verfiel und 1812 abgerissen wurde; die Ruine wird aber derzeit wieder etwas restauriert und konserviert. Über den Bergsteig, wo die Landstraße von Tuttlingen wieder ins Donautal hinunterführt, gelangen wir zur Ruine Kallenberg.

Der Besitzer dieser Burg war im Mittelalter als Kreuz- und Raubritter dauernd unterwegs und raffte alle Schätze zusammen, deren er habhaft wurde. Er konnte sich an nichts mehr erfreuen als an dem Reichtum, den er in seinen Kellern verwahrte. Als er gewahr wurde, daß sein Töchterchen den Sohn des Müllers aus der Bronnener Mühle liebte, verbot er die Heirat der beiden. Da ging das Mädchen ins Wasser und ward am Mühlrechen angeschwemmt. Über den Verlust seines einzigen Kindes wurde der Ritter wahnsinnig, und er sitzt der Legende nach noch heute in den Burgkellern, um seine Schätze zu zählen und zu hüten.

Schön ist der Blick vom Bergfried hinunter aufs Donautal mit den gegenüberliegenden Felsen und dem stolzen Schlößchen Bronnen. Wir steigen ins Tal hinab, und überqueren die Donau bei der Ziegelhütte, sehen uns – falls wir dies noch nicht kennen – die Donauversickerung an und kehren dann nach Fridingen zurück.

2 Über das Gansnest zur Kolbinger Höhle

Fridingen – Gansnest – Kolbinger Höhle – Hündlestal – Gelber Fels – Altstadt – Mühlheim / 2½ Std. / 170 m steiler Auf- und Abstieg im Schatten

Ohne lange Umscheife streben wir auf einem steilen Zickzackweg hinauf zum Gansnest und erholen uns bei der schönen Aussicht vom Turm schnell wieder von den Strapazen. Neben dem Turm befand sich das Oberbecken des ehema-

Das Enzbergsche Schloß über der Donau steht am Ende des Bergsporns, auf den das altertümliche Städtchen Mühlheim gebaut ist.

ligen Pumpspeicherwerks in Fridingen. Dort drunten wird heute noch Strom erzeugt, jedoch ausschließlich mit dem Wasser von Donau und Bära. Angenehmer Nebeneffekt ist, daß das Unterwasser der Turbinen in einem Stollen durch den Berg abfließt und erst unterhalb der Donauversickerung wieder ins Flußbett gelangt.
Weiter geht es fast eben über den Berg zur Kolbinger Höhle, die aber nur an Wochenenden geöffnet ist. Dann führt der Weg durch das Hündlestal – zuweilen auch Hintelestal genannt –, wo im zeitigen Frühjahr Teppiche von Märzenbechern (Leucojum verum) blühen. Wieder oben auf der Hochfläche erreichen wir bald den Gelben Felsen mit prächtigem Ausblick. Von hier aus steigen wir rasch ins Tal ab. An Galluskirche und Veitskapelle vorbei überschreiten wir den Wulfbach, dessen starke Quellen nicht weit entfernt sind. Da am Bahnhof kein Zug mehr hält, gehen wir zur Mühlheimer Altstadt hinüber, die auf einem Bergsporn steht, von dessen Spitze das Enzbergsche Schloß herübergrüßt.

3 Kraftsteiner Heide

Stetten – (Kraftstein) – Ruine Kraftstein – Ruine Altrietheim – Nendingen – Stetten / 4 Std. / 160 m Auf- und 130 m Abstieg, meist im Schatten

Zunächst wandern wir auf einem geteerten Sträßchen ins Stettener Tal hinein, biegen dann links aufwärts ab und verlassen den harten Weg in der nächsten Linkskurve, um sehr angenehm nach oben zu steigen, wo wir wieder auf das Sträßchen treffen, dem wir bis zum Wanderparkplatz folgen. Dort wird es gleich richtig schön. Zunächst geht es noch durch jungen Föhrenwald und dann hinaus auf die Kraftsteiner Heide, die in den letzten Jahren wieder vom Wildwuchs gesäubert wurde. Wir laufen schnurstracks auf den Hof Kraftstein zu, biegen aber vorher nach links ab und kommen an die Bergkante, vor der die Ruinen der Burg Kraftstein im Wald stehen. Es lohnt nicht, durch den tiefen Burggraben zu steigen. Wir bleiben am Waldrand und wandern nach Süden. Im Juli blüht hier der Gelbe Enzian (Gentiana lutea) in ansehnlichen Stückzahlen.

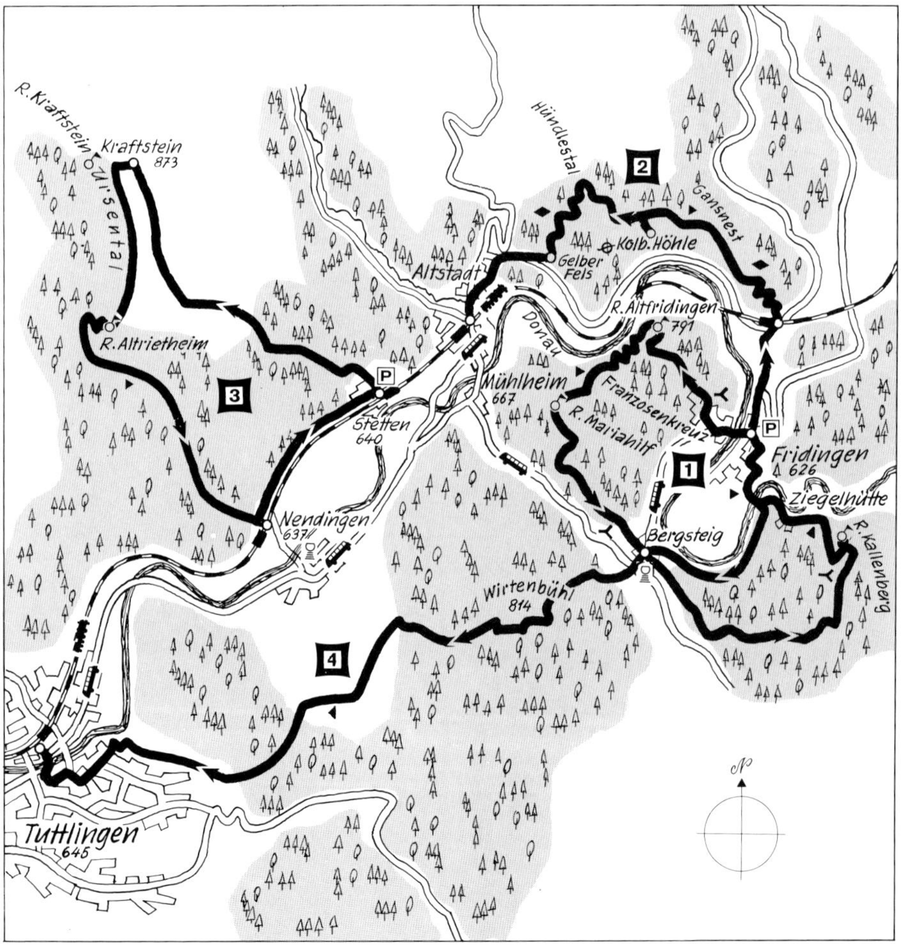

Auf dem waldigen, felsigen Bergsporn finden wir von der Ruine Altrietheim praktisch nichts mehr. Schön ist der Blick vom Felsenkreuz hinab ins Ursental, in das wir absteigen, um zum ehemaligen Bahnhof Nendingen hinauszuwandern. Der Bahnlinie entlang und über Neumühle erreichen wir dann wieder Stetten.

4 Das letzte Stück des Südrandweges

Fridingen – Bergsteig – Wirtenbühl – Tuttlingen / 3½ Std. / keine nennenswerten Höhenunterschiede, viel Schatten

In vorausstehenden Touren wurden der Nord- und Südrandweg der Alb zwar nicht vollständig, aber doch in den schönsten Teilen beschrieben. Heute wollen wir nun das letzte Stück des Südrandweges absolvieren.
Von Fridingen gehen wir zum Bergsteig hinauf. Letzte Blicke auf den Beginn des Donaudurchbruchs, dann ergehen wir uns in einer sehr stillen Wanderung nach Tuttlingen hinüber, das wiederum an der Donau liegt. Dort kommt von Norden der Nordrandweg herunter, der – sieht man vom Donaudurchbruch ab – zweifellos schöner ist und viel mehr Höhepunkte bietet als der Südrandweg.

Sehenswertes

Fridingen Alter Ortskern mit vielen Fachwerkhäusern ■ Ifflinger-Granneggsches Schloß mit Heimatmuseum ■ St.-Anna-Kapelle mit Skulpturen und Fresken

Mühlheim Pfarrkirche St. Maria Magdalena von 1796 ■ Rathaus von 1409 ■ St.-Gallus-Kirche von 12. Jh. ■ St.-Veits-Kapelle

Freizeitangebot

Fridingen Freibad ■ Naturtheater ■ Skilift ■ Langlaufloipen

Mühlheim Hallenbad

Verkehrsmittel

Fridingen, Mühlheim Bus: Tuttlingen, Sigmaringen

Karten

L 7918 Spaichingen, L 8118 Tuttlingen

46 Tuttlingen/ Immendingen

Im Bergland der jungen Donau

Von der flachen Hochebene Baar kommend tritt die Donau bei Geisingen in das Bergland der Schwäbischen Alb ein. Sie fließt zwischen Hegaualb (s. Tour 47) und Baaralb (s. Tour 48) ziemlich gemächlich ihrem »Untergang« zwischen Immendingen und Möhringen zu. Dort versickert – besser: versinkt – sie an verschiedenen Stellen so stark, daß das Flußbett zeitweise völlig trocken ist. Nach etwa 60 Stunden kommt das Donauwasser in Deutschlands stärkster Quelle, am Aachtopf, wieder zum Vorschein und fließt über den Bodensee zum Rhein. Von der zweiten Versickerungsstelle bei Fridingen (s. Tour 44/4 und 45/1) braucht das Wasser etwa 220 Stunden. Von Fridingen bis zum Aachtopf sind es 19 Kilometer bei 135 Metern Gefälle, von Immendingen 12 Kilometer bei 183 Metern Gefälle.

Tuttlingen – ein alter Siedlungsplatz schon in der Bronze- und Latènezeit, bevorzugt auch von Römern und Alemannen – ging 1377 an Württemberg über. Es wurde südwestlicher Eckpfeiler der Grafschaft und später des Herzogtums. Dazu gehörte natürlich der festungsmäßige Ausbau, was ihm den Namen Kleinbreisach eintrug. Diese strategische Schlüsselstellung ist der Stadt aber nicht gut bekommen: Im 30jährigen Krieg wurde sie von kaiserlichen Truppen, dann von den Kroaten und zuletzt von den Schweden besetzt und ausgeraubt. Zu alledem kam dann noch der große Stadtbrand von 1803, der dem Rest den Garaus machte. Heute ist Tuttlingen Verkehrsknotenpunkt und Industriestadt. Bekannt sind die Schuhindustrie und insbesondere die Fertigung chirurgischer Instrumente.

1 Das letzte Stück des Nordrandweges

Nendingen – Ursental – Risiberg – Russberg – Tuttlingen / 5 Std. / 240 m ganz allmählicher Auf- und Abstieg, beide im Schatten, sonst viel Sonne

Von Nendingen wandern wir etwa 1½ Stunden das einsame Ursental aufwärts, verlassen dieses dann westlich und stoßen bei Risiberg auf den Nordrandweg. Wir wenden uns nach Süden und marschieren ohne besondere Aussichtspunkte immer etwas hinter dem Trauf zum kleinen Dörfchen Russberg, wo offensichtlich die Welt immer noch in Ordnung ist. Am Waldrand hinter dem Ortsrand machen wir einen kleinen Abstecher nach rechts hinüber an die Kante, wo wir von der Ruine der Burg Fürstenstein ins Tal des Faulenbaches hinuntersehen können, der aus dem Naturschutzgebiet Egelsee herabfließt und zusammen mit der Elta oberhalb Tuttlingen in die Donau mündet.

Zurück zum Albrandweg erreichen wir südlich bald den Bettelmannskeller, eine kleine Höhle mit einer Öffnung in der Decke, was zum Feuermachen reizt. Am Weiterweg nach Tuttlingen kommen wir noch an der Nonnenhöhle vorbei, zu der man einen kurzen Abstecher die Hangkante hinunter machen muß. Bald überqueren wir am Waldrand ein Sträßchen und wandern einen sehr angenehmen Waldweg abwärts, an einer kleinen Pflanzschule und einer großen Doline, der Kesselgrube, vorbei nach Tuttlingen.

2 Vulkane, Orchideen und ein Wadi

Tuttlingen – Witthoh – Hattingen – Immendingen / 4½ Std., mit Naturlehrpfad 1 Std. mehr / 200 m allmählicher Auf- und Abstieg, Sonne und Schatten / empfohlen besonders für Mitte Juni (Orchideenblüte) oder September (Weitsicht)

Von Tuttlingen wandern wir durch das Tutten- oder Duttental zum Witthoh aufwärts, von wo wir einen umfassenden Blick auf die bizarren Vulkanberge des Hegaus, bei klarem Wetter auf die ganze Alpenkette genießen können. Am schönsten ist die Aussicht vom Gasthaus »Windegg« oder von der Anhöhe kurz danach. Auf einem schmalen Sträßchen erreichen wir dann Hattingen.

Unternehmen wir die Wanderung in der ersten Junihälfte, dann sollten wir nach dem Hattinger Sportplatz unbedingt einen Seitensprung machen, und zwar zu einem Naturlehrpfad, wo man eine ungeahnte Vielfalt seltener Pflanzen sehen kann und auch gleich die entsprechen-

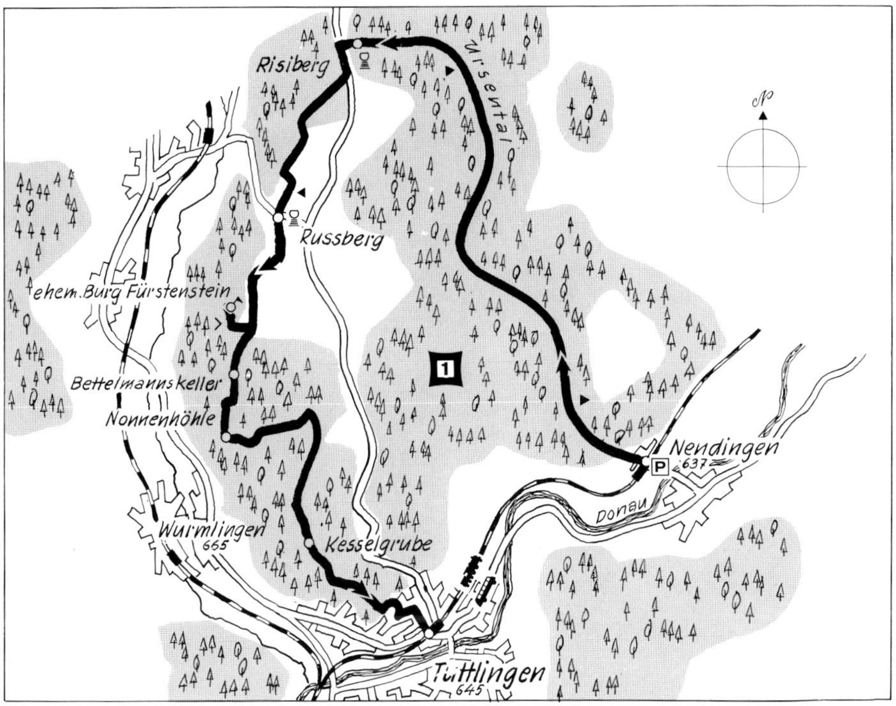

den Erklärungen dazu bekommt. Die Zahl der hier wachsenden Orchideen, insbesondere des Frauenschuhs (Cypripedum calceolus) ist wirklich überraschend. Also, nicht versäumen, die 1 Stunde Wanderzeit opfern und bedenken, daß daraus durch fassungsloses Staunen schnell 2 Stunden werden können! Und nichts abreißen oder beim Fotografieren zertrampeln!
Zurück zu unserem Wanderweg. Es geht am ehemaligen Bahnhof Hattingen vorbei – dies ist die Bahnlinie Stuttgart – Zürich, die aus dem Donautal heraufkommt, in das wir hinuntergehen. Da beginnt dann das zweite Staunen, wenn von der schönen blauen Donau nichts zu sehen ist, sie eher einem afrikanischen Wadi gleicht. Wir marschieren talaufwärts und sind auch gleich an der Stelle, wo das Wasser gurgelnd verschwindet. Früher hat dies zwischen den Württembergern und Badenern viel böses Blut gemacht, weil die Badener den Württembergern das Wasser »gestohlen« haben. Wie wir bei Tour 43 erfahren, floß die Donau abwechselnd durch drei Staaten. Nun, Baden und Württemberg sind jetzt vereint, eigentlich sollte damit Ruhe sein. Jetzt sind es aber die Bayern, die aufmucken und sich per Staatsvertrag von Baden-Württemberg eine bestimmte Wassermenge garantieren ließen, zumal die Schwaben auch noch bei Langenau Wasser abzapfen, um es in den Stuttgarter Raum zu transportieren. Momentan wird wieder hin und her gerätselt, was man machen könnte, um allen gerecht zu werden. Zunächst hat man von Immendingen nach Möhringen einen Stollen durch den Berg gegraben, um das Donauwasser um die Versinkungsstellen herumzuleiten. Da dies immer noch nicht befriedigend ist, gibt es jetzt einen Plan, dem Schluchsee im Schwarzwald Wasser abzuzapfen und es durch eine viele Kilometer lange Leitung der Breg und damit der Donau zuzuleiten, um eine gleichmäßigere Wasserführung des Flusses zu gewährleisten.
Daß in Immendingen der Wasserstand noch stimmt, werden wir bald feststellen, wenn wir das Flüßchen überqueren, um in die Stadt hineinzugehen.

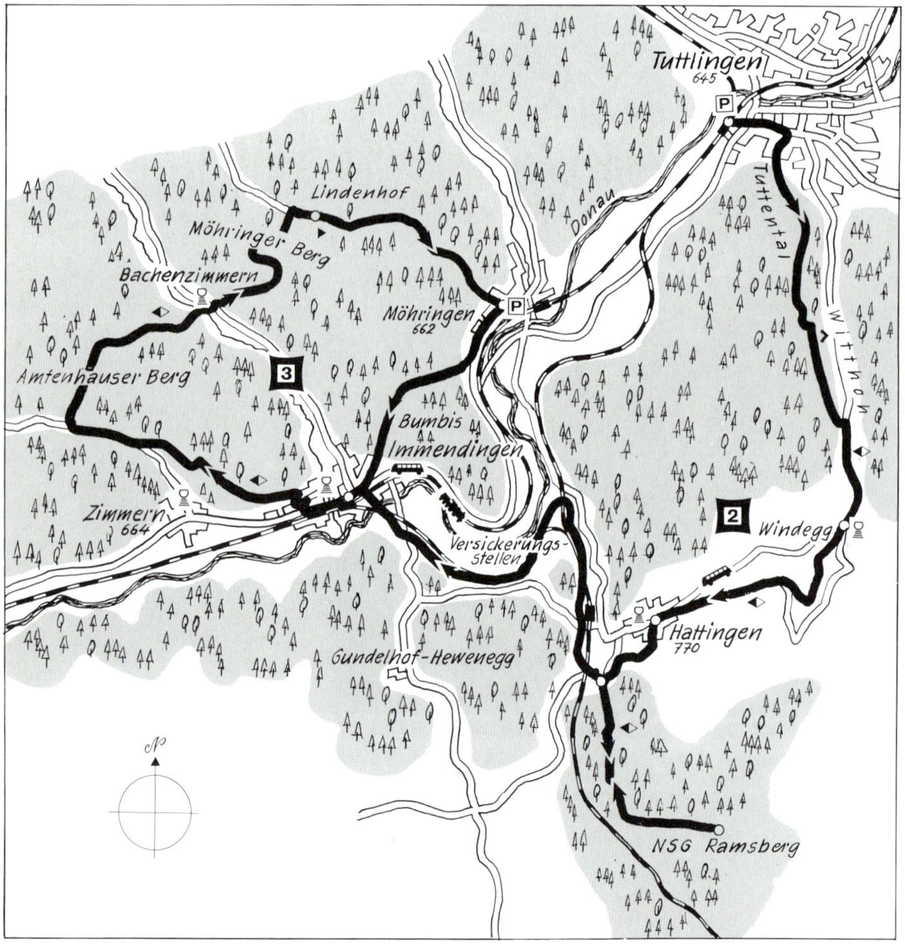

3 Über den Möhringer und Amtenhauser Berg

Möhringen – Bumbis – Immendingen – Forsthaus Amtenhausen – Bachenzimmern – Lindenhof – Möhringen / 4 Std. / je 3 Auf- und Abstiege mit etwa 100 m Höhendifferenz, viel Schatten

Über die Galgensteige erreichen wir den Wanderpark- und Rastplatz Bumbis, der auf einem Ausläufer des Möhringer Berges liegt, der von der Donau umflossen wird. Durch diese Bergzunge verläuft auch der bei Wanderung 2 erwähnte Stollen, mit dem das Donauwasser daran gehindert wird, den Rhein zu nähren. Es geht hinunter nach Immendingen, wo wir das Donautal verlassen, um vor Zimmern in das Amtenhauser Tal einzubie-

Tuttlingen an der Donau, Industriestadt, Bahnknotenpunkt und Endpunkt des Nord- und Südrandweges der Schwäbischen Alb.

gen. Dieses gehen wir aufwärts bis zum Forsthaus, dem letzten Rest des vormaligen Amtenhauser Klosters. Nach der Überquerung des Amtenhauser Bergs wandern wir durchs Schweizertal nach Bachenzimmern und durchs Kälbertal hinauf zum Lindenhof auf dem Möhringer Berg. Schließlich steigen wir durch das Kühltal nach Möhringen hinunter.

Sehenswertes

Tuttlingen Stadtkirche im Jugendstil ■ Friedhofskapelle ■ Heimatmuseum ■ Ruine Honberg

Möhringen Rathaus ■ Ehem. Fürstenbergisches Jagdschloß aus dem 17. Jh.

Immendingen Oberes Schloß der Freiherrn von Schreckenstein aus dem 17. Jh., heute Rathaus ■ Klassizistische Pfarrkirche

Freizeitangebot

Tuttlingen Tennis ■ Reiten ■ Angeln ■ Minigolf ■ Boccia ■ Hallen- und Freibad ■ Geologischer und Landwirtschaftlicher Lehrpfad

Immendingen Tennis ■ Minigolf

Verkehrsmittel

Tuttlingen Bahn: Stuttgart – Zürich, Ulm – Freiburg ■ Busse in alle Richtungen

Nendingen Bus: Tuttlingen, Sigmaringen

Möhringen s. Tuttlingen, da Stadtteil

Immendingen Bahn: Offenburg – Konstanz, Ulm – Freiburg ■ Bus: Hattingen, Mauenheim, Tuttlingen, Blumberg

Karten

L 7918 Spaichingen, L 8118 Tuttlingen

47 Die Eck oder Hegaualb

Land zwischen Donau und Hegau

Es ist dem Verfasser ein Anliegen, drei vergessene Winkel der Alb als prachtvolle Wandergebiete herauszustellen: die Hegaualb, die Baaralb und den Randen. Auch wenn letzterer von der Schwäbischen Alb, wie man sie gemeinhin umreißt, ziemlich weit entfernt und zum größten Teil auf Schweizer Boden liegt, so ist er Teil des Juragebirges und Verbindungsglied zwischen der Schwäbischen Alb und dem Schweizer Jura.

Die Hegaualb liegt zwischen Donau und Hegau und wird von ersterer »unterflossen«. Der geologische Aufbau der Hegaualb sorgt für das Kuriosum, daß die Donau sowohl in das Schwarze Meer als auch in die Nordsee mündet.

Einer der für den Hegau charakteristischen Basaltberge kann als zur Hegaualb gehörend bezeichnet werden. Es ist dies der Hewenegg, den man auch das »Urweltfenster« nennt. Gerade in jüngster Zeit gab es wieder ein Tauziehen um diesen ehemaligen Basaltbruch, ob er mit Müll aufgefüllt oder aber als einmalige Fundstätte für Fossilien und Mineralien unter Naturschutz gestellt werden soll. Krassere Gegensätze der Vorstellungen kann man sich kaum vorstellen! Dieser vormalige Hegauvulkan, der den Fürstenbergern gehört, wurde jahrelang vom Gipfel her ausgehöhlt. Jetzt, da man den Basaltabbau eingestellt hat, blieb eine 80 Meter tiefe und fast 200 Meter lange Grube mit nahezu senkrechten Wänden zurück, die mit Wasser gefüllt ist. Dort findet man heute seltene Pflanzen, die ebenso seltene Kreuzkröte und den Kolkraben, der in den Felswänden brütet. Aus dem Streit ist schon politischer Hader geworden, weil eine Partei für den »Müllschlucker«, eine andere für das Naturdenkmal plädiert.

Weit schweift der Blick vom Witthoh über den Hegau bis zur Kette der deutschen, österreichischen und Schweizer Alpen.

1 »Wandrer fliehe, hier haust die Pest«

Emmingen – Schenkenberg – Wasserburger Tal – Zeilen – Emmingen / 3½ Std. / je 100 m Ab- und Aufstieg, viel Sonne

Emmingen ab Egg, wie der Ort auf der Eck eigenartigerweise heißt, ist im 30jährigen Krieg zunächst verschont geblieben, bis die Auseinandersetzungen auch die Gegend der oberen Donau heimsuchten. Als erste kamen 1629 die Österreicher in das Dorf, 1631 die Spanier und 1632 die Schweden. Nicht nur, daß geplündert wurde, die Österreicher brach-

ten auch die Pest mit, die unter den Bewohnern schlimm hauste, wie man dem Emminger Kirchbuch entnehmen kann. Um das Unheil abzuhalten, stellten die Emminger in ihrer Verzweiflung an den Wegen nach Tuttlingen, Hattingen, Engen und Liptingen Pestkreuze auf. Und zwar in Gruppen, bestehend aus einem doppelten und drei einfachen Kreuzen sowie einem Bildstock; das Doppelkreuz trug eine Tafel mit der Warnung, die als Überschrift für dieses Kapitel »zweckentfremdet« wurde. Noch heute finden wir hier Pestkreuze, – jedoch nicht mehr die ursprünglichen, die sind längst verfault –, die von Zeit zu Zeit erneuert werden, um die Erinnerung an das schwere Los der Altvorderen wachzuhalten.
Wir laufen die Engener Landstraße abwärts und treffen bei den Pestkreuzen auf einen Wanderweg, dem wir nach Süden folgen. An einer Ferienhauskolonie vorbei erreichen wir nach einem Waldstück den Schlatterhof, vor dem wir links abbiegen, um zur Wallfahrtskapelle Unsere liebe Frau zu Schenkenberg zu gelangen, einer kleinen Barockkirche, die sich für Trauungen zunehmender Beliebtheit erfreut.
Nun geht es hinunter ins Wasserburger Tal, wo am Hang der Wasserburger Hof bei der Ruine Wasserburg liegt. Von dort wandern wir talaufwärts, bis ein bezeichneter Wanderweg kreuzt. Diesem folgen wir nach links, verlassen ihn nach kurzer Zeit wieder, um nach Zeilen hinaufzuwandern, das in einem Seitentälchen liegt. Dort sollte man die Sebastianskapelle besuchen, das kunstgeschichtlich bedeutsamste Bauwerk der ganzen Umgebung. Von Zeilen marschieren wir über die Tonhalde schließlich wieder nach Emmingen zurück.

2 Aachquelle, Schloß Langenstein und Ruine Tudoburg

Aach – Schloß Langenstein – Eigeltingen – Ruine Tudoburg – Honstetten – Eckartsbrunn – Aach / 5 Std. / unbedeutende Höhenunterschiede auf lange Strecken, Sonne und Schatten

Heute gibt es eine große Rundtour mit recht interessanten Punkten. Da ist zunächst am Ausgangsort Aach der Aachtopf, der das Wasser zutage fördert, das wir bei den Wanderungen 43/4 und 46/2 in den Spalten und Klüften des Donaubettes verschwinden sahen. Hier also stehen wir an der stärksten Quelle Deutschlands, die von 2500 bis 28000 Liter pro Sekunde schüttet, je nach Wasserführung der Donau. Die Aach leitet das Wasser nach Süden, durch Singen, dann nach Osten, wo es sich bei Radolfzell in den Bodensee ergießt.
Natürlich hat es nicht an Versuchen gefehlt, diesem Hades auf die Spur zu kommen. So sind mehrere Male mutige Leute in den Aachtopf hineingetaucht und mehr oder weniger weit gekommen. Der bis jetzt weiteste Vorstoß erfolgte im Jahre 1967, als der gleiche Mann, der auch die Falkensteiner Höhle bis jetzt am weitesten erkundet hat (s. Tour 21/3), 350 Meter gegen eine sehr starke Strömung in den Untergrund schwimmen konnte. Aber nicht allen war Erfolg beschieden, es hat auch Tote gegeben.
Nun wandern wir weiter, und zwar zum Schloß Langenstein der Grafen Douglas, etwa 1 Stunde östlich. Großherzog Ludwig von Baden, der von 1763 bis 1830 lebte, verliebte sich im Alter von 53 Jahren in eine 17jährige Schauspielschülerin, die ihm zwei Töchter und einen Sohn gebar. Obwohl er das Mädchen aus Standesgründen nicht heiraten konnte, hielt er ihr 14 Jahre lang bis zu seinem Tod die Treue. Er erhob die Geliebte in den Adelsstand, schon auch der Kinder wegen. Er hinterließ ihnen ein riesiges Vermögen, zu dem u.a. Schloß Langenstein gehörte, das er eigens zu dem Zweck gekauft hatte, seiner »Familie« eine Bleibe zu verschaffen. Der schwedische Graf Karl Israel Douglas heiratete 1848 Louise Gräfin Langenstein, die jüngste Tochter des ungleichen Paares. Heute lebt hier der Ururenkel Louises, dessen Hobby es ist, Nachttöpfe zu sammeln. Diese Sammlung ist nicht zugänglich, wohl aber das sehenswerte Fasnachtsmuseum im Schloß.
Weiter geht es nach Norden, nach Eigeltingen, das erstmals 764 Erwähnung fand und bis 1400 Gerichtsstätte des Hegaus war. An der Lochmühle vorbei wandern wir ins Krebsbachtälchen hinein, über dem auf einem steilen Bergsporn die Ruine Tudoburg zu finden ist. Ein Tuto von Wagenhausen, der mit dieser Burg in Verbindung gebracht wird, stiftete 1083 das Kloster Wagenhausen am Rhein gegenüber von Stein.
Unser nächstes Ziel sind die Dörfer Honstetten und Eckartsbrunn, zwischen denen man auf einer Anhöhe einen prächtigen Blick in den Hegau hat. Hinter Eckartsbrunn geht es hinunter in ein Seitentälchen des Wasserburger Tales, durch das eine kleine Straße nach Eigeltingen führt. Auf der anderen Seite steigen wir im Zickzack zum Hof Unterdornsberg hoch und sind nach knapp einstündiger Waldwanderung wieder am Aachtopf.
Es sei empfohlen, der Stadt Aach droben auf dem Berg noch einen Besuch abzustatten, die so ganz im Schatten des Aachtopfes im Tale steht. Auch wenn der Ort, der seit 1283 Stadtrechte besitzt, weder besondere historische noch wirtschaftliche Bedeutung erlangte, so findet man hier doch interessante Dinge, beispielsweise Reste der Stadtbefestigung, im Pfarrhaus ein gutes Marienrelief und im Rathaus einen schönen Gnadenstuhl.

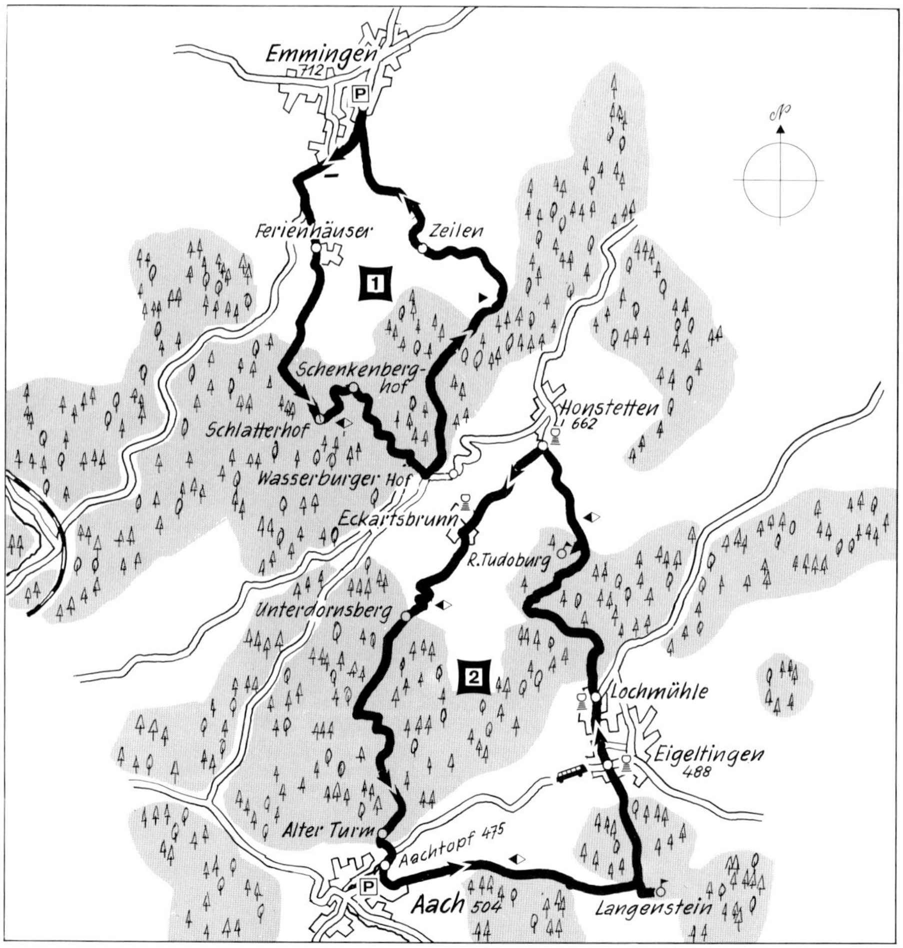

Sehenswertes

Bei Emmingen Wallfahrtskapelle Unsere liebe Frau zu Schenkenberg ■ Sebastianskapelle bei den Zeilenhöfen

Aach Aachtopf, größte Quelle Deutschlands ■ In der Nähe Schloß Langenstein

Verkehrsmittel

Emmingen Bus: Tuttlingen, Engen

Aach, Eigeltingen Bus: Singen, Stockach

Karte

L 8118 Singen

48 Die Baaralb

Stille Wälder – einsame Wege

Zwischen der Bahnlinie Rottweil – Tuttlingen und der Bodensee-Autobahn liegt die Baaralb, ein Gebiet, das bisher verkehrsmäßig völlig unberücksichtigt war. Die neue Autobahn hat manchem Bewohner des Stuttgarter Raumes die Augen darüber geöffnet, daß hier ein Landstrich Baden-Württembergs ist, von dessen Reiz er nichts ahnte. Fragt man, wo die beiden markantesten Berge der Baaralb, der Hohenkarpfen und der Lupfen, liegen, so werden sie beinahe immer in den Hegau »versetzt« und zusammen mit Hohenkrähen, Hohenstoffeln und Hohentwiel genannt.

Fahren Sie nicht zum überlaufenen Bodensee, treten Sie an den Abfahrten Tuningen oder Geisingen auf die Bremse, schnüren Sie die Wanderstiefel, sie werden es nicht bereuen!

Auf Lupfen und Hohenkarpfen sind noch die Reste größerer Burgen zu sehen. Die Geschlechter ihrer Erbauer sind ausgestorben; beide Burgen wurden 1444 von den Württembergern in Besitz genommen. Graf Eberhard im Bart gab den Hohenkarpfen seinem unehelichen Sohn Hans Württemberger zum Lehen, der sich von da an Hans von Karpfen nannte.

Im Herzen der Baaralb liegen die Dörfer Talheim, Seitingen und Oberflacht, die alle Grund für einen Besuch bieten: Talheim hat im Ochsenbeckenhaus von 1757 eines der schönsten und interessantesten Fachwerkhäuser weit und breit; leider ist es sehr renovierungsbedürftig.

In Talheim wurde auch ein einst berühmter Deutscher geboren, und man gedenkt seiner mit einem Germania-Denkmal. Es handelt sich um Max Schneckenburger, den Dichter der »Wacht am Rhein«, mit der im 19. Jahrhundert Nationalismus und Franzosenhaß geschürt wurden.

Bei Oberflacht hat man 1840 ein Gräberfeld aus der Karolingerzeit gefunden, wo die Toten in »Totenbäumen« begraben wurden. Nicht weit davon, auf dem Kirchberg am Ortsrand von Seitingen, sind Kirche, Pfarrhaus und einige kleinere Gebäude von einer Mauer umschlossen und bilden eine schöne Einheit. Die 1757 erbaute Barockkirche hat eine sehenswerte Stuckdecke mit Fresken des Hofmalers Hermann, Rokokoaltäre und ein schönes Chorgestühl.

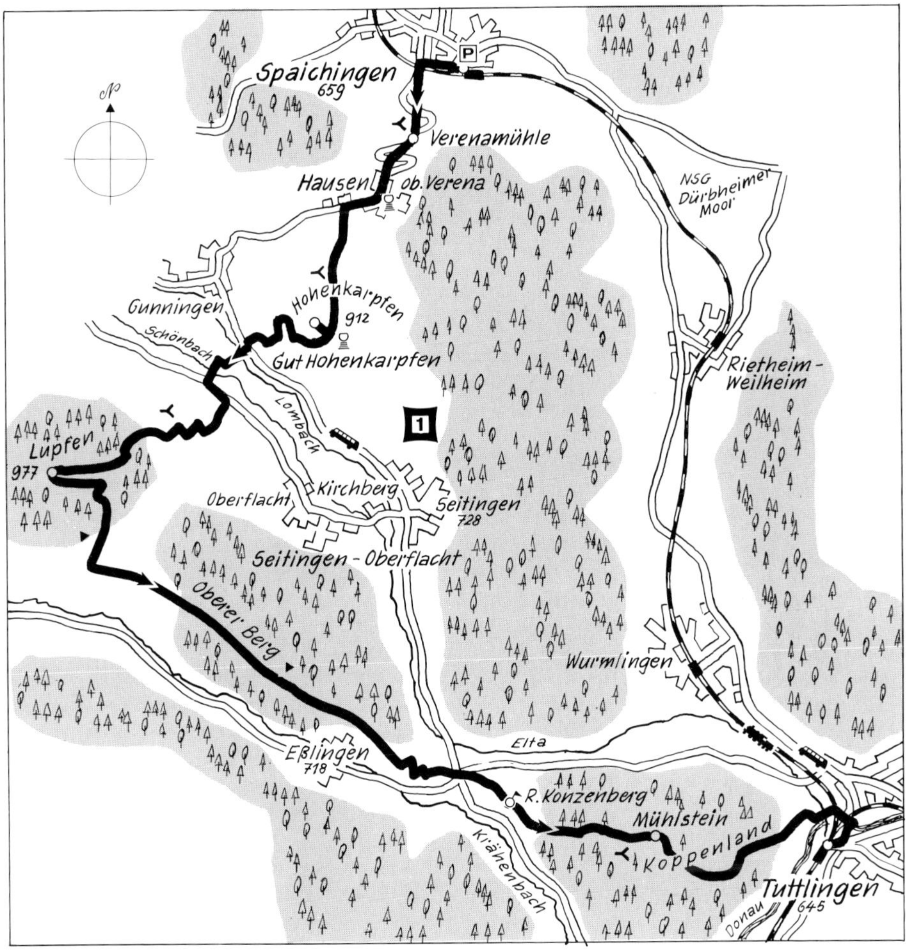

1 Hohenkarpfen und Lupfen

Spaichingen – Hohenkarpfen – Lupfen – Ruine Konzenberg – Tuttlingen / 6 Std. / 4 Auf- und Abstiege mit max. 280 m, anfangs viel Sonne, gegen Ende viel Schatten

Wir wandern von Spaichingen südlich zur Verenamühle und hinauf nach Hausen ob Verena. Hinter uns steigt der Albtrauf mit Dreifaltigkeitsberg, Klippeneck und Lemberg auf, vor uns sehen wir den kecken Hohenkarpfen, zu dem wir hinüberwandern, um vom Hofgut aus auf den Gipfel zu steigen. Schön ist der Blick in die Runde, und wir sehen im Südwesten auch die bewaldete Kuppe unseres nächsten Zieles, des Lupfen. Zunächst aber kehren wir zum Hofgut zurück und queren dann die Tälchen des Lombaches und des Schönbaches, um den größten Aufstieg des heutigen Tages hinter uns zu bringen. Bald stehen wir auf dem Aussichtsturm des »Königs der Baar«, wie man den Lupfen mit Recht nennt.

Nach Westen und Südwesten breitet sich die weite Ebene der Baar vor uns aus, und dahinter steigt der Schwarzwald auf, bei klarem Wetter kann man dort den Feldberg mit den Türmen ausmachen. Im Süden sind im Vordergrund die bewaldeten Bergrücken nördlich der

Donau, dann die Hegauberge und in der Ferne die Alpen zu sehen.

Nun steigen wir hinunter auf die Fläche oberhalb von Talheim und wenden uns nach Osten zum Oberen Berg, den wir erklimmen. Dort beginnt eine schöne Waldwanderung. Über den Sommerberg zwischen Elta- und Krähenbachtal wandern wir nach Südosten, steigen zu einem Straßenpaß hinunter und gleich wieder hinauf zur Ruine Konzenberg, die bis auf den Bergfried 1838 abgetragen wurde. Es geht weiter aufwärts auf das Koppenland zum Mühlstein und dann sehr rasch hinab nach Tuttlingen.

2 Ein Stück auf dem Schwarzwald-Ostweg

Immendingen – Amtenhauser Berg – Öfingen – Blatthalde – Hörnekapf – Roßberg – Geisingen / 6 Std. / 175 m Auf-, 90 m Ab- und Aufstieg sowie 220 m Abstieg, weit überwiegend Schatten.

Jawohl, Sie haben recht gelesen: Wir wandern auf der Alb ein Stück auf dem Schwarzwald-Ostweg, der von Pforzheim nach Schaffhausen führt. Dies zeigt am besten, daß man die Baaralb früher nicht mehr zur Alb gehörend ansah: sie war eigentlich Niemandsland. Man könnte meinen, daß sich der Schwarzwaldverein des vergessenen Winkels angenommen hat und einen seiner Hauptwege hier verlaufen ließ. Konkret: der Schwarzwald-Ostweg verläßt den Schwarzwald hinter Bad Dürrheim und kehrt nicht mehr in den Schwarzwald zurück; das letzte Drittel geht ausschließlich über die Jurahöhen der Alb und des Randen.

Von Immendingen steigen wir rasch hinauf auf den Amtenhauser Berg, den wir in seiner vollen Länge überschreiten, um dann über den Kohlberg und den Großen Osterberg nach Öfingen mit seiner Wehrkirche hinunterzusteigen. Dort treffen wir auf den Ostweg, dem wir nach Süden folgen. Herrlich ist der Blick über die Baar, wenn wir am Rande des Gewand »Auf den Rainen« hoch über der Autobahn auf die Blatthalde zuwandern. Etwas nordwestlich sehen wir die Abzweigung der Autobahn nach Westen, die jetzt verschämt auf Donaueschingen zuläuft, an sich aber nach Freiburg führen sollte, wobei die Straßenbauer ohne zwingenden Grund die herrliche Landschaft um St. Märgen und St. Peter kaputtgemacht hätten. Geldmangel hat auch seine guten Seiten!

Augen auf beim Aufstieg zur Blatthalde: Im Frühjahr blühen hier außergewöhnlich viele Seidelbaste (Daphne mezereum), und wer Glück hat, kann einige ganz rare Versteinerungen finden, wie z. B. die Hahnenkamm-Auster (Ostrea cristagalli).

Von der Hubertus-Hütte auf dem Hörnekapf sieht man hinüber zum Wartenberg, in die Baar, ins Donautal und auf die Länge, den langen, bewaldeten Bergzug zwischen dem heutigen und dem eiszeitlichen Donautal. Der neue Sendeturm steht noch auf der Länge, daneben erhebt sich der Fürstenberg. Herrlich ist der Weg, der uns um das Klausener Tal und um den Roßberg herum- und hinunterführt nach Geisingen.

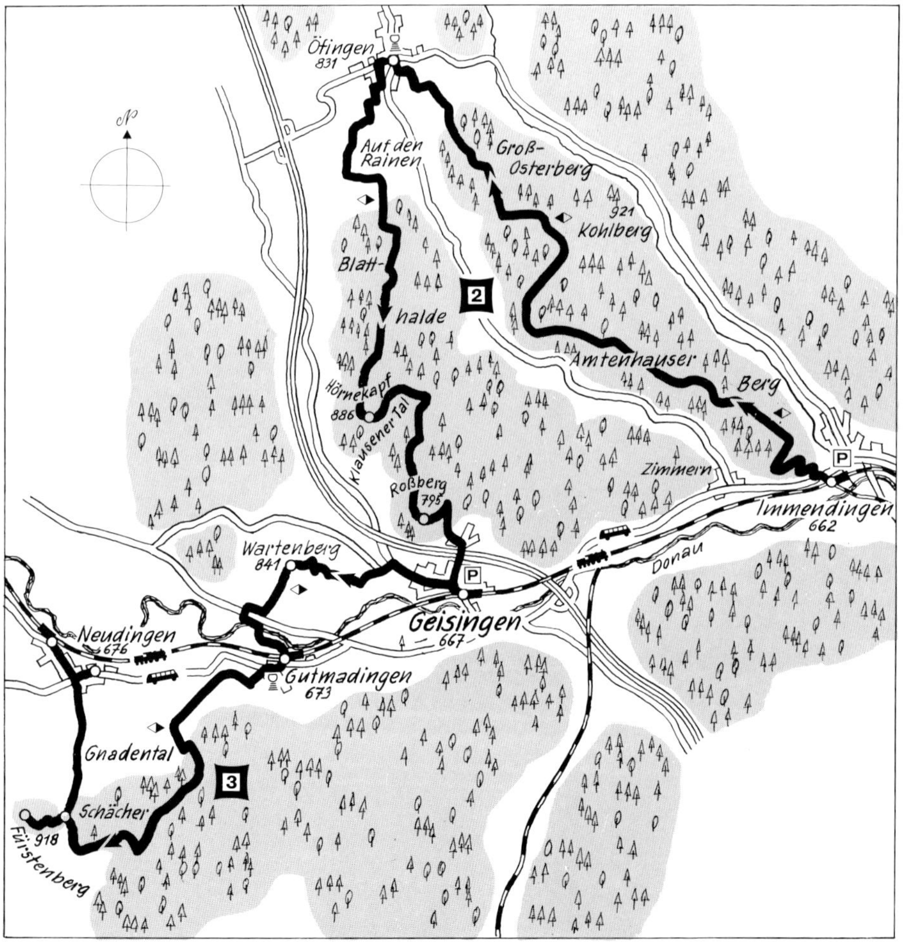

3 Wartenberg und Fürstenberg

Geisingen – Wartenberg – Gutmadingen – Schächer – Fürstenberg – Neudingen / 4 Std. / 170 m Auf- und Abstieg sowie 250 m Auf- und Abstieg, meist sonnig

Weil es so schön war, wandern wir auf dem Schwarzwald-Ostweg weiter, und zwar steigen wir von Geisingen auf den Wartenberg hinauf, auf dessen bewaldetem Gipfel ein fürstenbergisches Schlößchen steht, das nicht zugänglich ist. Dafür wird man durch einen schönen Blick auf die sich von Donaueschingen über die Baar-Ebene herschlängelnde Donau entschädigt. Gleich geht es wieder hinab, unter der Bundesstraße 31/33 durch und über die Donau hinüber nach Gutmadingen. Über dem Ort befinden sich aufgelassene Erzgruben. Am Kuhberghang aufwärts und oberhalb der Kapelle Gnadental wandern wir zu einem Parkplatz, wo ein Bildstock von 1608 steht.

Über die Länge mit dem Funkturm der Post und den Schächer erreichen wir den Fürstenberg mit seiner Augustinuskapelle. Dies ist der »fürderste« Berg der Alb, auf dem das Stammschloß der Fürstenberger stand, die heute in Donaueschingen residieren und deren Grablege sich in der Gruftkapelle zu Neudingen befindet, wo wir hinunterwandern. Dabei haben wir einen besonders schönen Blick auf die Hochebene der Baar, die von der Donau durchflossen wird.

Der »König der Baar«, der Hohenlupfen bei Talheim.

Sehenswertes

Seitingen Pfarrkirche mit Kirchberg

Hausen ob Verena In der Kirche eine spätgotische Altarstaffel und Bildnisse von Johann von Karpfen und seiner Frau Ursula von Reischach

Talheim Ochsenbeckenhaus ■ Heimatstube im Scheckenburger-Geburtshaus

Öfingen Wehrkirche

Geisingen Pfarrkirche von 1551

Neudingen Gruftkapelle der Fürsten zu Fürstenberg

Verkehrsmittel

Seitingen Bus: Tuttlingen, Trossingen

Talheim Bus: Tuttlingen, Schwenningen

Öfingen Bus: Bad Dürrheim, Donaueschingen

Geisingen Bahn: Ulm – Donaueschingen

Gutmadingen, Neudingen Bus: Immendingen, Donaueschingen

Fürstenberg Bus: Blumberg, Donaueschingen

Karten

L 7918 Spaichingen, L 8116 Donaueschingen, L 8118 Tuttlingen

49 Blumberg

Unruhige Naht zwischen Alb und Schwarzwald

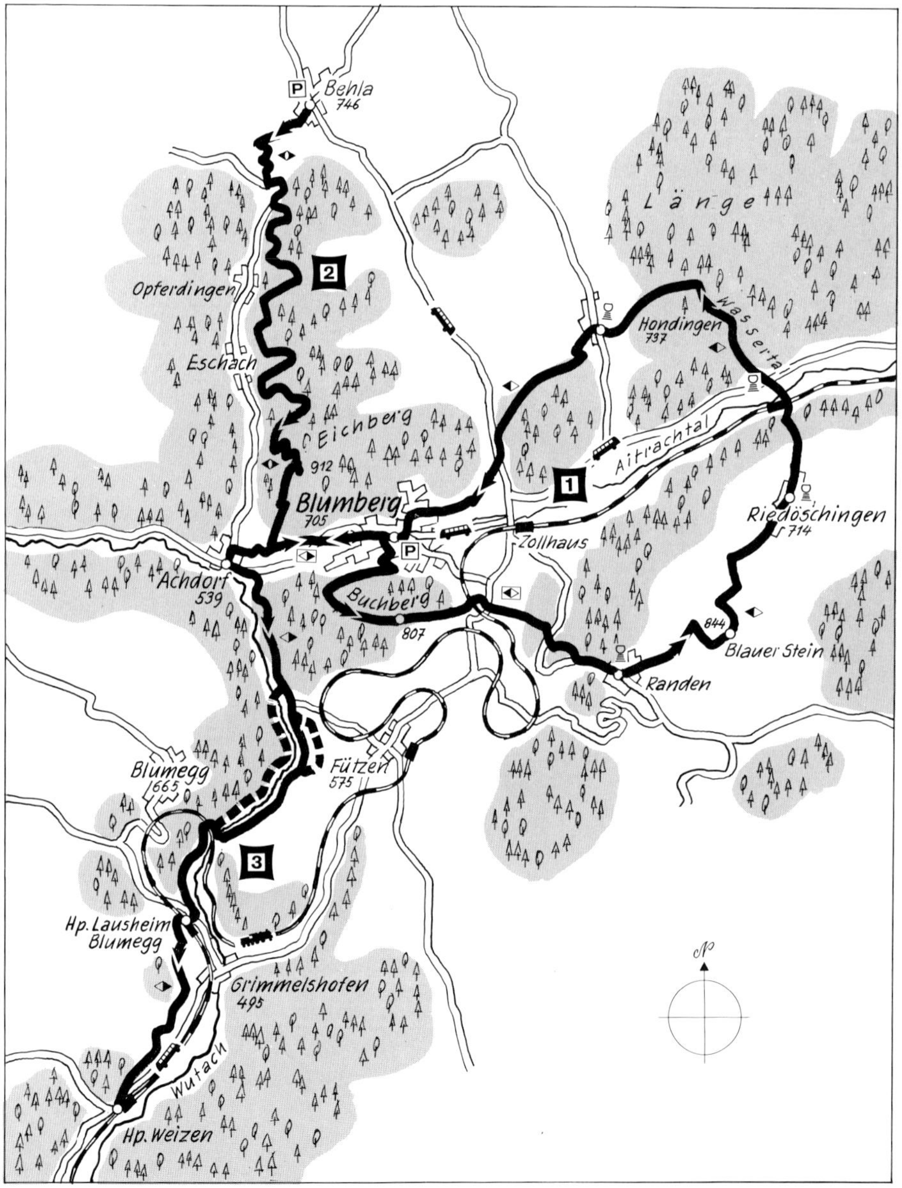

Die Baar, Hochebene zwischen Schwarzwald und Schwäbischer Alb, wird im Süden begrenzt von Bergen und Tälern einer geologisch hochinteressanten Gegend. Wie schon bei Tour 34 erwähnt, gibt es auf der Schwäbischen Alb eine ganze Reihe von Flußtälern, die ihren Oberlauf eingebüßt haben. Der wohl bekannteste Fall ist das Schicksal der Feldberg-Donau. Sieht man sich einmal eine Landkarte des südöstlichen Schwarzwalds an, so fällt auf, daß die am Feldberg entspringende Gutach, die nach dem Titisee Wutach heißt, von West nach Ost fließt, und zwar ein gutes Stück weit parallel zur Breg, die zusammen mit der Brigach ab Donaueschingen die Donau zuwege bringt. Bei Achdorf biegt die Wutach aber plötzlich nach Südwesten ab und wendet sich dem Rhein zu. Dabei entdeckt man auch, daß es am Knick eine durchaus natürliche Fortsetzung des Flußtales gibt, besser: gegeben hat. Es ist dies das Tal der Aitrach, die bei Blumberg entspringt und unterhalb von Geisingen in die Donau mündet.

Die naheliegende Vermutung, daß die Donau früher am Feldberg entsprungen ist, wurde von der Wissenschaft bestätigt. Folgende Erklärung gilt als gesichert: In der letzten Eiszeit war auch der Schwarzwald vergletschert. Die Feldberg-Donau führte damals viel Schutt und Geröll zu Tale und füllte dieses bis zu 25 Meter auf. Ganz offensichtlich ist dann eines Tages in der Gegend des bei Blumberg gelegenen Buchbergs die Feldberg-Donau über ihr südliches Ufer geschwappt und hat dabei einen Weg in ein tiefes Tal gefunden, das dem Rhein zulief. Da dieser Rhein im Vergleich zur Feldberg-Donau sehr viel niedriger lag und liegt, erhöhte sich die Fließgeschwindigkeit so stark, daß das Tal der Feldberg-Donau immer mehr aufgeschnitten und seitlich entleert wurde; schließlich bekam das ursprüngliche Tal in der Gegend von Blumberg überhaupt kein Wasser mehr. All dies scheint sich vor etwa 70000 Jahren abgespielt zu haben. Dies ist geologisch gesehen ein sehr kurzer Zeitraum, weshalb es auch nicht verwundert, daß die Gegend um Achdorf bis heute nicht zur Ruhe gekommen ist. Beredtes Zeugnis für die gewaltigen Erdbewegungen ist das »Wellblechsträßle«.

Blumberg war vom 17. bis zum 20. Jahrhundert Bergbaustadt. Den Anfang des Blumberger Bohnerzabbaus machten die Fürstenberger. Im großen betrieben wurde die Erzförderung – sowohl im

Tage – als auch im Untertageabbau – erst ab 1935, als man im Dritten Reich nach Autarkie strebte. 1942 mußte man aber einsehen, daß sich mit den Blumberger Erzen kein Krieg gewinnen ließ, so daß die Förderung eingestellt wurde.

1 Beiderseits des Aitrachtales

Blumberg – Buchberg – Randen – Blauer Stein – Riedöschingen – Wassertal – Länge – Hondingen – Blumberg / 6 Std. / 170 m Aufstieg, alle anderen Auf- und Abstiege allmählich, Sonne und Schatten

Von Blumberg steigen wir auf den Buchberg hinauf, der uns einen wunderbaren Blick auf das Wutachtal, den Schwarzwald und den Randen beschert. Bei klarem Wetter sieht man hinter dem Rheintal den Schweizer Jura und die Alpen. An der Südkante des Buchbergs geht es dann östlich, und wir können dabei die interessante Führung der Strategischen Bahn – im Volksmund früher »Kanonenbähnle«, heute »Sauschwänzlesbahn« genannt – zu einem guten Teil übersehen. Diese Bahn wurde 1890 erbaut, um im Kriegsfall den über den Rhein reichenden Schweizer Zipfel des Kantons Schaffhausen umfahren zu können. Auch diese Bahn wurde – wie die Zahnradstrecke am Lichtenstein (s. Tour 31/2) – stillgelegt, da sie nicht mehr rentabel gewesen sein soll. Die Stadtverwaltung Blumberg hat aber erkannt, daß das Betreiben dieser einmaligen Bahnstrecke mit alten Dampfzügen für den Fremdenverkehr ein Magnet ist. Sie hat die Bahn übernommen und läßt sie mit großem Erfolg während des Sommerhalbjahrs laufen.
Wir kommen zur Ortschaft Randen, wo sich noch einmal eine schöne Aussicht nach Westen und Süden hin ergibt. Weiter geht es nach Nord-Osten zum Blauen Stein und nach Riedöschingen. Bis hierher sind wir auf dem Schwarzwald-Querweg Freiburg – Konstanz gegangen. Nun biegen wir nach Norden ab, queren das Aitrachtal und wandern durch das Wassertal auf die Länge, wo wir auf den Schwarzwald-Ostweg treffen. Über diesen steigen wir wieder ins Tal hinunter, und zwar nach Hondingen mit der alten Wehrkirche. Auf der nächsten Anhöhe verlassen wir den Ostweg und marschieren zur Bleiche, kreuzen die Bundesstraße 27 und sind bald wieder in Blumberg.

Hondingen mit seiner Wehrkirche am Fuße der Länge.

2 Über den Wendt-Weg auf den Eichberg

Behla – Eichberg – Blumberg / 3½ Std. / 200 m Auf- und Abstieg, viel Schatten

Von Behla marschieren wir zum Wald hinauf und überschreiten dort wieder einmal die Europäische Wasserscheide. Während aber bisher das »Nordsee«-Wasser immer nach Norden und das »Schwarzmeer«-Wasser nach Süden floß, ist es hier gerade umgekehrt: Der Sichengraben, der durch Behla und den Behlaer Weiher läuft, geht zur Donau

Schwindelerregend tief hat sich die Wutach in die Flühen eingefressen.

hin, während der Krottenbach, an dessen Talhang wir nach Süden wandern, mit der Wutach zum Rhein zieht.
Zwischen Behla und dem Wald hat man einen umfassenden Rückblick auf die Baar, die Baaralb vom Lupfen bis zum Wartenberg und auf die Länge mit dem Fürstenberg. Über Treppenwege und kleine Stege führt der Weg oberhalb von Opferdingen und Eschach fast eben hin, steigt dann aber kurz und steil auf zur Westspitze des Eichbergs mit seinem herrlichen Panorama über Südschwarzwald und Wutachtal. Der Wendt-Weg, nach seinem Erbauer genannt, ist für botanisch interessierte Wanderer sehr interessant, findet man an ihm doch seltene Pflanzen wie den Gelben Enzian und eine große Zahl von Orchideen, wie Weißes und Rotes Waldvögele, Mückenhändelwurz, wohlriechende Händelwurz, braunrote Stendelwurz und Großes Zweiblatt, um nur einige zu nennen. So steil wie wir aufgestiegen sind, geht es auf der anderen Seite wieder hinunter, wobei wir auf dem Weg bis Blumberg immer wieder die Folgen der Erdbewegungen und Erdrutsche beobachten können.

3 Durch die Wutachflühen

Blumberg – Achdorf – Wutachflühen – Weizen / 3½ Std. / 165 m Abstieg, dann keine bedeutenden Höhenunterschiede mehr, viel Schatten

Von Blumberg steigen wir hinab nach Achdorf. Das dortige Gasthaus »Linde« hat Viktor von Scheffel als »Ausruhnest« in seinem »Juniperus« verewigt. Am Weg ins Dorf hinunter fällt uns ein Schild auf, das zu einem geologischen Klopfplatz weist. Solche Plätze gibt es um Blumberg mehrere, beispielsweise auch, wenn man von Achdorf wutachaufwärts geht.
Nun wandern wir durch das Wutachtal abwärts, und zwar ist es wieder der Schwarzwald-Ostweg, den wir benützen. Er verläuft auf dem Sträßchen Achdorf – Fützen, das nicht viel befahren wird. Dies ist das berühmte »Wellblechsträßle«, das seinen Namen davon hat, daß es infolge der dauernden Erdbewegungen nie glatt, sondern immer buckelig ist und hin und wieder auch ganz ins Tal abrutscht. Dies kann man besonders am Waldrand sehen, wo es aus dem Tal zur Kante hinaufführt: Der ganze Wald ist in Bewegung, die Bäume stehen schräg in alle Richtungen.
Hier haben wir die Qual der Wahl: Durch die Wutachflühen führen drei Wege, nämlich der unterste, der immer unweit der Wutach verläuft; ihn sollte man benutzen, wenn es stark regnet und die oberen Wege aufgeweicht und damit gefährlich sind. Am schönsten ist der mittlere Weg, zieht er doch zum Teil über schmale Felsbänder und an tiefen Spalten vorbei; Schwindelige sollten ihn meiden. Am imposantesten ist der obere Weg, da er über einige kühne Aussichtspunkte, die gesichert sind, leitet und dann zum mittleren Weg kommt; der Abstieg vom oberen zum mittleren Weg ist aber bei Nässe außerordentlich schlüpfrig.
Alle drei Wege treffen sich vor dem eisernen Steg über die Wutach, wo auch die »Sauschwänzlesbahn« das Tal quert. Vom Bahnhof Lausheim – Blumegg geht es nochmals ein wenig nach oben und am Talhang entlang nach Weizen, von wo wir mit dem Dampfzug nach Blumberg zurückfahren können. Es lohnt sich die Wanderung so einzurichten, daß man dieses Erlebnis in Ruhe genießen kann.

Sehenswertes

Riedböhringen Kardinal-Bea-Museum

Freizeitangebot

Blumberg Freibad ■ Segelfliegen ■ Drachenfliegen ■ Angeln ■ Geologische Exkursionen ■ Tennis ■ Reiten

Verkehrsmittel

Blumberg Bus: Donaueschingen, Immendingen

Behla Bus: Donaueschingen, Blumberg

Karten

L 8118 Donaueschingen, L 8318 Stühlingen

50 Der Randen

Die »Schweizer Alb«

Die Bewohner des Kantons Schaffhausen mögen verzeihen, wenn der Randen in einem Buch über die Schwäbische Alb behandelt wird. Vielleicht sind sie gar nicht so scharf darauf, wenn zu viele Deutsche über die Höhen und durch die Täler ziehen. Trotzdem sei allen Naturfreunden ans Herz gelegt, den Randen kennenzulernen, seine oft parkartige Landschaft zu schauen, die weiten Ausblicke zum Schwarzwald, Hegau, Bodensee, Schweizer Jura und oft auch auf den Kranz der Alpengipfel zu genießen.
Als Standort für die Wanderungen sei Schaffhausen empfohlen, weil man von dort aus mit dem Bus in die verschiedenen Richtungen fahren kann, weil genügend Unterkünfte zur Verfügung stehen und weil auch kulturell sehr viel geboten wird.
Schaffhausen wird 1045 zum ersten Mal erwähnt, und zwar im Zusammenhang mit einem dort bestehenden Kloster. 1330 kam die Stadt zu Österreich, 1415 wurde sie Reichsstadt und 1501 Glied der Eidgenossenschaft. Nach der Reformation hat man das Koster 1529 aufgehoben.
Die sehr sehenswerte Altstadt beherbergt viele prächtige Bürgerhäuser, wobei das Haus zum Ritter besonders erwähnt werden soll. Im ehemaligen Kloster Allerheiligen befindet sich ein sehr schönes Museum; hier steht die berühmte Glocke, die Schiller Anstoß gab für sein »Lied von der Glocke«: »Vivos voco, mortuos plango, fulgura frango« lautet ihre Inschrift: »Die Lebenden rufe ich, die Toten beklage ich, die Blitze breche ich.«
Die Pfarrkirche St. Johann, erbaut vom 14. bis 16. Jahrhundert, die Zunftstuben sowie die Tortürme geben der Stadt ein besonderes Gepräge. Über allem wacht hoch droben die Burg mit dem Namen Munot, die nach Plänen von Albrecht Dürer erbaut wurde.
Feinschmecker kommen hier auf ihre Kosten: In der »Fischerzunft« direkt am Rhein ißt man zunftgemäß Fisch, sehr gemütlich sitzt man im Restaurant »Frieden« am zentralen Heerenacker, und wer etwas ganz Besonderes sucht, der sei auf die »Alte Rheinmühle« in der nahen deutschen Exklave Büsingen hingewiesen.
Lohnend ist eine Fahrt mit dem Rheindampfer entweder bis Stein am Rhein oder gar bis Konstanz – eine der schönsten europäischen Flußfahrten. Und der Besuch des Rheinfalls in Neuhausen, einem Vorort Schaffhausens, ist schon deshalb ein Muß für einen Albwanderer, weil der Fluß auf eine Breite von 150 Metern 20 Meter tief über Jurafelsen hinabstürzt. Ein grandioser Schlußpunkt unserer Wanderungen über die Schwäbische, Verzeihung: hier »Schweizer Alb«.

1 Über den Randen-Höhenweg

Bargen – Schwedenschanze – (Hagen) – Zelgli – (Schloßranden) – »Fünfarmiger Wegweiser« – (Randen-Haus) – Hägliloo – Lahnbuck – Schaffhausen / 5 Std. (mit Abstechern 6½ Std.) / 250 m Aufstieg und allmählicher Abstieg, meist schattig

Wer mit einem Male die Schönheit des Randen erleben will, dem sei die Wanderung über den Randen-Höhenweg empfohlen. Hat man einmal die Höhe erreicht, was nicht besonders anstrengend ist, dann führt dieser Weg am Westrand des Gebirgszugs und später über die südlichen Rücken hinunter nach Schaffhausen. Die oben angegebenen Abstecher sollte man sich wegen der Ausblicke (Hagen und Schloßranden) und wegen der einzigen Einkehrmöglichkeit (Randen-Haus) nicht entgehen lassen.
Wir fahren mit dem Bus ins nördlichste Schweizer Dorf, nach Bargen, und wandern durch das einsame Mühlital westwärts bis in den Talschluß beim Naturschutzgebiet Galliwiese, wo je nach Jahreszeit massenhaft Trollblumen (Trollius europaeus) und Herbstzeitlosen (Colchicum autumnale) blühen. Von dort an

Der Munot, die nach Plänen von Albrecht Dürer erbaute Festung über Schaffhausen am Rhein.

geht es durch Wald rasch auf den Rükken, wo der Höhenweg von dem auf deutschem Gebiet liegenden Randen- oder Klausenhof über die höchste Erhebung des Gebirgszugs, den Hohen Randen (924 m) nach Süden führt. Machen Sie unbedingt den Abstecher zur nahen Schwedenschanze, einem prächtigen Aussichtspunkt hoch über dem Wutachtal und dem Klettgau. Ein weiterer lohnender Abstecher geht zur anderen Seite des Höhenweges, zum Hagen. Man wendet sich hierzu am Hagentum vorbei und am linken Waldrand entlang nach Süden bis etwa zu der Telegrafenstange mit der seitlichen Stütze. Dort öffnet sich ein weiter Blick über den Hegau und bis zum Bodensee.

Zurück zum Hagenturm und hinunter zum Höhenweg, dann geht es weiter nach Süden zum Heidenbaum und über das schwach befahrene Sträßchen zum Talisbänkli. Es folgt die Spiel- und Liegewiese Zelgli, wo wir den Schwarzwald-Ostweg kreuzen. Von dort können wir den Abstecher zum Schloßranden mit dem Schleitheimer Randenturm machen. Der nächste markante Punkt unserer Höhenwanderung ist der »Fünfarmige Wegweiser«, der auf den Karten als Punkt 861 gekennzeichnet ist. Dort hat man die Wahl, entweder gleich weiter zum Hof Hägliloo zu wandern, oder aber im Randen-Haus bei schönster Aussicht ein Vesper einzunehmen.

Sowohl vom Randen-Haus als auch vom »Fünfarmigen Wegweiser« kommt man zu einem Steinblock mit der Aufschrift »650 Jahre Eidgenossenschaft, Jugendlandsgemeinde 1941. Tapfer und treu«. Über Feld und durch Wald erreichen wir den Hof Hägliloo und später das Eschheimer Tal, wo früher ein Dorf gleichen Namens gestanden haben soll. Dieses Tal hat keinen oberirdischen Abfluß, sondern das Wasser verschwindet in einem künstlich angelegten Sickerloch und kommt in der Teufelsküche bei Beringen wieder zum Vorschein. Der von Bäumen und Gebüsch umstandene Eschheimer Weiher ist ein einzigartiges Naturreservat mit einer vielfältigen Flora und Fauna.

Auf dem Weiterweg zum Lahnbuck sehen wir rechts drunten den künstlichen Engiweiher, in den das städtische Kraftwerk Schaffhausen nachts Rheinwasser heraufpumpt, um es untertags wieder über die Turbinen in den Rhein zurückzuleiten. Nun geht es rasch hinunter zum Stadtviertel Breiti und zur Innenstadt.

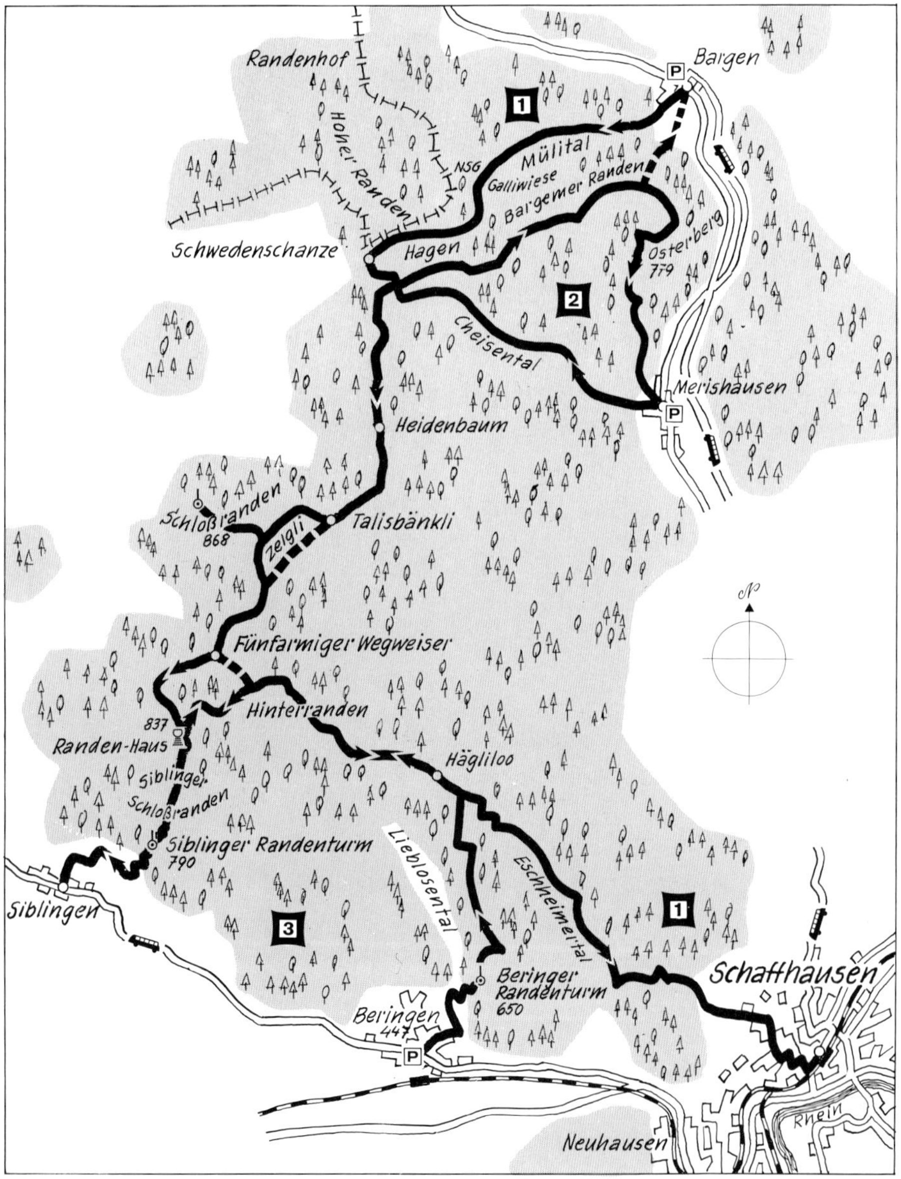

2 Panoramatour durch Parklandschaft

Merishausen – Cheisental – Hagen – Bargemer Randen – Katzensteig – Merishausen / 3½ Std. / 370 m Auf- und Abstieg, viel Schatten

Von Merishausen wandern wir durch das lange Cheisental, in dem wir zunächst allmählich, später schnell Höhe gewinnen. Wir gehen weder rechts noch links, sondern immer dem Tälchen entlang, bis wir das Fahrsträßchen von Merishausen zum Hagen erreichen, dem wir aufwärts bis zur Waldecke folgen. Von da aus sollte man einen Abstecher zur Schwedenschanze machen (s. Wanderung 1), um anschließend wieder hierher zurückzukehren. Am Waldrand entlang gehen wir jetzt nach Nordosten zum Ettenberg mit wunderschöner Aussicht, zum Gewand Auf Sohn (Uf Soo) und weiter in die parkartige Landschaft des Bargemer Randen. Hier hat man ein einzigartiges Hegau-Panorama vor sich. Wer im Juni und Juli wandert, kommt wegen des Orchideenreichtums dieser Landschaft nicht mehr aus dem Staunen.

Wer seinen Wagen in Merishausen abgestellt hat, geht über das Steinenbergle und den Katzensteig hinunter. Muß man nicht zum Auto zurück, kann man über den Randensteig nach Bargen absteigen und mit dem Bus nach Schaffhausen zurückfahren.

3 Über die südlichen Randenberge

Beringen – Beringer Randenturm – Hägliloo – Randen-Haus – Siblinger Randenturm – Siblingen / 3½ Std. / 250 m Auf- und 300 m Abstieg, viel Schatten

Auf dieser Wanderung besuchen wir die beiden schönsten Aussichtspunkte nach Süden hin, den Beringer und den Siblinger Randen, beide mit Aussichtstürmen. Von Beringen laufen wir ein kleines Stück ins Lieblosental hinein und steigen dann einen Zickzackweg ziemlich direkt zum Beringer Randenturm hinauf. Das Genießen der Aussicht geht mit dem Verschnaufen einher, so daß wir anschließend den fast ebenen Weg zum Hof Hägliloo und zum Randen-Haus wieder mit frischer Kraft zurücklegen können. Vom Randen-Haus kann man in die weite Runde blicken und den Segelfliegern zuschauen, die im Klettgau starten und den Hangwind ausnützen. Dann geht es südlich zum Siblinger Randenturm und abwärts nach Siblingen.

Sehenswertes

Schaffhausen Altstadt mit prächtigen Bürgerhäusern ■ Munot ■ ehemaliges Kloster Allerheiligen mit Museum ■ Rheinfall ■ Schiffahrt zum Bodensee

Freizeitangebot

Schaffhausen, Beringen Freibäder

Verkehrsmittel

Schaffhausen Bahn: Waldshut – Singen, Kreuzlingen – Zürich ■ Bus: Stühlingen, Bargen, Neuhausen, Laufen (Rheinfall), Büsingen ■ Schiff: Stein/Rhein – Bodensee

Bargen, Merishausen, Beringen, Siblingen Bus: Schaffhausen

Karten

L 8316 Stühlingen; besser ist hier die Wanderkarte Schaffhausen 1:25 000 (Verlag Peter Meili, Schaffhausen), da die Wanderwege auf dem Randen nicht mit Wanderzeichen versehen sind, wie dies auf der Schwäbischen Alb üblich ist; es werden die Flur- oder Gewandnamen verwendet, die man auf der deutschen Karte nur vereinzelt findet.

Vom Bargemer Randen aus gesehen liegt der Hegau mit Hohenstoffeln und Hohentwiel vor uns wie ein aufgeklapptes Bilderbuch.

Empfehlenswerte Urlaubsorte für Schwäbische-Alb-Wanderer:

3

Wanderfreuden genießen – Natur erleben

STADT AALEN

Wandern
zu Fuß, mit dem Fahrrad oder im Winter in den Langlaufloipen.

Ausflüge in die Umgebung.

Erholen
im Naturschutzgebiet Dellenhäule mit dem typischen Albcharakter.

Fitnesskur
im 36⁰ warmen Wasser des Auffangbeckens vom künftigen Thermalbad.

Auskünfte: Städt. Verkehrsamt
Pf. 1740, 7080 Aalen
Tel. (0 73 61) 5 00-3 01

BERGBAD GIENGEN

Das reizvoll gelegene Höhenfreibad in Giengen – der aufstrebenden Industriestadt des Brenztals – ist Ausflugsziel u. Erholungsort für jung und alt.

Beheizte Dusch- und Umkleidekabinen. Ständige Wassertemperatur in beiden Becken: 24 Grad. Große Spiel- und Liegewiese, Kinderspielplatz, Freiluftschach. Sehr gepflegter Rasen. Jeden Mittwoch Frühbadezeit ab 6 Uhr. Täglich warme Gerichte. 6

Besuchen Sie die

Charlottenhöhle In Giengen-Hürben

mit 532 m ist sie eine der längsten Schauhöhlen Süddeutschlands. Herrliche Tropfsteingebilde, schöne Wandermöglichkeiten in der Nähe. Tägliche Führung in der Hauptsaison vom 1.4 bis 30.9.

Auskünfte: Bürgermeisteramt 7928 Giengen/Brenz
Telefon 0 73 22/13 91

7

Besuchen Sie Heubach

Heubach – das beliebte Ziel für Betriebs- und Vereinsausflüge und idealer Ausgangspunkt für bequeme Wanderungen und Spaziergänge. Von der Burgruine Rosenstein und der Plattform des 165 m hohen Fernsehturms auf dem Glasenberg bietet sich eine herrliche Aussicht.
Gepflegte Gaststätten mit Fremdenzimmern und Sälen für 120–250 Personen. Die moderne Stadthalle ist als Mehrzweckhalle verwendbar, wird bewirtschaftet und faßt 500 Personen.
Hallenbad mit med. Bädern, neuzeitliches Freibad, Trimm-Dich-Pfad, Reithalle, Tennishalle, Waldkinderspielplätze
Außerdem hat Heubach, neben Paris als einzige Stadt in Europa, im Rathaus ein Miedermuseum eingerichtet.
Omnibusverbindungen bestehen von und nach allen Richtungen.

Auskunft erteilt gern die Stadtverwaltung, 7072 Heubach, Telefon (071 73) 40 21

WANDERDREIECK

Donzdorf

Junge Stadt mitten im landschaftlich reizvollen Lautertal am Nordostabfall der Schwäbischen Alb; ehemalige Residenz des gräfl. Rechberg'schen Besitzes; 406 – 749 m 120 Gästebetten, Ferien auf dem Bauernhof

Gingen an der Fils

Ausflugs- und Erholungsort am Steilabfall der Albberge, im unteren Filstal zwischen Göppingen und Geislingen an der Steige gelegen; 384 – 693 m 50 Gästebetten, Ferien auf dem Bauernhof

Süßen

Aufstrebende Wohn- und Industriegemeinde im breiten Tal der Fils, am Fuß des Staufeneck mit Burgruine 364 m 40 Gästebetten 9

Auskunft: Bürgermeisteramt (Vorwahl: 0 71 62)

7322 Donzdorf, Tel. 22 85 – **7344 Gingen an der Fils, Tel. 72 30** – **7334 Süßen, Tel. 50 51**

10

STAUFERLAND

Fremdenverkehrsgemeinschaft Stauferland:
Adelberg, Birenbach, Börtlingen, Eislingen, Göppingen, Lorch, Ottenbach, Rechberghausen, Salach, Schlat, Schwäbisch Gmünd, Wäschenbeuren, Waldstetten, Wangen

Information und Prospekte:
Fremdenverkehrsgemeinschaft Stauferland
Städtisches Verkehrsamt,
Marktstraße 2, 7320 Göppingen,
Telefon (0 71 61) 6 52 92

Geschichte · Kultur · Erholung · Freizeit

Gelegen in einer der schönsten Landschaften Baden-Württembergs bieten die drei Stauferstädte und weitere zehn Gemeinden ein vielfältiges Angebot: Sehenswürdigkeiten „Stätten der Staufer". Erholungsorte. Herrliche Wandergebiete mit den drei Kaiserbergen „Hohenstaufen" (684 m), „Rechberg" (707 m) und „Stuifen" (757 m). Sport- und Freizeitmöglichkeiten aller Art. Gepflegte Hotels, Gaststätten, Pensionen. Ferien auf dem Bauernhof. Campingplätze. Ausgangspunkt der Deutschen Ferienroute „Straße der Staufer" (130 km).

Heilbäder und Wandergebiet im Oberen Filstal

Am Oberlauf der Fils, im Täle, sind die Orte Bad Überkingen, Deggingen, Bad Ditzenbach, Mühlhausen im Täle, Wiesensteig, Gruibingen, Drackenstein und Hohenstadt Ausgangspunkte für weitläufige Wanderungen auf die Schwäbische Alb, über Wacholderheiden und zu den hochragenden Aussichtsfelsen am Albtrauf. 12 13
Die Heilbäder Bad Überkingen und Bad Ditzenbach sind tausendfach besuchte Gesundbrunnen mit ihren Thermal-Mineral-Bewegungsbädern. Gepflegte Gasthöfe und freundliche Vermieter laden Wanderer und Kurgast ein.

Prospekte und Zimmerangebote versenden kostenlos die
Bürgermeisterämter
7347 Bad Überkingen · 7342 Bad Ditzenbach · 7346 Wiesensteig

15

Ulm

...immer wieder sehenswert

Verkehrsbüro 7900 Ulm
Tel. (07 31) 641 61

KIRCHHEIM UNTER TECK 18

Willkommener Rastplatz zwischen Meer und Alpen

Mittelalterliche Befestigungsanlagen; schmucke Fachwerk-Ensembles in der Fußgängerzone; hoher Freizeitwert durch Naherholungsgebiet Bürgerseen und durch Hallenbad, beheiztes Freibad, Waldlehr-, Waldsport- und Trimm-Dich-Pfade, Radwanderwege, Reitanlagen, Tennisplätze und -hallen, Segelflug und Burgenrundflüge. Ideales Wandergebiet zwischen Jusi (673 m), Hohenneuffen (734 m), Teck (775 m) und Reußenstein (760 m). Urweltmuseum Hauff Holzmaden (6 km ostwärts), Gutenberger Tropfsteinhöhlen (18 km südlich) und Thermalbad Beuren (11 km westlich). Säle bis zu 600 Plätzen; gepflegte Gastronomie mit schwäbischer Herzlichkeit im Herzen des Schwabenlandes.

Auskunft und Prospekte beim **Verkehrsverein Teck-Neuffen e. V. Spital, 7312 Kirchheim unter Teck · Tel. (070 21) 30 27.**

24

METZINGEN

Dort, wo die Erms die Schwäbische Alb verläßt, liegt in landschaftlich anmutiger Lage der bekannte Weinort Metzingen. Die waldreiche Umgebung und ausgedehnte, gepflegte Obstanlagen laden mit herrlichen, ruhigen Wegen zu Spaziergängen ein. Die Aussichtspunkte Florian und Weinberg bieten ausgezeichnete Fernsicht auf das nahe Neckartal und auf die Kette der Schwäbischen Alb. Neuzeitlich eingerichtete und gut geführte Hotels und Gasthöfe stehen zur Verfügung und bieten den Gästen gute Unterkunft und Verpflegung. Für die Abhaltung von Veranstaltungen wird die Stadthalle (650 Sitzplätze, 450 Tischplätze), bei Bedarf mit Bewirtschaftung, empfohlen. Sehenswürdigkeiten: Rathaus, Keltern, Weinbaumuseum, Kirchen.

Prospekt und Unterkunftsverzeichnis: **Bürgermeisteramt Metzingen, Postfach 13 63, 7430 Metzingen**

Fachwerk, Thermen, Wald und ein Hauch von Residenz 25

Urach. Herrlich gelegen im Herzen der Schwäbischen Alb.
Hotels, Gasthöfe, Pensionen, Kur-Appartements.
200 km Wanderwege. Wald. Höhlen. Felsen. Wasserfälle.
Deutschlands wärmste Thermalquelle. 60° heiß.
Heilung bei Rheuma, Gelenkleiden, Unfallfolgen.
Tanken Sie Gesundheit und neue Lebensfreude.
Kostenlos: Gäste-Magazin & Information.
Städt. Kurverwaltung 7432 Urach,
Postf. 12 06, Telef. 0 71 25/17 61.

Gesundheit tanken in der wärmsten Quelle des Landes.

Urach

Bade & Kurzentrum der Schwäbischen Alb

32

Mössingen Höhen: 453–853 m

mit seinen Stadtteilen Bad Sebastiansweiler, Belsen, Bästenhardt, Öschingen und Talheim,
die Stadt des zentralen Mittelpunktes im oberen Steinlachtal am Aufstieg zur Schwäbischen Alb über die B 27 und L 385,
mit seiner guten Gastronomie, der ausgedehnten Laub- und Tannenwälder, mit herrlichen Spazier-, Wanderwegen und Aussichtspunkten,
der hohe Reinheitsgrad und mäßige Feuchtigkeitsgehalt der Luft, die große Anzahl von Sonnentagen, die nicht wieder zu gebende Farbenpracht der herbstlichen Laubwälder, sowie die Wacholderheide am Südhang des Farrenberges
verleihen der jungen Stadt das Klima eines idealen und reizvollen Erholungsgebietes.
Geheizte Freibäder in Mössingen und Öschingen, Hallenbad Mössingen, Segelflugbetrieb Farrenberg, Reithalle, Schwefelbad mit Kurklinik Bad Sebastiansweiler.
Bahnstation für alle Züge.
Ausflugsziele: Burg Hohenzollern, Dreifürstenstein, Farrenberg, Filsenberg, Rossberg, Bolberg, Nebel- und Bärenhöhle, Schloß Lichtenstein, sowie das große Lautertal.
Auskunft: **Stadt Mössingen – Ortschaftsverwaltung Talheim**
7406 Mössingen-Talheim · Telefon 07473-6221

33

Sonnenbühl Dein Ausflugsziel
Bärenhöhle Erpfingen
Schwäbische Alb
Nebelhöhle Genkingen

Prospekte und Auskunft:
Fremdenverkehrsverein Sonnenbühl-Erpfingen e.V.
7411 SONNENBÜHL,
Rathaus, Tel. 07128/696.
Das Traumland – der Freizeitpark, Feriendorf Sonnenmatte, Festhallen, Rosencamping, Minigolf, Freibad, Sommerbobbahn, Tennis (im Freien und in der Halle), Pferdesport, Wanderparkplätze, Waldsportpfad, 6 Skilifte, Eislaufbahn, Langlaufloipen, Ferienwohnungen, gepflegte Gastronomie.

TROCHTELFINGEN 35

5100 EW, 720 m üdM.

Erholungsort mit ausgesprochenem Reizklima – historisches, mittelalterliches Stadtbild, mit Befestigungsanlagen und reichverzierten Fachwerkhäusern – Kunstdenkmale – herrliche Wandergebiete – Aussichtsturm – Erholungsanlage Lauchertsee – Tennisplätze – Waldspielplätze – Skilifte – Fahrradwanderwege – hervorragende Gastronomie.

Fremdenverkehrsverein Trochtelfingen
7411 Trochtelfingen / Hohenz. · Telefon 071 24/27 71